结构化分析

商业分析+个人成长双维精进

孙淑霞　董峻含　著

电子工业出版社
Publishing House of Electronics Industry
北京·BEIJING

内 容 简 介

本书聚焦职场人常见的思维混乱和问题解决困境，系统阐述如何通过"定、拆、挖、合、说、盘、闭"七步，将复杂、模糊、混乱、宏观的问题转化为简单、清晰、有序、明确的行动路径。

书中融合麦肯锡的空-雨-伞模型、丰田的八步分析法、5Why 分析法等经典工具，结合企业收入异常下降诊断、酒店运营优化、产品功能优先级评估等实战案例，进行全链路解析，提供流程法、矩阵法、假设验证法等 20 余种可落地的分析方法。

本书以"思维+工具+场景"为核心特点，通过 200 余张可视化图表直观呈现结构化思维逻辑，独创企业经营与个人成长双重复盘体系，兼顾宏观框架与微观操作步骤，并穿插大量商业决策、数据分析、跨部门沟通、企业面试、个人成长等高频场景案例。

本书适合分析师、管理决策者、产品人员、运营人员、销售人员，以及渴望突破思维瓶颈、提升系统性解决问题能力的职场从业者，帮助读者从混乱中建立秩序、从经验中提炼方法论，实现商业分析与个人能力的螺旋式升级。

未经许可，不得以任何方式复制或抄袭本书之部分或全部内容。
版权所有，侵权必究。

图书在版编目（CIP）数据

结构化分析 ：商业分析+个人成长双维精进 / 孙淑霞，董峻含著. -- 北京 ：电子工业出版社，2025. 5.
ISBN 978-7-121-50180-7
Ⅰ. F713.51-49
中国国家版本馆 CIP 数据核字第 2025LC9061 号

责任编辑：吴宏伟
印　　刷：中国电影出版社印刷厂
装　　订：中国电影出版社印刷厂
出版发行：电子工业出版社
　　　　　北京市海淀区万寿路 173 信箱　邮编：100036
开　　本：720×1000　1/16　印张：18　字数：403.2 千字
版　　次：2025 年 5 月第 1 版
印　　次：2025 年 7 月第 3 次印刷
定　　价：99.00 元

凡所购买电子工业出版社图书有缺损问题，请向购买书店调换。若书店售缺，请与本社发行部联系，联系及邮购电话：(010) 88254888，88258888。
质量投诉请发邮件至 zlts@phei.com.cn，盗版侵权举报请发邮件至 dbqq@phei.com.cn。
本书咨询联系方式：faq@phei.com.cn。

前　言

为什么要写这本书

本书出版之后，我收到很多朋友和读者反馈：我从书里学到了很多方法，但是在遇到问题时，你是怎样想到从这个角度切入的？你为什么采用这样的流程去分析问题？你为什么采用那样的流程去解决问题？

我之所以采用这样的流程、那样的方法，除工作经验的积累外，最重要的原因是喜欢使用结构化分析方法解决问题。这是一个比《商业分析方法论和实践指南》更前置的话题，本质是"底层思维"的问题。

在解决问题时，我的大脑特别喜欢井然有序的世界，一旦我把问题涉及的诸多要素都梳理清晰，思考得井然有序，我知道我对这个问题的理解已经非常到位了，大概率能把这个问题解决。而一旦大脑中还存在着哪怕些许模糊混乱，我知道对于这个问题我还没有想清楚、还没有思考透彻，大概率是无法解决问题的。

解决问题的过程就是把杂乱无章的东西变得井然有序，把模糊复杂的东西变得清晰简单，把难以管理的东西变得易于管理。一旦大脑觉得某件事情清晰简单了，井然有序了，容易管理了，就会立刻开启解决问题的"马达"。

由混乱到有序，由模糊到清晰，并非无迹可寻，而是有一套框架、模型、方法、流程、章法可以遵循和使用的，这就是"结构化分析解决问题"。其中，"解决问题"是目的，"结构化分析"是方法和杠杆。

在利用结构化分析解决问题的过程中，我自己也在刻意学习、积累、实践和总结，在公众号上陆陆续续发布了很多篇文章，同时也做了一门课程。如今，我把这些文章和课程做了系统梳理和更新，并增补了很多方法和案例，终于写成了本书。

本书的主要内容

相信很多职场人士都遇到过这些困扰：遇到问题时无法下手；处理复杂问题时，或经常陷入思维困境，或思维过于活跃难以把控；分析问题时浮于表面，无法洞察本质；得出的结论信服力低，提出的方案总被否定；汇报/沟通时语无伦次、颠三倒四；一直在低水平重复，无法实现突破和成长；不被上级信任，工作被多方掣肘，等等。

之所以出现这些困扰，根源就在于不具备"结构化分析解决问题"的能力。结构化分析解决问题需要一种系统性的方法，它依赖于一定的框架、模型、方法、流程和章法有条不紊地解决问题，而不是天马行空地解决问题。

"结构化分析解决问题"最大的好处就是能够以一种有序和可控的方式处理复杂、混乱和模糊的问题，将其变得简单、有序、清晰，避免思维陷入无尽的混乱，减少无效和重复的尝试，降低不确定性，提高解决问题的效率和成功率。

可以说，结构化分析解决问题是一种通用的底层能力。有了它，职场人士就能触类旁通，就具备了解决大部分问题的能力。

因此，本书将用9章来详细介绍如何结构化分析解决问题。

第0章以麦肯锡、丰田和福特分析问题的经典方法开篇，引出"七步"，即"结构化定义问题""结构化拆解问题""深度分析问题，挖掘原因""得出结论提出解决方案""结构化汇报/沟通""结构化复盘改进""打造完美闭环"。这七步浓缩成七个字，就是定、拆、挖、合、说、盘、闭。商业和职场中80%以上的问题，都可以通过这七步得以解决。

第1章介绍第一步——定，即结构化定义问题。主要帮职场人士解决无法界定问题、无法将模糊问题清晰化的困扰。因此，本章重点介绍如何通过层层升维，将思考拉升到高维度，弄清楚问题的本质，定义出真正的问题。

第2章介绍第二步——拆，即结构化拆解问题。主要帮职场人士解决思路混乱、无法清晰梳理问题的困扰。因此，本章重点介绍如何通过层层降维，将复杂的、不确定的商业问题拆解成简单的、确定的、可管理的子问题。

第3章介绍第三步——挖，即"深度分析问题，挖掘原因"。主要帮职场人士解决浮于表面、无法洞察本质的困扰。因此，本章重点介绍如何通过垂直思维，深入问题的核心，挖掘问题的本质原因。

第4章介绍第四步——合，即聚合和收敛前期拆解的问题和分析的结果，得出结论，提出解决方案。主要解决职场人士不敢下结论、无法下结论、方案总被否定的困扰。因此，本章重点介绍如何使用聚合思维将拆解的问题组合起来，将放出去的思维收敛回来化零为整，形成统一的、有深度的中心结论。

第 5 章介绍第五步——说，即通过结构化汇报/沟通，说服和影响他人。主要解决职场人士不会汇报、害怕汇报的困扰。因此，本章重点介绍汇报/沟通的七个关键要素：如何让汇报目的更清晰，让汇报内容更浅显易懂，让结论更坚固可信，让会前准备更充分，让现场汇报更胸有成竹，让后续跟进更顺畅。

第 6 章介绍了第六步——盘，即结构化复盘改进。主要帮职场人士解决不会复盘、无法实现突破和成长的困扰。因此，本章重点介绍如何用四个步骤和八个工具开展企业经营复盘，以及如何用六个步骤和八个工具开展个人复盘。

第 7 章介绍了第七步——闭，即打造完美闭环，为解决问题画上完美的句号，迎接崭新的开始。主要解决职场人士不被上级信任、无法实现螺旋式上升的困扰。因此，本章重点介绍如何实现一次问题的闭环，如何从实现一个问题的闭环扩展到实现其他问题的闭环，形成闭环的循环，实现个人螺旋式上升成长。

第 8 章是本书的结语部分。结构化分析解决问题依赖于"知识""模型框架""思维"三个要素，即解决问题 = 知识 + 模型框架+思维。要想成为解决问题的高手，就要刻意练习和积累这三个要素。因此，本章重点介绍如何构建知识体系，如何调用搭建模型框架，以及如何培养思维体系。

本书的特色

本书以真实的商业场景为导向，基于我多年的职场经验撰写而成，具有以下 5 个特点。

（1）用七步打造结构化分析和闭环式解决问题的系统方法论。

本书提炼了"定、拆、挖、合、说、盘、闭"七个字，打造了解决问题的七根支柱，撑起了结构化的秩序世界。读者可以用井然有序去对抗混乱无序，用条理清晰去对抗千头万绪，用精心准备去对抗现场发挥，实现解决问题的循环式闭环和个人的螺旋式成长。

（2）全视角、全流程、全链条审视解决问题。

本书提供了一个审视、分析、解决问题的全视角，而不是解决问题的某个单一环节，而是覆盖了从问题定义到问题拆解、问题挖掘、问题聚合、汇报/沟通、复盘改进，到最后完成闭环的完整流程。

（3）宏观有框架，中观有模型和流程，微观有方法和步骤。

本书提供了解决问题的全套工具和方法，既有宏观的框架，又有中观的模型和流程，还有微观的方法和步骤。确保在解决问题时，既能从大局上把握方向，又能在细节上落地操作。

（4）图文结合，以便理解更快更深。

本书绘制了大量的精美插图，辅助文字的说明。读者可以通过这些插图理解原理，通晓模型，掌握方法，感受结构化的有序美，体验解决问题的畅快感。

（5）展示了大量的案例，将方法论落实到业务场景实践。

本书代入了很多职场和商业案例，这些案例与理论穿插交织，辅助方法论的业务实践。读者可以边看、边学、边操作，在案例中亲身体验那些看似错综复杂的商业问题是如何被一步一步地抽丝剥茧解决，创造商业价值的。

本书的读者定位

本书适合商业职场人士，具体如下。

（1）分析师：没有分析思路，思维左右摇摆，逻辑不严谨，分析漏洞百出，不敢下结论，方案总被否定和攻击。

（2）管理决策者：经常陷入思维困境，不知如何分解问题和任务，不知如何做出决策。

（3）产品、市场、运营、销售人员：遇到问题时不知如何下手，思绪混乱，思维跳跃，缺乏条理，不会汇报，表达语无伦次。

（4）其他职场人士：思维懒惰，逻辑混乱，理不清关系，抓不住重点，不会汇报，不会复盘，技能在低水平重复，无法实现突破和成长。

目 录

第 0 章 开篇——结构化分析解决问题的流程 1

  0.1 咨询派和实战派的四大经典方法 2
    0.1.1 麦肯锡的空-雨-伞模型 2
      0.1.1.1 只有"空",没有"雨"和"伞" 4
      0.1.1.2 只有"雨",没有"空"和"伞" 4
      0.1.1.3 只有"伞",没有"空"和"雨" 5
    0.1.2 麦肯锡的"七步成诗法" 5
    0.1.3 丰田的"八步分析法" 7
    0.1.4 福特的 8D 分析法 11
    0.1.5 四大经典方法对比 15
  0.2 七步学会结构化分析解决问题 17
    0.2.1 工作中常遇到的七类问题和困扰 17
    0.2.2 什么是结构化分析解决问题 19
    0.2.3 结构化分析解决问题的七步 20
      0.2.3.1 定:结构化定义问题 21
      0.2.3.2 拆:结构化拆解问题 22
      0.2.3.3 挖:深度分析问题,挖掘原因 22
      0.2.3.4 合:得出结论,提出解决方案 23
      0.2.3.5 说:结构化汇报/沟通 23
      0.2.3.6 盘:结构化复盘改进 23
      0.2.3.7 闭:打造完美闭环 24
  0.3 两大案例解析结构化分析解决问题 24
    0.3.1 【案例 1】医生为患者看病,如何结构化诊断 24
    0.3.2 【案例 2】W 公司收入异常下降,如何结构化分析 26

第1章 步骤一——定：结构化定义问题 29

1.1 最危险的事是"提出错误的问题"，而非"给出错误的答案" 30
1.1.1 为什么要定义问题 30
1.1.2 什么是问题 32

1.2 三步定义问题 34
1.2.1 分析现状和期望，初步定义问题 34
1.2.1.1 【案例1】体重问题 34
1.2.1.2 【案例2】收入问题 35
1.2.2 识别初步定义的问题到底是不是问题 35
1.2.2.1 利用矩阵图判断到底是不是问题 35
1.2.2.2 【判断失误案例1】实际没问题，却判断有问题 35
1.2.2.3 【判断失误案例2】实际有问题，却判断没有问题 36
1.2.3 确定问题的本质到底是什么 37

1.3 三个视角重新审视问题 38
1.3.1 问题是谁提出的 38
1.3.2 问题该由谁解决 39
1.3.3 问题真的需要解决吗 40
1.3.3.1 解决问题有意义和价值吗 40
1.3.3.2 解决问题会带来一连串不良反应吗 40
1.3.3.3 别人真的想解决这个问题吗 41

1.4 三类问题要花80%的精力去解决 42
1.4.1 三类问题的定义 42
1.4.1.1 恢复原状型问题 42
1.4.1.2 追求理想型问题 42
1.4.1.3 预防风险型问题 43
1.4.2 三类问题的识别 43
1.4.3 三类问题的重要度和紧急度 44
1.4.4 三类问题的处理策略和技巧 45
1.4.4.1 恢复原状型问题的处理策略 45
1.4.4.2 追求理想型问题的处理策略 46
1.4.4.3 预防风险型问题的处理策略 47

1.5 每个人都要培养定义问题的能力 48
1.5.1 为什么大多数人对定义问题漠不关心 48
1.5.2 普通员工尤其要刻意培养定义问题的能力 49

第 2 章　步骤二——拆：结构化拆解问题ㅤ51

2.1　升维定义问题，降维拆解问题ㅤ52
2.1.1　升维思考，定义问题ㅤ52
2.1.2　降维思考，拆解问题ㅤ53

2.2　遵循 MECE 原则进行拆解ㅤ54
2.2.1　什么是 MECE 原则ㅤ54
2.2.2　如何使用 MECE 原则ㅤ55
2.2.3　【案例】W 酒店拆解细分人群ㅤ56
2.2.4　【案例】X 健康管理平台拆解细分人群ㅤ56

2.3　利用三棵逻辑树进行拆解ㅤ57
2.3.1　【案例】利用 What 树估算调音师数量ㅤ57
2.3.2　【案例】利用 Why 树剖析酒店入住率下降的原因ㅤ59
2.3.3　【案例】利用 How 树提升商业分析能力ㅤ61

2.4　使用五种方法进行拆解ㅤ63
2.4.1　流程法ㅤ63
2.4.1.1　按行业价值链拆解ㅤ63
2.4.1.2　按企业价值链拆解ㅤ64
2.4.1.3　按业务运营链拆解ㅤ64
2.4.2　公式法ㅤ65
2.4.2.1　用公式法拆解收入ㅤ65
2.4.2.2　用公式法拆解收益率ㅤ67
2.4.3　要素法ㅤ68
2.4.4　逻辑法ㅤ68
2.4.5　模型法ㅤ69
2.4.5.1　【案例1】用 5W2H 分析法组织会议ㅤ70
2.4.5.2　【案例2】用 5W2H 分析法做新产品上市规划ㅤ71

2.5　借助四个步骤确定优先级ㅤ72
2.5.1　拆解，分模块，分环节ㅤ75
2.5.2　选择，排除不重要的环节ㅤ75
2.5.3　分配，确定每个环节的时间ㅤ76
2.5.4　统筹，明确先后顺序ㅤ77

第 3 章　步骤三——挖：深度分析问题，挖掘原因ㅤ80

3.1　通晓冰山模型，识别表象和本质ㅤ80
3.1.1　胜任力冰山模型ㅤ81

- 3.1.2 挖掘原因的冰山模型：表象原因和本质原因 82
- 3.1.3 【案例】表象是组织问题，本质却是战略问题 83

3.2 培养 Why 型思维，凡事先问明白再行动 84
- 3.2.1 What 型思维和 Why 型思维的区别 85
- 3.2.2 【案例】数据分析师用 What 和 Why 型思维取数 86
  - 3.2.2.1 What 型思维分析师取数 86
  - 3.2.2.2 Why 型思维分析师取数 86
- 3.2.3 空间思考：向上问 Why，向下问 How 87
- 3.2.4 时间思考：向将来问 Why，向过去问 Why 90

3.3 利用假设验证法，快速挖掘关键原因 91
- 3.3.1 什么是假设，什么是验证 91
- 3.3.2 对比假设驱动的分析和非假设驱动的分析 93
- 3.3.3 如何开展假设验证 95
- 3.3.4 【案例】用假设验证法分析订单明细数据 96
  - 3.3.4.1 非假设驱动数据分析 96
  - 3.3.4.2 假设驱动数据分析 96
- 3.3.5 使用头脑风暴法大胆假设 99
- 3.3.6 借助五条路径小心验证 101
  - 3.3.6.1 搜索引擎搜索：获取基础信息 102
  - 3.3.6.2 专业垂直网站搜索：获取时效和深度信息 103
  - 3.3.6.3 读书：获取思路和框架 104
  - 3.3.6.4 实地调查体验：获取一手真实信息 105
  - 3.3.6.5 正确问人：获取一手高价值信息 106

3.4 运用鱼骨图法，全面识别可能原因 107
- 3.4.1 如何开展鱼骨图分析 108
- 3.4.2 【案例】用鱼骨图分析客单价下降的原因 108

3.5 使用 5Why 分析法，深入挖掘本质原因 109
- 3.5.1 如何开展 5Why 分析 110
- 3.5.2 【案例 1】用 5Why 分析机器停止的原因 111
- 3.5.3 【案例 2】用 5Why 分析长胖的原因 112

3.6 组合多种方法，全视角分析问题 114
- 3.6.1 5Why+5W2H 组合，深度挖掘原因，重新定义问题 114
- 3.6.2 【案例】老板不知道员工想什么做什么，如何解决 115
- 3.6.3 5W2H+鱼骨图+5Why 组合，一站式解决问题 116

第 4 章　步骤四——合：得出结论，提出解决方案 118

4.1 五步得出结论 118
4.1.1 金字塔原理 118
4.1.2 正金字塔和倒金字塔 120
4.1.3 五步得出结论的具体过程 121

4.2 逻辑铁三角验证结论的坚固性 122
4.2.1 什么是逻辑铁三角 122
4.2.2 逻辑铁三角的三要素 123
4.2.3 用 Why So 和 So What 验证链接关系 124
4.2.4 逻辑铁三角的倒塌时刻 125

4.3 四大类型的结论 126
4.3.1 原因型解决方案 126
4.3.2 纯粹型解决方案 127
4.3.3 是否可行型结论 127
4.3.4 优先级型结论 127

4.4 九种方法推导结论 128
4.4.1 演绎法基础 128
4.4.2 【演绎法案例】分析师提升用户购买转化率 129
4.4.3 归纳法基础 130
4.4.4 【归纳法案例】库存管理经理预测销售和库存 132
4.4.5 顺序法基础 132
4.4.6 【顺序法案例】运营人员制定补量策略 133
4.4.7 决策矩阵法基础 134
4.4.8 【决策矩阵法案例】酒店经理提升入住率 135
4.4.9 关键要素评估法基础 137
4.4.10 【关键要素评估法案例】求职者是否接受抛来的 offer 137
4.4.11 排序法基础 138
4.4.12 【排序法案例】产品经理评估产品功能优先级 139
4.4.13 矩阵法基础 143
4.4.14 【矩阵法案例】产品经理评估需求功能优先级 147

4.5 发散和聚合，一放一收，收放自如地思考 152
4.5.1 发散思维，放出去 153
4.5.2 聚合思维，收回来 154

第 5 章　步骤五——说：结构化汇报/沟通 156

5.1　汇报/沟通的标准化和结构化 156
- 5.1.1　为什么和下属沟通时上级很不耐烦 157
- 5.1.2　为什么汇报/沟通需要结构化 159
- 5.1.3　结构化汇报/沟通的七个要素 159

5.2　汇报/沟通要素一：让目的更清晰——管理期望，明确任务 160
- 5.2.1　明确交付的结果和内容 161
- 5.2.2　明确交付质量 163
- 5.2.3　明确交付时间和优先级 164

5.3　汇报/沟通要素二：让内容更浅显易懂——深度思考，浅显汇报 165
- 5.3.1　分析思考和汇报/沟通是两套不同的逻辑 165
- 5.3.2　四种类型的汇报者，做深入浅出型 167

5.4　汇报/沟通要素三：让结论更坚固可信——组织观点，创建论据 168
- 5.4.1　多用客观事实，而非主观判断 169
  - 5.4.1.1　客观事实和主观判断的区别 169
  - 5.4.1.2　【案例】向上级汇报 ChatGPT 的发展情况 170
- 5.4.2　定量数据和定性资料相互佐证 171
  - 5.4.2.1　定量数据和定性资料的区别 171
  - 5.4.2.2　【案例】向上级汇报竞争对手的销售额正在快速增长 171
- 5.4.3　一手资料和二手资料结合使用 172
  - 5.4.3.1　一手资料和二手资料的区别 172
  - 5.4.3.2　【案例】向上级汇报产品销售火爆的情况 172
- 5.4.4　用金字塔原理组织汇报顺序 173
- 5.4.5　【案例】调研团队汇报出海 H 国的情况 175

5.5　汇报/沟通要素四：让准备更充分——列好三张事项清单 179
- 5.5.1　人员清单 179
- 5.5.2　资料清单 180
- 5.5.3　提问清单 181

5.6　汇报/沟通要素五：让汇报更胸有成竹——使用五种汇报策略 181
- 5.6.1　向上级汇报：开门见山，用 ASC 模型 182
- 5.6.2　与下级沟通：抛出问题，用 QSCA 模型 183
- 5.6.3　跨部门沟通：突出矛盾和利益，用 CSA 模型和 RIDE 模型 184
  - 5.6.3.1　突出矛盾：用 CSA 模型 184
  - 5.6.3.2　强调利益：用 RIDE 模型 184
- 5.6.4　与客户沟通：刺激欲望，用 SCQA 模型和 FABE 模型 185

　　　　5.6.4.1　标准式：用 SCQA 模型 185
　　　　5.6.4.2　强调利益：用 FABE 模型 185
　　5.6.5　与面试企业沟通：展示价值，用 STAR 模型 187
5.7　汇报/沟通要素六：让语言更通俗易懂——掌握四种话术技巧 188
　　5.7.1　避免使用专业术语，学会做"翻译官" 188
　　5.7.2　避免单纯说数字 189
　　5.7.3　多用比喻和类比 190
　　5.7.4　避免使用缩写 193
5.8　汇报/沟通要素七：让后续跟进更顺畅——学会五种处理方法 194
　　5.8.1　四种方法，应对提问和答疑 194
　　5.8.2　一个清单，记好 To do 事项 196

第 6 章　步骤六——盘：结构化复盘改进 197

6.1　复盘能带来什么 198
　　6.1.1　复盘的双重属性：总结+规划 198
　　6.1.2　复盘的作用 199
　　6.1.3　复盘常见的问题 199
　　6.1.4　复盘的类型 200
6.2　结构化开展企业经营复盘 200
　　6.2.1　利用四个步骤和八个工具开展经营复盘 201
　　6.2.2　回顾目标：目标实际对比图 202
　　6.2.3　评估结果：高光低光盘点图 203
　　6.2.4　分析原因：假设验证法+鱼骨图法+5Why 分析法 204
　　6.2.5　规划未来：目标图+路径图+策略图 204
　　　　6.2.5.1　关键目标图 205
　　　　6.2.5.2　目标实现路径图 206
　　　　6.2.5.3　目标实现策略图 207
6.3　结构化开展个人复盘 208
　　6.3.1　利用六个步骤和八个工具开展个人复盘 208
　　6.3.2　复盘和评价过去：个人目标复盘表+KISS 复盘图 209
　　　　6.3.2.1　个人目标复盘表 209
　　　　6.3.2.2　KISS 复盘图 211
　　6.3.3　制订未来规划：个人目标规划表+曼陀罗九宫格 211
　　　　6.3.3.1　个人目标规划表 211
　　　　6.3.3.2　曼陀罗九宫格 213

- 6.3.4 设定榜样激励自己：标杆人物画布 214
- 6.3.5 规划时间节点：事项进度表 215
- 6.3.6 区分事情的轻重缓急：艾森豪威尔矩阵 217
- 6.3.7 落实每日行动不拖延：1-3-5 每日待办清单 218

第 7 章 步骤七——闭：打造完美闭环 220

7.1 不同场景的闭环 221
- 7.1.1 商业分析的闭环 221
- 7.1.2 学习的闭环 222
- 7.1.3 业务的闭环 223
- 7.1.4 质量管理的闭环 224
- 7.1.5 闭环=闭合+循环 225

7.2 【案例】如何完成上级交付的工作 226
- 7.2.1 闭环做法 226
- 7.2.2 非闭环做法 227

7.3 如何打造闭环 228
- 7.3.1 有始有终，以终为始 228
- 7.3.2 重视过程，凡事分阶段，向阶段要结果 228
- 7.3.3 主动沟通，反馈结果，凡事有交代，事事有回音 229
- 7.3.4 吸收别人的反馈，持续优化，实现循环式成长 230

第 8 章 结语——培养结构化能力，成为解决问题的高手 231

8.1 构建知识体系，打造知识库 233
- 8.1.1 知识采集：二八原理，快速采集高质量信息 235
- 8.1.2 知识采集：四七原理，控制采集的信息量，适可而止 238
- 8.1.3 知识记录：康奈尔笔记，及时总结和提炼知识 239
- 8.1.4 知识结构化：分门别类，架起解决问题的知识结构 241
  - 8.1.4.1 流程类知识：快速行动 243
  - 8.1.4.2 框架类知识：搭建框架 243
  - 8.1.4.3 事实类知识：理解问题 244
  - 8.1.4.4 元认知知识：掌控思维 244
- 8.1.5 知识体系化：融会贯通，织成知识体系的大网 245
- 8.1.6 知识商业化：打造产品，寻找 PMF，用知识创造价值 247

8.2 调用和提炼模型框架，构建模型框架库 249
- 8.2.1 调用已有的模型框架 250
- 8.2.2 【案例】分析师调用模型框架研究四家公司的竞争环境 252

|　　8.2.3　提炼新的模型框架 255
8.3　培养思维体系，建立思维库 **257**
|　　8.3.1　全局和局部思维 258
|　　　　8.3.1.1　什么是全局和局部思维 258
|　　　　8.3.1.2　【案例 1】做 PPT 的全局和局部思维 258
|　　　　8.3.1.3　【案例 2】做决策的全局和局部思维 259
|　　　　8.3.1.4　如何处理全局与局部的关系 260
|　　8.3.2　自上而下和自下而上思维 261
|　　8.3.3　因果和相关思维 264
|　　8.3.4　概率和预测思维 266
|　　　　8.3.4.1　概率思维 266
|　　　　8.3.4.2　贝叶斯定理 266
|　　　　8.3.4.3　【案例】利用贝叶斯定理预测购买概率，调整商品价格 267
|　　8.3.5　系统思维 269
|　　　　8.3.5.1　什么是系统思维 269
|　　　　8.3.5.2　【案例】使用系统思维分析结果的结果 270

后记 **271**

第 0 章
开篇——结构化分析解决问题的流程

工作的真谛就是解决问题，企业给员工开工资的本质就是用金钱购买员工解决问题的能力。为什么高管的薪资比普通员工高？因为他们具备广泛的人脉、专业的知识、丰富的经验、出色的沟通协调能力、优秀的团队管理能力。没错儿，这些能力是他们高薪的部分原因，但并不是本质原因。真正原因是这些能力带来的结果，也就是这些能力让他们比一般人更能高效地解决问题。解决问题的能力，才是企业支付高薪的根本原因。

同样是解决一个问题，有的人用一天时间就能够庖丁解牛，确定解决方案，还安排得井井有条；有的人用一个星期的时间冥思苦想，反复修改，却怎么也完不成。是工作能力有问题吗？

同样是汇报/沟通一个项目，有的人三句话就能说清楚；有的人可能说了 30 分钟也说不到核心。是表达能力有问题吗？

同样是做年度复盘和述职，有的人用 5 页 PPT 就能打动上级，得到赏识；但有的人辛辛苦苦写了几十页，却还要被上级反问："你到底想表达什么？"是复盘能力有问题吗？

可能并不是！其实，不存在工作、表达、复盘能力不行的情况，之所以不行是因为没有将问题思考透彻，没有将凌乱的思路和想法理顺，没有掌握快速思考问题的方法，而这些归根结底在于底层思维的地基没有打好，没有形成结构化分析解决问题的思考方式。也就是说，不同的人之所以解决问题有快有慢、有好有坏，关键在于结构化。

麦肯锡在为世界 500 强企业提供咨询服务时，往往在 2~3 个月时间内帮助这些企业解决一个复杂和困难的问题。咨询顾问们是如何做到的？有人说是因为他们都是学霸和精英，这是一个原因，但不是本质原因。本质原因是麦肯锡几十年如一日地反复在做一件事：体系化地培养每个咨询师的结构化分析解决问题的能力。正是这种能力，保证了他们能够快速适应和解决不同类型的项目和问题，也保证了他们能够从容不迫地排兵布阵，拉开人与人之间的差距。

结构化分析解决问题，是一种通用的底层能力，有了它，职场人士就能触类旁通，就具备了解决其他问题的能力。因此，在本章将详细介绍结构化分析解决问题的经典框架、模型、方法和流程。

0.1 咨询派和实战派的四大经典方法

许多公司之所以能够被传颂和铭记，不仅因为它们取得了令人瞩目的业绩，更因为它们所创造的工作方法和流程对整个行业乃至社会都产生了较大的影响。这些方法和流程不仅在其内部被广泛使用，还被其他公司和组织借鉴和传承，成为行业标准。

在分析解决问题方面，这些方法被划分为两大派：咨询派和实战派。

- 咨询派的方法，是由咨询公司设计出来的帮助企业解决问题的方法，以麦肯锡的空-雨-伞模型和"七步成诗法"为代表。由于咨询公司是以咨询顾问的角色向企业提供咨询方案为主，较少参与企业的实际经营，因此在解决问题时，强调事实、数据、方法和策略。
- 实战派的方法，是企业在业务实践过程中总结出来的解决问题的方法，以丰田的"八步分析法"和福特的"8D分析法"为代表。由于它们亲身参与业务实践，因此在解决问题时，更强调实战、复盘、标准化和持续改进。

0.1.1 麦肯锡的空-雨-伞模型

麦肯锡作为咨询界的翘楚，有一个著名的空-雨-伞模型，用生活中一个非常常见的"下雨出门带伞"的例子揭示了如何分析和解决问题。

空-雨-伞模型的大意：在出门前，首先要抬头观察一下天空；然后通过天空的乌云情况判断天气可能要下雨；最后决定拿起一把雨伞再出门，如图0-1所示。

- 空：抬头看天空，意指看到的或者观察到的事实或者现象。
- 雨：判断天气可能下雨，意指通过观察现象得出来的判断和预测。
- 伞：出门给自己带把伞，意指根据分析的结果采取行动。

第 0 章 开篇——结构化分析解决问题的流程

空 抬头观察天空　　**雨** 分析天气要下雨　　**伞** 给自己带把伞

图 0-1　空-雨-伞模型

在企业经营和商业分析中，空-雨-伞模型同样适用。以某零售公司为例，其空-雨-伞模型的使用如图 0-2 所示。

空 春节就要来了　　**雨** 预计坚果、饮料等的销量会上涨　　**伞** 提前准备好足够的库存

图 0-2　空-雨-伞模型的商业应用

- 春节就要来了，这就是观察现象，对应"空"。
- 预计坚果、饮料等的销量会上涨，这就是做出推测，对应"雨"。
- 公司要提前准备好足够的库存迎接春节销量的上涨，这就是解决方案，对应"伞"。

这个模型应用非常广泛，它用非常简单的、日常化的生活场景告诉我们应该如何结构化分析解决问题，如图 0-3 所示。

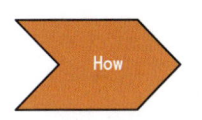

What 观察现象 定义问题　　**Why** 分析问题 做出推测　　**How** 提出方案 解决问题

图 0-3　空-雨-伞模型分析解决问题

- 空：观察现象定义问题，代表"是什么"，也就是"What"。
- 雨：分析问题做出推测，代表"为什么"，也就是"Why"。
- 伞：提出方案解决问题，代表"如何做"，也就是"How"。

可以看出，空-雨-伞模型就是一个典型的定义问题、分析问题、解决问题的模型。在遇到问题时，需要把空、雨、伞三方面串联起来才能解决问题，缺少其中任意一个环节，解决问题都有可能遇到阻碍，如图 0-4 所示。

图 0-4　缺少一个环节的空–雨–伞模型

0.1.1.1　只有"空",没有"雨"和"伞"

只有"空"没有"雨"和"伞",意味着只知道抬头看天,只知道观察现象,一味地陈述事实,既没有深度分析,也没有解决方案。

在职场上,这种人很常见,他们喜欢观察工作中的各种现象,提出各种各样的问题,但往往停留在问题的表面,未能深入探究问题的根源,也不能提出有效的解决方案。

> 举个例子,面临产品销量下降的问题,这类人的典型做法就是只描述销量下降的事实(比如 7 月的销量相比 6 月环比下降 10%),并不会深入分析销量下降的原因,也不会提出销量提升的解决方案。

0.1.1.2　只有"雨",没有"空"和"伞"

只有"雨"没有"空"和"伞",就像在没有观察天空的云层变化、没有查看天气预报的情况下,就断言天气会下雨一样。

在职场上,通常指那些没有充分依据就急于下结论的人。这样的人可能会说"天空要下雨了",但却说不出是怎么得出这个结论的,因为他们没有进行充分的观察、调研和分析。

> 举个例子,上级询问你对开发新产品的看法,你没有经过任何市场调研和数据测算,就回答上级说:"这个产品非常有前景,一旦我们开发出来,一定会在行业内大放异彩。"

0.1.1.3 只有"伞",没有"空"和"雨"

只有"伞"没有"空"和"雨",意味着只知道埋头做事,不懂得抬头看天,不知道做这件事的目的和原因,只是拿着伞却不知道为什么要拿伞。

类似于职场上那些埋头苦干,不懂得观察和深度分析的人。这类人的典型表现就是埋头于日常任务,忽视了这些任务背后的战略意义和市场变化。他们可能非常勤奋,但缺乏对任务背景的了解、行业趋势的洞察、公司目标的理解,导致他们的努力并没有转化为成果,成为无效努力。

> 举个例子,带有小猪佩奇的儿童服装在我们国家很受欢迎,正在做中东市场的某跨境电商公司,在没有进行充分的市场调研和文化分析的情况下,直接将带有小猪佩奇图案的儿童服装引入中东市场,结果发现销量惨淡。这是因为中东地区的许多国家对猪等动物存在禁忌,特别是在伊斯兰文化中,猪被认为是不洁的动物。因此,任何与猪相关的商品,包括猪肉及猪的图案,都是不被接受的。该公司在埋头做事之前如果能够提早"抬头看天",识别这些禁忌,就可以避免不必要的损失。

0.1.2 麦肯锡的"七步成诗法"

空-雨-伞模型只是一个指导思想,只提出了一个定义问题、分析问题和解决问题的大方向和大基调。在实际工作中,仅仅有方向和基调是不够的,还需要在模型的基础上进一步细化和拆解,确保每个步骤都能够落到实处,才能真正地将方向转化为有效的行动。

麦肯锡的"七步成诗法"正是对这一模型的深入实践。这个方法将问题解决的过程进一步具体化、结构化和标准化,不仅停留在理论层面,还深入实际操作中。

所谓"七步",就是定义问题、拆解问题、划分优先级、制订工作计划、深度分析问题、得出中心结论、准备好给别人讲故事,具体如图 0-5 所示。

1. 定义问题

定义问题,即了解问题产生的背景和信息,知道要解决的问题是什么,明确问题的本质。如果没有明确问题是什么就去解决问题,则结果很可能南辕北辙,徒劳无功。所以,定义问题至关重要,在第一步就要明确。

2. 拆解问题

攻破一个完整坚固的城堡,是一件很难的事情。但是,在攻破城堡前,如果对城堡的结构进行仔细研究,找到薄弱点(即切入点),然后逐个击破,那么攻破城堡并不是难事。

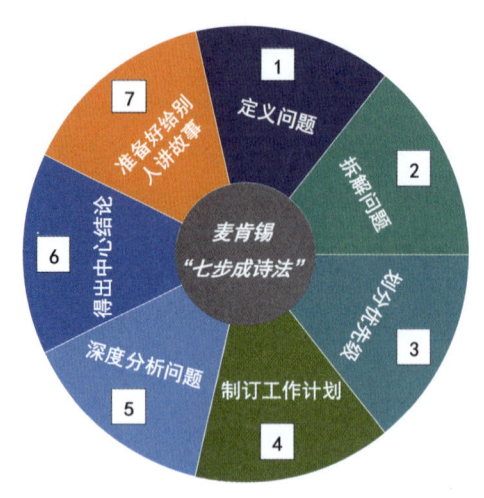

图 0-5　麦肯锡的"七步成诗法"

拆解问题也是同样的道理，面对难题需要从各个方位审视和拆解问题的构成，从而顺藤摸瓜找到切入点，然后逐个解决。

3. 划分优先级

拆解问题的时候，会形成大大小小很多子问题，宛如一棵树上的很多树枝和树杈。这些密密麻麻的树枝和树杈，会遮挡视线，影响判断。这就需要对树进行修剪，明确哪些枝杈对问题的影响很大，哪些枝杈对问题的影响微不足道。然后将微不足道的枝杈剪掉，用80%的精力和时间去修理影响最大的那些枝杈，这就是对子问题划分优先级，如图 0-6 所示。

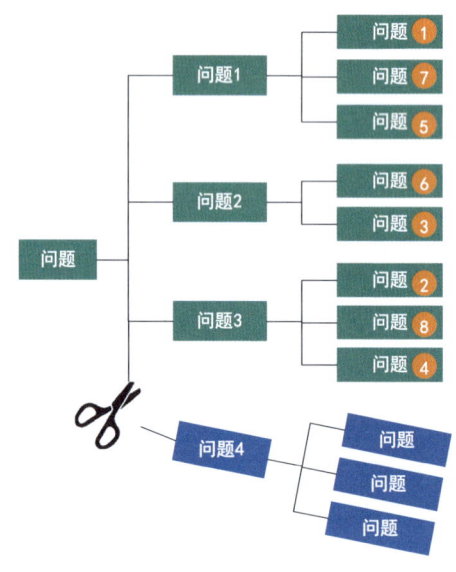

图 0-6　划分优先级

划分优先级的目的是有效找到解决问题的关键路径，最大限度地利用个人和团队的时间、精力和资源。

4. 制订工作计划

明确优先级之后，需要为每一部分工作都制订实施计划。实施计划的主要目的是明确个人和团队成员之间的分工，确定完成任务的时间节点，以及在规定的时间节点应该交付什么样的结果和有什么样的产出。此时，最常用的方法就是甘特图。

> **提示** 甘特图是一款强大的项目管理工具，主要用于规划和展现项目或工作的时间线，包括项目或工作的开始时间、结束时间、持续时间，以及不同工作之间的依赖关系。这种直观和清晰的展示方式让参与者能够一目了然地看到整个项目的时间安排，并可以随时跟踪任务的执行情况。

5. 深度分析问题

有了详细的工作计划后，就可以着手深度分析问题了，主要目的是快速挖掘出现问题的原因，找到问题的本质。在此阶段，麦肯锡倡导以事实为基础，以假设为先导，通过小心验证快速解决问题。

6. 得出中心结论

从独立分析中得出结论只代表拆解的子问题有了结论，并不代表整个问题得到了解决。因此，在深度分析问题之后，还需要把不同模块的分析结果进行归纳、演绎、分析，整合成一个中心结论。

7. 准备好给别人讲故事

得出中心结论之后，还需要将结论汇报给客户或者上级。此时，采用讲故事的方式会大大提升汇报/沟通的效果。这时就需要把中心结论、论点、论据、背景、目标、资料、数据按照一定的逻辑组织起来，串成一条故事线，形成一个完整的故事。

0.1.3 丰田的"八步分析法"

丰田提倡"八步分析法"，所谓八步，就是明确问题、拆解问题、设定目标、探究真因、制定对策、实施计划、评估结果、标准化流程并持续改进，具体如图0-7所示。

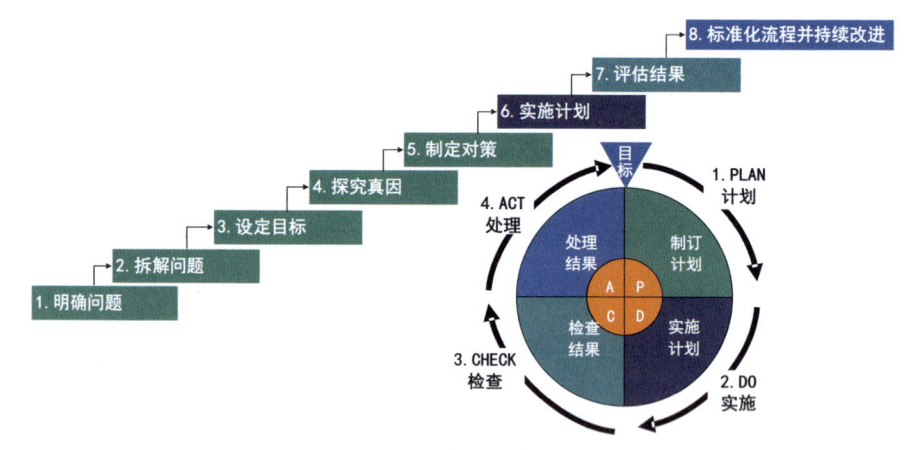

图 0-7 丰田的"八步分析法"

1. 明确问题

明确问题，就是了解问题产生的背景和信息，知道要解决的真正问题是什么，这一点和麦肯锡"七步成诗法"的第一步非常相似。

2. 拆解问题

将大而模糊的问题分解、再分解，整理成自己能够着手处理的、具体的子问题。

丰田会根据各个子问题的重要度、紧急度、扩大倾向进行综合考虑，判断子问题的优先级，决定要优先着手解决的问题。

> **提示**
> - 重要度：对目标达成的贡献有多大。
> - 紧急度：如果不立刻处理，是否会导致严重的后果。
> - 扩大倾向：如果搁置，它的影响范围或程度是否会扩大。

针对子问题，继续拆解产生问题的具体流程，并仔细审视流程，收集定量和定性的事实，确定具体的问题点，具体如图 0-8 所示。

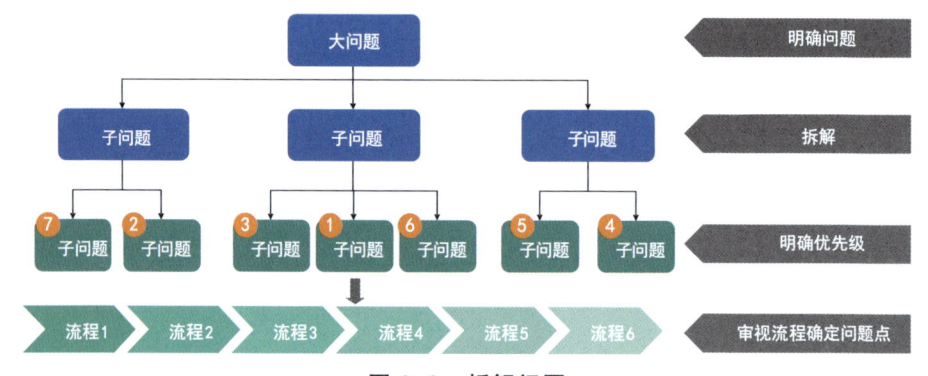

图 0-8 拆解问题

3. 设定目标

针对发现的问题点，朝着解决问题的方向努力，并重新设定新目标。在设定新目标时，要遵循具体的（Specific）、可量化的（Measurable）、可实现的（Attainable）、可关联的（Relevant）、有时间限制的（Time-bound）标准，也就是 SMART 原则。

4. 探究真因

设定目标后，进一步调查为什么会发生问题。为了探求问题的本质原因，需要不断地追问"为什么（Why）"，这就是丰田著名的 5Why 分析法。

> **提示** 5Why 分析法将在 3.5 节详细介绍。

5. 制定对策

挖掘问题的根本原因后，要跳出思维的框架，制定出对策。具体来说，要经过 6 个步骤，如图 0-9 所示。

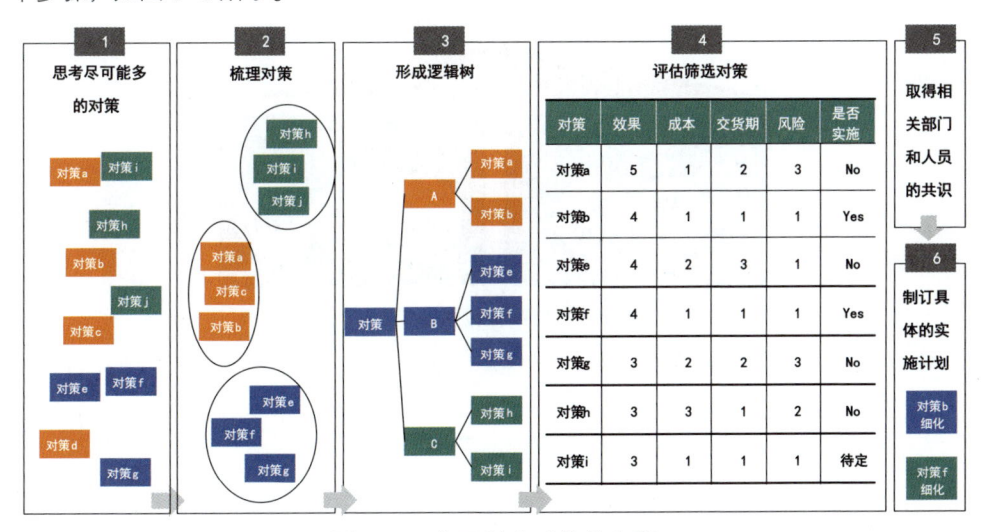

图 0-9　丰田制定对策的步骤

（1）针对每个原因思考尽可能多的方案和对策。

（2）对思考出来的方案和对策进行梳理，将类似的放在一组。

（3）整理形成逻辑树，检查在逻辑树的各个层次上是否有遗漏或者重复。

（4）从效果、成本、交货期、风险四个维度评估每个方案和对策，并筛选出附加价值高的对策。

> **提示** 丰田如何通过四个维度判断对策是否具备可实施性？
> - 如果效果＞成本＋交货期＋风险，则代表可以实施相应的对策和方案。
> - 如果效果＜成本＋交货期＋风险，则代表相应的方案不合算，不宜实施。
> - 如果效果＝成本＋交货期＋风险，则要再进一步评估，考虑是否具有实施的意义。

（5）尽早将相关部门和相关人员加入进来，取得共识，争取全体利益的最大化。

（6）达成共识后，带动相关部门和相关人员制订具体的实施计划。

6. 实施计划

有了具体的行动计划之后，接下来就是按照制订的计划落地执行。

7. 评估结果

方案和计划执行之后，需要进行评估。在丰田，评估要遵循两个方向和三个视角，如图 0-10 所示。

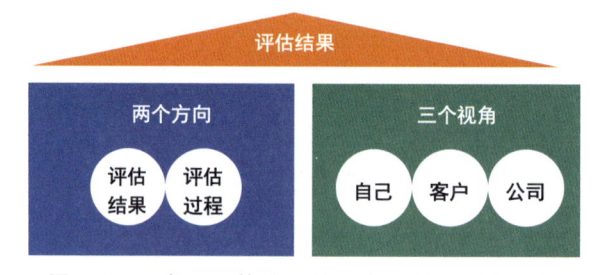

图 0-10　丰田评估结果的两个方向和三个视角

- 两个方向：既要对实施计划的"结果"进行评估，也要对"过程"进行评估。在丰田，仅仅结果好是得不到好的评价的，应当将结果和过程看作一体，既要评估实施的结果，也要评估实施的过程。

- 三个视角：在进行评估时，不能只站在自己代表的位置和视角进行评估，还要站在客户和公司的视角反思和评估，即从三个视角评估方案和计划是否带来了个人的成长，是否提高了客户满意度，是否实现了公司的成长。

8. 标准化流程并持续改进

评估完成后，流程并没有结束，而是将成功的过程作为机制巩固下来，即将过程标准化。这意味着，无论哪个员工接手这项工作，都能够按照既定的标准执行，确保工作质量和效率的一致性。

> **提示** 这种标准化的做法不仅减少了对个别员工能力的依赖，还提高了整个组织的运作效率。通过将最佳实践固化为标准操作流程，丰田确保了即使在人员更迭的情况下，也能够持续保持高水平的工作表现。

流程标准化之后，还要乘胜追击，进一步巩固成果，在横向和纵向上继续拓展，持续改进，如图 0-11 所示。

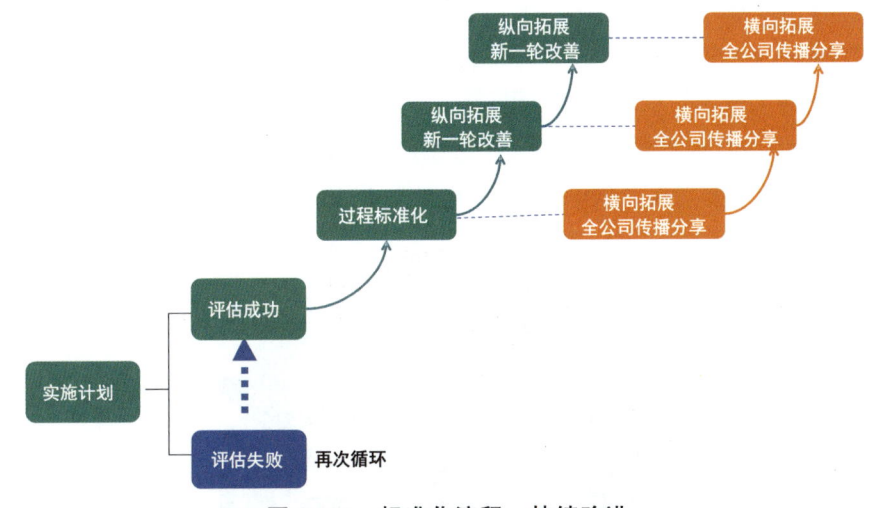

图 0-11 标准化流程，持续改进

- 横向拓展，即在整个公司内传播分享。丰田非常重视成功经验的传播和分享，他们不仅满足于在一个小团队或部门内部推广好的机制，而是将这些成功的经验横向扩展到整个公司，在整个公司内传播提倡，和公司整体的水平提高相挂钩。这种做法不仅提升了整个组织的运营水平，还促进了跨部门之间的沟通和协作。通过这种方式，丰田能够将一个部门的成功经验转化为公司整体的财富，从而实现整体水平的提升。
- 纵向拓展，即开启新一轮改善。即使是已经机制化和标准化的流程，也不意味着可以停滞不前。相反，这正是开启新一轮改善的契机，可以不断地追求更高的目标，不断地对现有的流程进行审视和优化。

0.1.4 福特的 8D 分析法

8D 的全名是 "8 Disciplines"，翻译为 "8 个步骤、导向、规则、套路"，又称 "团队导向问题解决方法"。这是由福特公司设计出来的、用来解决质量问题的一种方法，也是福特及福特供应商必须要用的解决质量问题的工具。

现在，8D 分析法不仅在福特，在其他汽车公司，甚至在其他制造企业也都得到了广泛使用，尤其被世界 500 强公司普遍推广，用来系统性、根本性地分析和解决问题，成为一种结构化的、标准化的工作流程和工具。

8D 分析法最关键的思想是依靠团队的力量，依靠事实说话，避免让个人的主见和小心思掺和进来，使问题的解决更具条理。

什么情况下可以使用 8D 分析法？通常以下 3 种情况下适合使用。

- 问题无法根本解决，反复出现，让人头疼。
- 比较重大的质量问题，比如产品缺陷、质量不过关等，严重影响公司声誉。
- 客户或者顾客有质量投诉的问题。

如何使用 8D 分析法？只要遵循 8 个步骤，按部就班地展开分析即可。需要注意的是，在最开始时需要加入一个准备步骤，如图 0-12 所示。

图 0-12　福特的 8D 分析法

1. D0：准备工作

这是开始之前的准备工作，主要目的是通过对问题的了解确定是否使用 8D 分析法解决问题。通常来说，使用 8D 分析法解决问题需要满足以下几个条件。

- 问题需要是已经明确的，不能是模糊的。
- 知道是谁遇到了这个问题。
- 这个问题有改进的空间，不能已经完美到没有空间改进了。
- 问题的原因现在还不清楚，需要进一步深挖。
- 管理层需要下定决心，从根本上解决问题，并预防问题再次发生。
- 问题很复杂，不是一个人能解决的，需要依靠团队的力量。

2. D1：组建团队

组建一个团队，这就是 8D 分析法流程真正拉开序幕的时候，也就是 D1 阶段要做的就是拉起一支队伍，找到具备相关专业和技能、能针对这个问题提出解决方案的人。

通常来说，选择团队成员要遵循以下准则。

- 人数需要控制好，不能太多也不能太少，4~10 个人就可以。
- 挑选那些有技能、有知识、有资源、有权力、能拍板做决定的人。
- 团队里的人能各司其职，任务能分配合理。

3. D2：描述问题

以量化的方式将问题描述出来，明确问题涉及的人、事、时间、地点和程度等，简洁明了、依靠数据，尽量缩小引起问题根本原因的范围。一般情况下，可以使用 5W2H 法描述问题，具体见表 0-1。

表 0-1 使用 5W2H 法描述问题

5W2H	含义	具体含义
Who	谁	识别哪些客户在抱怨
What	什么	问题表现的症状是什么
When	何时	问题发生在什么时候
Where	何地	问题发生在什么地点
Why	为什么	目前可能的原因有哪些
How	怎么样	在什么样的状态下发生的这个问题
How much	什么程度	问题影响的程度或大小

4. D3：采取临时应急对策

临时应急对策，就好比救火队，需要赶紧采取措施，先把问题控制住，别让它再扩大了。在找到一劳永逸的解决办法前，需要确保问题不会影响目前的业务和客户。

> 举个例子，某购物中心商家门店的玻璃门擦得太亮了，顾客没看到，一头撞碎了大门。
> 针对这种情况，商家首先要做的不是分析原因，而是采取临时紧急措施，给玻璃贴上警示标志"小心玻璃!"，以免让更多的顾客受到伤害。

制定的临时对策通常发挥以下几个作用。

- 让现有的业务和系统能继续转起来，别因为问题停摆了。
- 给 8D 分析法小组争取时间，让他们能找出问题的根本原因。
- 保护客户的利益，别让他们因为问题而受损失，也让他们满意。
- 保证质量，减少因为问题继续发生而带来的额外成本。

5. D4：寻求根本原因

如果解决问题时，没找准根本原因，那很可能采取的措施就是临时抱佛脚，应付一下。这种权宜之计会把真正的原因掩盖住，让人看不清问题的本质。但是，一旦找到根本原因，事情就变得简单了，就可以彻底解决这个问题，让它以后再也不出现。

因此，采取临时对策之后，接下来就是花时间寻找根本原因了。可以通过流程图进行流程分析，通过头脑风暴法、鱼骨图等方法穷举所有可能的表面原因，列出可能的疑点。并通过现场询问、数据分析对各个可疑原因进行排查。最后通过 5Why 分析法寻求根本原因。

> **提示** 头脑风暴法、鱼骨图法、5Why 分析法将在第 3 章详细介绍。

6. D5：制定长期对策

尽管临时应急对策能够解决一部分问题，但它们通常不能消除问题的起因，长期对策才能消除问题的根本原因。因此，D5 过程就是制定消除根本原因的长期对策。

一个好的长期对策，需要具备以下这些特点。

- 能从根本上解决问题，就像拔掉病根一样。
- 是大家公认的最佳选择，不是随便选一个就行。
- 对策执行之后，不能带来新的问题，确保干净利落。
- 需要验证这些对策是不是真的有效，不能光说不练。

7. D6：执行并验证长期对策

制定长期对策之后，接下来就要执行并验证对策。执行并验证长期对策要实现 3 个目标：长期对策被彻底执行；问题被彻底解决；停止 D3 采取的临时应急对策。

8. D7：制定预防对策

将相关的对策、流程和方法形成新的标准化的书面文件，或者更新原有的系统和文件，比如管理制度、程序文件、作业指导书、表单、技术文件、工程图纸等，防止类似的问题再发生。

> **提示** 临时应急对策、长期对策和预防对策是有明显不同的，如图 0-13 所示。
> - 临时应急对策：主要用来消除问题的影响，防止问题扩大，治标。
> - 长期对策：主要用来消除问题的根本原因，从根本上解决问题，治本。
> - 预防对策：主要用来形成标准化的规范，防止问题再发生，治复发。

图 0-13　临时应急对策、长期对策和预防对策的不同

D8：肯定团队及个人贡献

检查和汇报工作内容，分享经验教训，认可和表彰团队及个人的贡献。

0.1.5　四大经典方法对比

麦肯锡的空-雨-伞模型、"七步成诗法"、丰田的"八步分析法"、福特的 8D 分析法，这四种方法可以说是分析解决问题的黄金搭档。咨询派的前两种方法动脑能力强，实践派的后两种方法动手能力强。虽然都倡导解决问题，但是侧重点还是有所不同的。四种方法的具体对比，见表 0-2。

表 0-2　咨询派和实战派的四种方法对比

		麦肯锡的空-雨-伞模型	麦肯锡的"七步成诗法"	丰田的"八步分析法"	福特的 8D 分析法
派别		咨询派	咨询派	实战派	实战派
侧重点		策略和思考 思路 框架	策略和思考 事实收集，假设验证 制定方案	实操和执行 标准化管理 持续改进	实操和执行 团队合作 系统解决问题
像谁		思想家或理论家	侦探	工程师	专家团队
流程	1	观察现象定义问题	定义问题	明确问题	组建团队
	2	分析问题做出推测	拆解问题	拆解问题	描述问题
	3	提出方案解决问题	划分优先级	设定目标	采取临时应急对策
	4	—	制订工作计划	探究真因	寻求根本原因
	5	—	深度分析问题	制定对策	制定长期对策
	6	—	得出中心结论	实施计划	执行并验证长期对策
	7	—	准备好给别人讲故事	评估结果	制定预防对策
	8	—	—	标准化流程并持续改进	肯定团队及个人贡献

1. 麦肯锡的空-雨-伞模型：注重逻辑、思路和框架

麦肯锡是全球知名的咨询公司，其主要业务模式为向客户"提供解决方案"，把自己定义为"商业咨询顾问"，大多数情况下不会参与业务的落地执行环节，因此更侧重于策略和思考。

空-雨-伞模型是一个简单却深刻的思考框架，提供的是解决问题最简单、最直观的思路，是一个指导思想。

空-雨-伞模型更像一个思想家或理论家的工作方法。其把问题解决的过程比作"看见天空乌云密布，分析会下雨，决定带伞出门"，也就是从事实出发，分析可能的原因和结果，并据此采取行动。

2. 麦肯锡的"七步成诗法"：注重事实、分析和方案

空-雨-伞模型为解决问题提供了理论和思路，要想真正解决问题，单单依靠空-雨-伞模型是不行的，还需要将理论和思维具体化，制定更为详细的流程和步骤，这就是"七步成诗法"。其更侧重于事实收集、假设验证和方案制定。

"七步成诗法"更像一个侦探破案的工作方法。首先，它像侦探一样，四处搜集线索，了解问题全貌。并将问题逐层解剖和拆解，明确不同模块的优先级。其次，提出假设，像侦探猜测谁是嫌疑人一样。然后，用数据和事实来验证这些假设，分析哪些假设站得住脚。一旦找到靠谱的假设，也就找到了问题的原因，就开始制定一套详细的解决方案。最后，把方案整理成故事的形式讲给所有人听，确保每个人都明白发生了什么。

3. 丰田的"八步分析法"：注重实操和持续改进

丰田是一家汽车公司，属于传统制造行业，其主要业务模式为向客户"售卖汽车"，把自己定义为"汽车生产制造商"，更侧重于实际操作、落地执行、标准化管理和持续改进。

"八步分析法"更像一个工程师的工作方法。首先，搞清楚问题到底是什么，比如某生产线上的小毛病。然后，把问题拆成小块，一点点检查，定位出问题点。接着，给自己设定目标，跟剥洋葱似的，一层层找到问题的根本原因。找到原因后，就开始动手解决问题，像做实验一样，试试这个方法，看看另外一个对策，然后挑选最好的方法。最后，丰田会把这些好的方法标准化，让公司内部更多的人学习使用，持续改善流程和机制。

4. 福特的 8D 分析法：注重团队合作和系统解决问题

福特与丰田类似，同属于汽车公司，同属于传统制造行业，其也侧重于实际操作

和落地执行。与丰田不同的是，福特更关注团队合作和系统解决问题。

8D 分析法更像一个专业团队的工作方法，通过"组建团队、描述问题、采取临时应急对策、寻求根本原因、制定长期对策、执行并验证长期对策、制定预防对策、肯定团队及个人贡献"八个步骤，找出制造过程中的问题，然后一步步解决，确保问题不再出现。

0.2 七步学会结构化分析解决问题

麦肯锡、丰田等公司就像在江湖上混了很久的老手，经历过大风大浪，积累了诸多的经验和方法。这些经验和方法让它们不再只是依赖直觉做事，而是将这些流程标准化和结构化，总结出一套结构化分析解决问题的方法，确保了它们不仅能够迅速应对当前的挑战，还能够推动企业持续改进和创新。更重要的是，全球各地的不同团队都能以统一的方式工作，保持了质量和效率。同样，我们个人也需要像这些公司一样，构建起属于自己的解决问题的框架和思路。

0.2.1 工作中常遇到的七类问题和困扰

一个人如果在分析解决问题时，没有构建出自己的框架和思路，大概率会被以下七类问题困扰。

1. 遇到问题不知如何下手

遇到问题时，茫然无措，左顾右盼，不知道如何下手。

出现这类问题的主要原因是无法明确定义问题，无法将模糊的问题清晰化。

2. 或陷入思维困境，或思维过于活跃

处理复杂问题时，或者陷入思维困境，或者思维虽然特别活跃但千头万绪，缺乏条理，难以把控。

出现这类问题的主要原因是无法结构化拆解问题，看不清问题的整体架构和组成部分，理不清整体和部分、部分和部分的内在联系。

3. 分析问题浮于表面，无法洞察本质

分析问题时，抓不住重点，看问题简单，只看表象，停留在表面，没有办法深入本质。

出现这类问题的主要原因是不会深度分析问题，缺乏思考问题本质的方法。

4. 结论信服力低，方案总被否定

得出的结论左右摇摆，不痛不痒，难以令人信服；提出的方案总是被批判、被否定。

出现这类问题的主要原因是不会下结论，无法系统梳理事实和数据，导致论据不充分；无法有效组织论据和结论，导致逻辑不严谨；无法让论据支撑结论，导致结论不稳固，很容易被别人攻击而倒塌。

5. 汇报/沟通语无伦次、颠三倒四

汇报/沟通工作时，表达语无伦次，颠三倒四，漏洞百出，说辞无法自洽。在台上时紧张害怕、遗忘要点，被人攻击时无法反击，解答疑问时经常被问倒。

出现这类问题的主要原因是不会结构化汇报/沟通。汇报前不知如何进行充足准备；汇报中不知如何表达，不知使用什么话术；汇报后不知如何应对冲突和提问。

6. 低水平重复，无法实现突破和成长

工作了很长时间，技能却还在原地踏步，没有提高。

出现这类问题的主要原因是只关注解决眼前问题，忽略了复盘的重要性。解决完当前问题就拍拍屁股走人，不对成败得失进行定期复盘，或者即使复盘也是奉命行事，纸上谈兵。这导致始终无法发现自己的问题所在，而问题不暴露在眼底，是没有动力去解决的，不解决问题当然没办法实现突破和成长。

7. 不被上级信任

在工作中，经常被上级怀疑，被过多地干预工作，时不时地被询问工作进度，在很多方面被掣肘。

出现这类问题的主要原因是交付的结果总是无法达成预期目标，结果和目标无法实现闭环，因而无法赢得上级的信任支持。上级从以往交付的结果和做事风格中，不断进行判断，做了一个画像，并打上了一个标签，叫作"不靠谱"。

以上七类问题的出现，归根结底是结构化分析能力的缺失，如图 0-14 所示。而要解决这些问题和困扰，就要学会培养结构化分析解决问题的能力。

第 0 章 开篇——结构化分析解决问题的流程 | 19

| 遇到问题不知如何下手 | 或陷入思维困境，或思维过于活跃 | 分析问题浮于表面，无法洞察本质 | 结论信服力低，方案总被否定 | 汇报/沟通语无伦次、颠三倒四 | 低水平重复，无法实现突破和成长 | 不被上级信任 |

| 无法定义问题，问题过于模糊宏大 | 无法拆解问题，理不清问题的内在联系 | 不会深度分析问题，缺乏思考问题本质的方法 | 不会下结论，无法有效组织结论和论据 | 不会汇报/沟通 | 不会复盘改进 | 无法实现结果和目标的闭环 |

结构化分析能力缺失

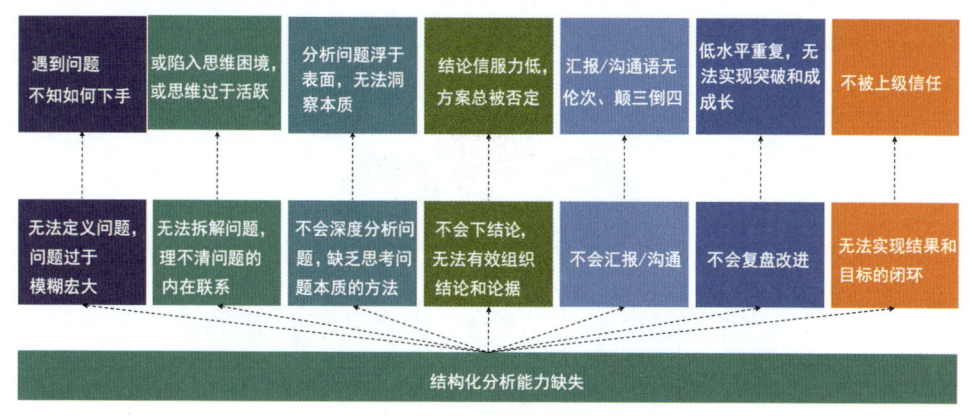

图 0-14 七类问题及其原因

0.2.2 什么是结构化分析解决问题

什么是结构？简单来说，结构就是事物的组织和构成方式。它描述了事物的各个组成部分是如何相互关联、相互作用、最终形成一个整体的。

比如正方体，它是由点、线、面这些基本元素按照几何学的规则和顺序组合在一起，形成的一个具有稳定性和完整性的三维结构。

正如正方体具备结构一样，凡问题，必有结构。问题由众多子问题按照一定的逻辑规则组合在一起，形成了一个复杂的结构和整体。

一个人对正方体不熟悉，要么是对点、线、面这些构成元素不熟悉，要么是对它们的组合规则和关系不熟悉。

同样，一个人无法解决问题，就是因为看不清问题的结构，弄不清问题的构成要素，理不清要素之间的联系。

而结构化分析解决问题就是用系统化的方法和标准化的流程将复杂问题的结构拆解出来，抓住影响问题的关键要素，逐一观察清楚研究透彻，再重组起来，把问题解决。在这个过程中，采用的是一套系统性的方法，其依赖于一定的框架、模型、方法、流程、章法解决问题，而不是天马行空地解决问题，这就是结构化分析解决问题。

所以，结构化分析解决问题用一句话来形容，就是用标准的结构化方法和流程分析透彻问题的结构，将问题解决。

这种方法最大的好处就是能够以一种有序和可控的方式分析复杂问题的结构，快速找到解决问题的思路，避免思维陷入无尽的停滞和混乱之中，减少无效和重复的尝试，降低不确定性，提高解决问题的效率和成功率。

举个例子，解决"盖一座房子"的问题，通常需要七步，如图 0-15 所示。

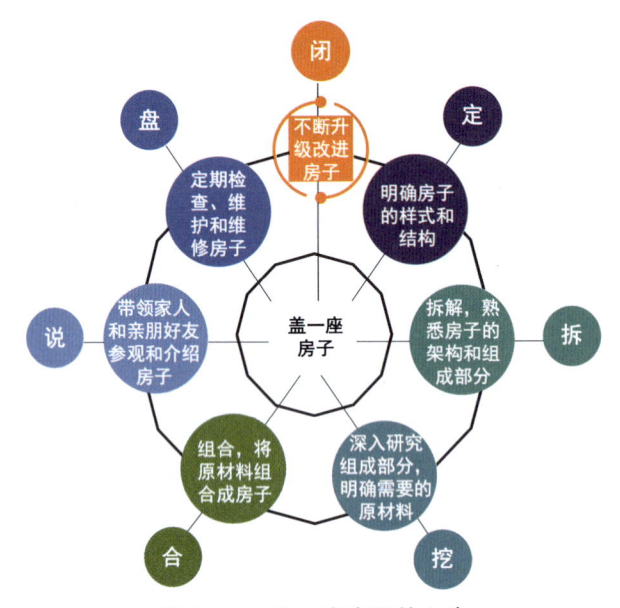

图 0-15　盖一座房子的七步

（1）明确要盖什么样式和结构的房子。

（2）拆解房子，了解清楚这类房子的架构和组成部分，比如地基、承重墙、梁柱、外墙、屋顶、内部空间、门窗、设备设施等。

（3）深入研究每个组成部分，明确每个部分都需要哪些原材料，比如建地基需要混凝土和钢材等；外墙需要砖块、石材、砂浆、涂料等；门窗需要木材、铝合金、塑料等；内部空间需要砖块、石膏板、木材、地板材料等。购买原材料，把所有的材料都准备齐全。

（4）组合房子，将原材料组合成地基、承重墙、梁柱、外墙、屋顶、内部空间、门窗、设备设施等，再将它们组合建成房子。

（5）建好了房子后，带领家人和亲朋好友参观和介绍房子。

（6）定期检查、维护和维修房子。

（7）根据自己的使用习惯，不断升级和改进房子。

盖房子的过程，就是典型的结构化分析解决问题的例子。整个过程包含大架构小元素，先拆解后组合，有结构、有逻辑、有层次、有流程、有步骤，有条不紊，一步一步水到渠成。

0.2.3　结构化分析解决问题的七步

与盖房子相对应，结构化分析解决问题就是先"定义"清楚问题是什么；接着通过"拆解"弄清楚问题的构成要素；之后从各处搜集数据和信息，对这些子要素进行深度分析，"挖掘"本质原因；接着通过"聚合"将各个分析透彻的子要素进行重组、提炼、归纳和演绎，形成最终的结论，并提出解决方案。"定义""拆解""挖掘"和"聚合"共同构成了思考分析问题的阶段。

在职场中，个人的力量是有限的，团队协作不可避免。为了保证问题顺利解决，赢得上级和下属的支持至关重要，"说服"他们是必不可少的。因此，还需要将分析思考的结论和方案向上级汇报，对下属沟通。方案实施完之后，并不代表问题就此完结，还需要进一步"复盘"效果，总结经验教训，持续改进。最后需要检查问题的最后一环与起始一环是否实现无缝"闭合"。"说服""复盘"和"闭合"共同构成了汇报、执行和复盘问题的阶段。

综上所述，结构化分析解决问题的标准流程可以总结为两大阶段七步，这七步可以统一为七个字：定、拆、挖、合、说、盘、闭，如图 0-16 所示。

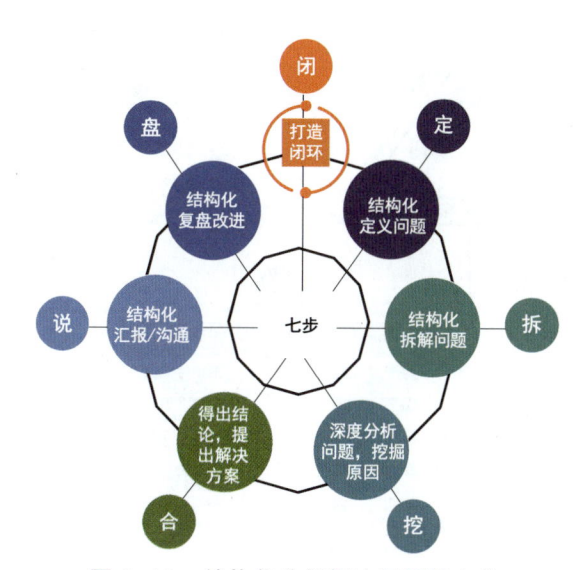

图 0-16　结构化分析解决问题的七步

0.2.3.1　定：结构化定义问题

"定"即结构化定义问题，主要解决遇到问题不知如何下手的困扰。

这个环节的核心在于明确问题的本质，弄清楚真正的问题到底是什么。只有准确定义了问题，才能提出正确的方案，做到对症下药。

这是一个将问题不断识别和审视，将思维向上升维的过程。

0.2.3.2 拆：结构化拆解问题

"拆"即结构化拆解问题，主要解决思维陷入困境或思维过于活跃的困扰。

这个环节的核心在于将看似大而复杂、无从下手的问题拆解成更小、更简单、更具体的子问题。这样不仅能更清晰地看到问题的全貌，还能识别问题的各个组成部分，从而找出问题的关键点和突破点。

这是一个将问题拆解，将思维横向发散、向下降维的过程。

> **提示** "定"和"拆"围绕着"问题"展开，它们彼此组成一对。前者是向上升维定义问题，后者是向下降维拆解问题，如图 0-17 左侧部分所示。

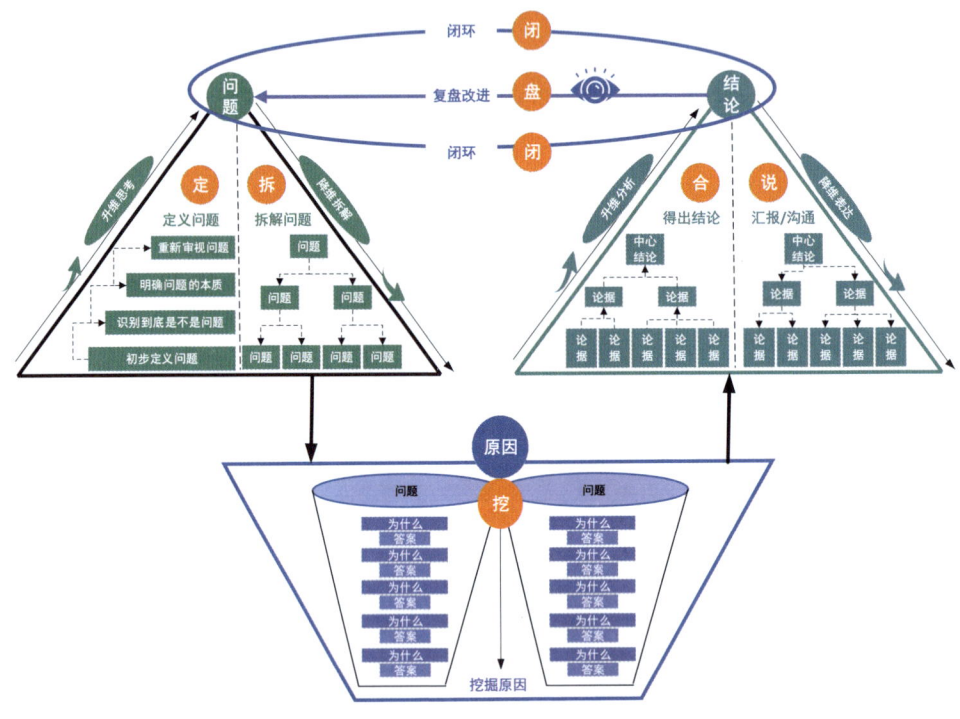

图 0-17 七步的逻辑关系

0.2.3.3 挖：深度分析问题，挖掘原因

"挖"即深度分析问题，挖掘原因，主要解决分析问题浮于表面、无法洞察本质的困扰。

这个环节的核心是深入剖析每个子问题，找出每个子问题产生的根源。这不仅需要观察问题的表面现象，更需要发现问题背后隐藏的原因和机制。只有找到了真正的原因，才能从根本上解决问题。

这是一个将原因深挖，将思维垂直下钻、深入本质的过程。

> **提示** "挖"围绕着"原因"展开，如图0-17下侧部分所示。

0.2.3.4　合：得出结论，提出解决方案

"合"即聚合和收敛深度分析的结果，得出统一的结论，提出解决方案，主要解决结论信服力低、方案总被否定的困扰。

在上述拆解问题和深度分析问题的两个环节，会形成大大小小、散落在各处的观点、研究和分析等，如果无法对它们进行有效组织和梳理，则会导致它们无法衔接、无法相互佐证，出现互相攻击和互相矛盾的现象。正是这些混乱和矛盾，进一步导致结论不被信任、方案总被否定。

因此，在深度分析问题之后，还必须将散落在各处的结果聚合到一起，形成合力拧成一股绳，提炼出一个核心观点，最终解决问题。

这是一个将结论组合聚焦，将思维收敛回来、向上升维的过程。

0.2.3.5　说：结构化汇报/沟通

"说"即结构化汇报/沟通，说服和影响他人，主要解决汇报/沟通语无伦次、颠三倒四的困扰。

这一步与前四步有显著的不同。前四步均是在分析思考问题，是"死磕"自己。而这一步是将分析思考的结果传达给他人，是"取悦"他人。

因此，该阶段的思路和策略由"对己"转换为"对他"，这不仅需要清晰地组织观点和结论，还需要能够使用不同的策略应对不同的人员和场景，更需要能够灵活自如地回答提问和应对质疑。

这是一个将结论表达出来取悦、说服他人，将思维向下降维的过程。

> **提示** "合"和"说"围绕着"结论"展开，它们也彼此组成一对。前者是向上升维、先组合论据、后得出结论；后者是向下降维、先表达结论、后展开论据，如图0-17右侧部分所示。

0.2.3.6　盘：结构化复盘改进

"盘"即结构化复盘改进，主要解决低水平重复、无法实现突破和成长的困扰。

如果一个人一直在解决问题的路上，每次解决问题之后，只是拍拍手说"搞定了"，然后快速转移到下一个任务。那么，这个人只能在低水平不断重复，每次遇到类似的问题，都得从头开始，很难取得实质性突破和成长。

因此，问题解决之后，聪明的做法是花时间进行复盘总结。复盘评估方案的效果，总结做得好的地方和做得不好的地方。针对不好的地方，加以改进；针对好的地方，总结成标准化的流程和方法论，并将其复用到其他问题上和赋能到其他人身上。

这是一个对问题和结论进行评价，将思维返回过去的过程。

0.2.3.7　闭：打造完美闭环

"闭"即打造完美闭环，主要解决不被上级信任的困扰。不被信任的主要原因是无法交付预期的结果，结果偏离了预期的目标，即最终的结果和开始的目标没有实现衔接，没有形成闭环。

因此，解决问题的最后，要检查最终的结果是否实现了开始的目标，是否顺利解决问题完成了闭环。如果结果不尽如人意未完成闭环，则需要回到问题的起点，重复这七步。如果顺利完成了闭环，则需要把这次闭环当成下一次闭环的起点，在解决一个问题的过程中发现新问题，从解决一个问题扩展到解决其他问题，实现螺旋式上升成长。

这是一个将结论和问题闭合，将思维完成一次闭环、开启崭新闭环的过程。

> **提示**　"盘"和"闭"围绕着"结论和问题"展开，它们也彼此组成一对。前者是在得出结论后回顾复盘问题，从现在审视过去；后者是完成结论和问题的闭环，为它们画上句号开启未来，如图 0-17 上侧部分所示。

0.3　两大案例解析结构化分析解决问题

"定、拆、挖、合、说、盘、闭"七步，可以被看作解决问题的地图和框架。不管在生活中还是职场中，遇到复杂问题时，直接套用这七步就可以井然有序地解决问题。

这里列举两个例子来具体说明如何套用这七步。

0.3.1　【案例 1】医生为患者看病，如何结构化诊断

Rose 最近一段时间一直头晕，导致她一直无法专心工作，某天早上起床突然感觉病情加重，身体极度不舒服，因此她请假来到了医院急诊处向医生求助。

医生给她诊断和治疗头晕的过程可以说是一个典型的结构化分析解决问题的过程，这里套用结构化分析解决问题的七步，具体过程如图 0-18 所示。

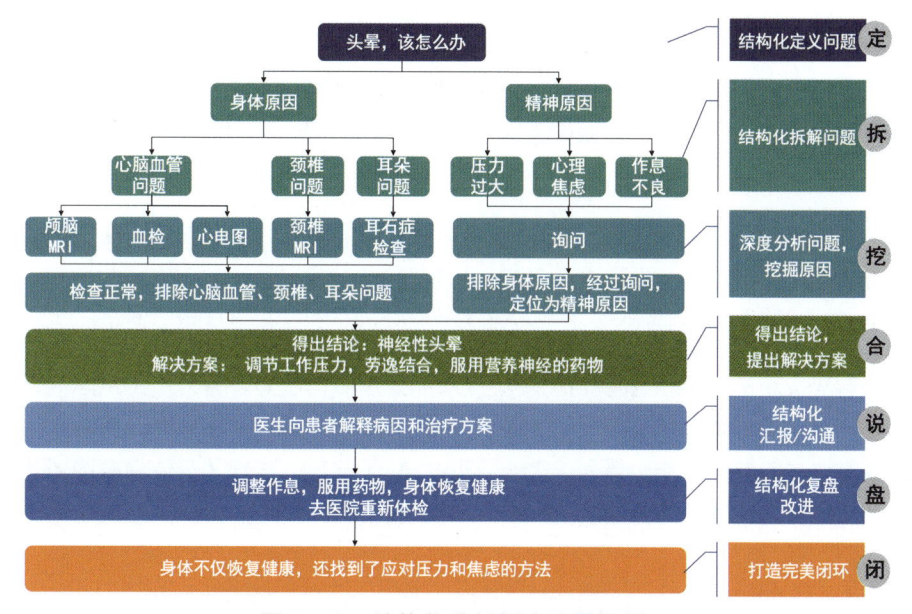

图 0-18 结构化分析解决头晕问题

（1）结构化定义问题。

Rose 最近一直头晕，今天病情加重，怎么才能恢复健康。

（2）结构化拆解问题。

导致头晕的原因很多，可能是身体原因，也可能是精神原因。身体的很多部位和器官出现问题，都可能导致头晕。为了找到身体原因，再将身体因素进一步拆解为 3 个小问题：心脑血管问题、颈椎问题、耳朵问题。

（3）深度分析问题，挖掘原因。

首先，确定是不是心脑血管引起的头晕。医生给 Rose 做了颅脑 MRI、血检及心电图的检查。根据数据显示，心脑血管正常，因此排除了心脑血管问题。

接着，确定是不是颈椎引起的头晕。医生给 Rose 做了颈椎 MRI 检查。根据数据显示，颈椎正常，因此排除了颈椎问题。

最后，确定是不是耳朵问题引起的头晕。医生又给 Rose 做了一个耳石症的检查。同样根据数据显示，耳朵正常，因此也排除了耳朵问题。

排除身体原因之后，医生通过询问 Rose 最近的作息习惯、工作压力等情况，鉴定属于神经性头晕，确定导致头晕的原因是精神因素。

（4）得出结论，提出解决方案。

由于头晕是由压力过大、焦虑等精神因素引起的，因此医生的解决方案是服用一些营养神经的药物。

（5）结构化汇报/沟通。

医生将专业的医学检查结果转换为患者能够听懂的日常语言，向 Rose 解释病因，并告诉她注意调节工作压力，做好劳逸结合，以及如何服用药物。

（6）结构化复盘改进。

Rose 按照医生的要求调整作息、服用药物一段时间后，感觉头晕症状减轻，并去医院做了一次全面体检，发现身体各项指标都恢复正常。

（7）打造完美闭环。

从这次头晕中，Rose 发现自己不会应对和处理工作压力，容易产生焦虑情绪。因此，她计划刻意锻炼和培养自己应对压力、缓解焦虑的能力，让身体保持健康，有了健康的身体才能专心工作。最后，Rose 不仅恢复了健康，实现了身体健康的闭环，还找到了应对压力和焦虑的方法。

0.3.2 【案例2】W 公司收入异常下降，如何结构化分析

W 公司是一家头部互联网公司，主要依靠客户投放广告获取收入，最近该公司的收入出现了异常下降。如何结构化分析解决这个问题？

这里直接套用结构化分析解决问题的七步，具体过程如图 0-19 所示。

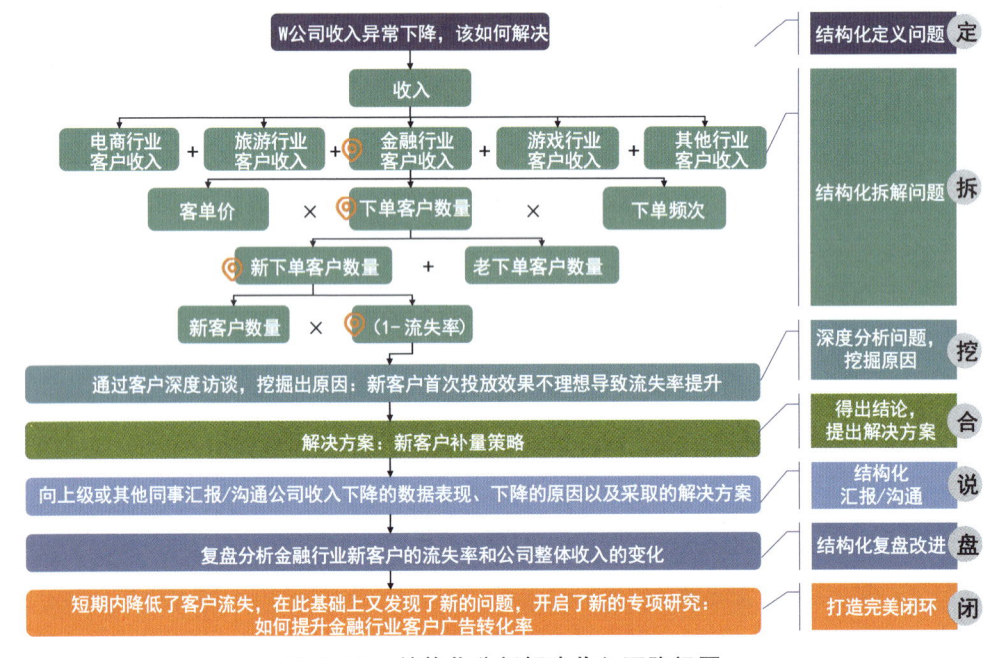

图 0-19　结构化分析解决收入下降问题

（1）结构化定义问题。

W公司收入出现了异常下降，该如何解决？

（2）结构化拆解问题。

"收入"是一个非常大的指标，通常作为一级指标或者北极星指标出现。如果仅仅分析这个大指标，是找不出问题的，必须把这个大指标拆解，剖析这个大指标的构成元素，才能从蛛丝马迹中发现问题。一般情况下，指标都可以通过公式法拆解，而且可以像剥洋葱一样，从外边开始，经过层层拆解，直到触达内层核心。这里需要经过4层拆解。

- 第1层拆解：先对"收入"进行拆解，将其按照"收入＝电商行业客户收入+旅游行业客户收入+金融行业客户收入+游戏行业客户收入+其他行业客户收入"这个公式进行拆解。通过数据表现，将"金融行业客户收入下降"锁定为主要原因。
- 第2层拆解：继续对"金融行业客户收入"进行拆解，将其按照"金融行业客户收入＝客单价×下单客户数量×下单频次"这个公式进行拆解。通过数据表现，将"下单客户数量下降"锁定为主要原因。
- 第3层拆解：继续对"下单客户数量"进行拆解，将其按照"下单客户数量＝新下单客户数量+老下单客户数量"这个公式进行拆解。通过数据表现，将"新下单客户数量下降"锁定为主要原因。
- 第4层拆解：继续对"新下单客户数量"进行拆解，将其按照"新下单客户数量＝新客户数量×（1-流失率）"这个公式进行拆解。通过数据表现，将"流失率提升"锁定为主要原因。

影响收入的因素非常繁多，但是经过4层结构化拆解，就能够从繁杂众多的构成元素中找到关键元素，然后抓住关键因素再进行深度挖掘。

（3）深度分析问题，挖掘原因。

在第2步通过拆解发现，金融行业新客户流失率的提升导致了W公司的收入出现异常下降。因此，在这一步要深入分析客户流失率提升的问题，挖掘出客户流失的原因。

通过与金融行业客户的深度访谈得出，客户流失率提升的原因为首次投放效果不理想，这让客户认为投放广告的性价比不高，因此在投放第1次之后就不再尝试投放第2次了，导致了客户的离开和流失。

（4）得出结论，提出解决方案。

客户流失的主要原因为首次投放广告的效果不理想，基于此，提出的解决方案是采取"新客户补量策略"。即当新客户投放广告的结果不理想时，通过给予适当的流量补贴来提升客户留存率，减少客户流失。

> **提示** 关于新客户补量策略的具体措施和内容，将在4.4.6节详细介绍。

（5）结构化汇报/沟通。

对上述分析进行整理，向上级汇报/沟通公司收入下降的数据表现、下降的原因，以及采取的解决方案。

（6）结构化复盘改进。

按照新客户补量策略执行一段时间后，复盘分析金融行业新客户的流失率和公司整体收入的变化，评估流失率有无降低、收入有无恢复。

（7）打造完美闭环。

在实施新客户补量措施的过程中，发现该措施提升了金融行业客户投放广告的曝光量，但是付费转化率的提升并不显著。这意味着，该措施在短期内可以让客户留下来去投放第2次或第3次广告，但是一旦多次投放没有取得转化效果，最终还是会流失。

因此，在该项目的基础上又发现了新的问题，开启了新的专项研究：如何提升金融行业客户的广告转化率。

第1章

步骤一——定：结构化定义问题

在职场中，不知你有没有发现，当上级安排一个任务或问题给员工时，不同的员工会有截然不同的表现。

- 第一种表现：领了任务和问题，没弄清楚上级的意思，不懂装懂，就开始解决问题。
- 第二种表现：和上级沟通，弄清楚问题和上级的意思，开始解决问题。
- 第三种表现：和上级沟通，明确任务或问题的背景，也就是为什么要解决这个问题，然后才开始解决问题。
- 第四种表现：和上级沟通，不仅弄清楚为什么要解决这个问题，还会进一步思考这个问题是不是要解决，即明确要解决的是不是这个问题之后，再开始解决问题。

第二、三种表现，都有可能出现的情况是不论怎么努力，采取什么方式，问题始终无法解决。这跟治病是一个道理，当一个人生病时，吃了很多药也不见好转，原因是什么？大概率是医生把病情定义错了。

第二、三种员工接到问题之后，都没有对问题进行甄别和思考，就开始着手处理问题。只有第四种员工，去做了升维思考，弄清楚了问题到底是什么，即"准确定义了问题"。

准确定义问题非常重要，但是却被大部分人忽略了。大部分人在职场中待久了就会形成惯性思维，那就是毫不犹豫地执行上级所说的一切，凡是上级所说的都是对的，凡是上级要求的都要不折不扣地执行。所以，大部分人遇到问题的第一步就是解决问题，而非"定义问题"。这很可能会导致一个严重的后果，那就是反复尝试解决一个错误的问题，不仅问题无法解决，还会浪费时间和资源。

因此，在第1章，将重点介绍解决问题的源头——如何定义问题。

1.1 最危险的事是"提出错误的问题",而非"给出错误的答案"

如果一次解决不了问题,很可能是解决方案不对。

如果两次解决不了问题,很可能是没有找到正确的原因。

如果三次解决不了问题,很可能是分析能力存在缺陷。

如果总是解决不了问题,很可能是错误地定义了问题。

我们解决不了问题,最根本和最严重的错误就是提出了一个错误的问题,并试图去解决一个错误的问题。这个错误就像一个学生花费了一天的时间去求解一道题目,最后却发现题目是错误的。

管理学大师彼得·德鲁克也曾说过:"最危险的事情并非给出错误的答案,而是提出错误的问题。"

物理学家阿尔伯特·爱因斯坦也曾说过:"你定义问题的水平,决定了你解决问题的水平。"

实用主义哲学家约翰·杜威也曾说过:"明确地将问题指出,就等于解决问题的一半。"

他们的话可谓一针见血,指出了准确定义问题的重要性。

1.1.1 为什么要定义问题

定义问题是分析解决问题的第一个环节。通常表象问题并不是真正要解决的问题,隐藏在表象问题背后的问题才是真正需要去解决的问题。所以,定义问题就是发现表象问题背后隐藏的深层问题,找到真正的问题。

经常听周围的朋友问"人生的意义是什么",从表象看,朋友遇到的问题是"不知道人生的价值和存在的目的"。而实际上隐藏的真正问题是"对工作的怀疑,对生活现状的不满"。朋友真正要解决的问题不是"探索人生的价值",而是"如何解决对工作和生活不满"的问题。

举个经典的例子,等待电梯时间过长的问题。

幸福大厦的物业接到很多投诉,业主都在抱怨等待电梯时间过长。为了解决业主的投诉问题,物业决定选一名人员(最后是一名保安)去解决这个问题。

1. 用一面镜子解决"等待时间过长"的问题

保安先去征询业主的建议，有人建议加装电梯，有人建议爬楼梯，有人建议在每层电梯都放置一面镜子。

保安接纳了放置镜子的建议。这样大家在等电梯的无聊时间里就会去照照镜子，检查一下自己的仪容仪表，等电梯的时间也就没那么长了。

最后镜子安装上了，果然投诉的声音少了很多，而且镜子的安装成本很低，物业的管理者很开心。因为保安帮他顺利地、低成本地解决了问题，他还给保安升了职、加了薪。

2. 用一支蜡笔解决"乱写乱画"的问题

但是好景不长，没过多久，很多人在原本干净的镜子上乱写乱画、乱涂乱抹。业主们又开始抱怨，大厦的环境太差了，太不雅观了。

由于上次解决问题的出色表现，这名保安又被委派去解决这个新问题。聪明的他发现，只要把握住一个核心问题"让大厦的人不要注意到电梯运行慢"就可以了，至于他们是停下来看镜子还是看涂鸦，根本没有什么区别！

于是，他就在镜子旁边放了一支蜡笔，让等电梯的人都可以在镜子上涂鸦，画自己喜欢的图案，整个大厦还会因为涂鸦显得有艺术感和创意氛围。

果然，问题又顺利解决了，业主们不再抱怨，反而觉得很好玩、很开心。

3. 维修电梯让以前解决的问题毫无意义

但是时间久了，涂鸦变得越来越不可控，一部分很不喜欢涂鸦的业主又开始投诉举报，新的问题又来了。

这名保安不得不再次打起精神解决第三个问题了。正当他绞尽脑汁的时候，电梯厂家来检修电梯了。

在检修电梯时发现，电梯主控箱里面的一个继电器被老鼠咬断了，导致电梯的运行速度下降。厂家重新修复继电器后，整个大厦的电梯速度就正常了，物业再也不用担心投诉了，保安也不用去解决问题了。

整个问题的处理流程如图 1-1 所示。

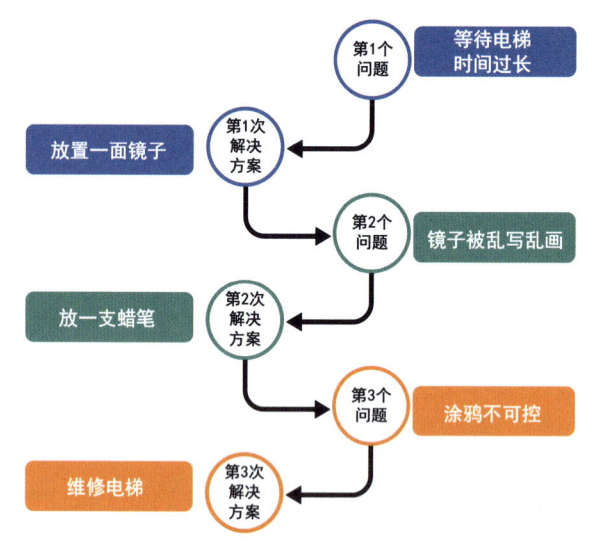

图 1-1　等待电梯时间过长的解决方案

4. 电梯案例引发的思考

直到故事的最后才发现，此前保安所有的解决方案都是一种嘲讽，都是在做无用功，所有努力全是无意义的。

电梯这个案例可以引发几点思考。

- 没有定义清楚问题，就马上采取行动，结果到头来所有的努力全是无用功。
- 电梯的问题应该由谁解决？保安应该解决这个问题吗？
- 问题真的需要解决吗？解决一个问题是否会引发一连串的更多问题？

我们工作的很多场景，都跟这名保安非常类似。保安在不知电梯有问题的情况下，被告知要去解决"等待电梯时间过长"的问题，不管方向对错，立马展开行动。同样，我们经常在信息不足的情况下，被上级委派去解决 A 的问题，做了很多无用功后，发现 A 根本没问题，有问题的是 B。

没有定义好问题，或者定义了错误的问题，结果只能南辕北辙，干得越多错得越多，越勤奋"背锅"越多。

所以，在遇到问题时，不要一上来就立即解决问题，而是先去定义问题，弄清楚这是什么类型的问题，是谁碰到了问题，问题的本质究竟是什么。只有定义清楚了问题，才能真正找到高效的解决方案。

1.1.2　什么是问题

问题之所以被称为问题，是因为它的现状不符合事情预期发展的正常规律，对事情发展起着阻碍的作用。

比如，一个人驾驶汽车行驶在马路上，他的期望是汽车能够一路顺畅、平安抵达目的地。然而现状却是汽车在行驶过程中爆胎了。这就是汽车出现了问题。

这里给问题下一个定义：当现状和期望出现差距或发生偏离的时候，就叫问题。判断问题是否存在，就看现状和期望之间是否存在差距。现状通常用 R1 表示，期望通常用 R2 表示，如图 1-2 所示。

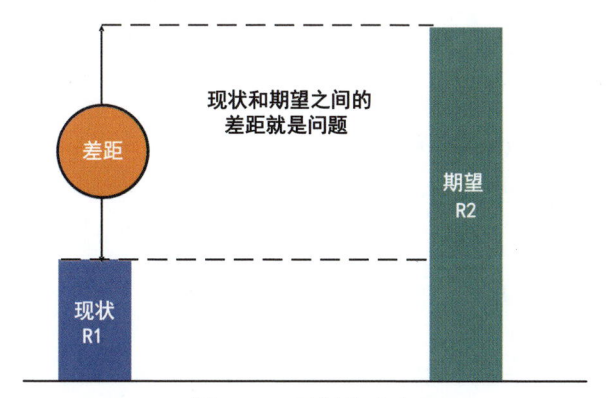

图 1-2　问题的定义

比如，某公司的期望收入如图 1-3 中的绿色曲线所示，通过曲线发现，期望收入呈现平稳的增长趋势。业务在实际运行过程中，每日的实际收入如图 1-3 中的蓝色曲线所示。通过曲线发现，实际收入没有呈现平稳的增长，却出现了较大的波动，更为严重的是，收入趋势是逐渐下滑的。这意味着实际收入和期望收入出现了较大的偏差，该公司的收入出现了问题，如图 1-3 中的红色曲线所示。

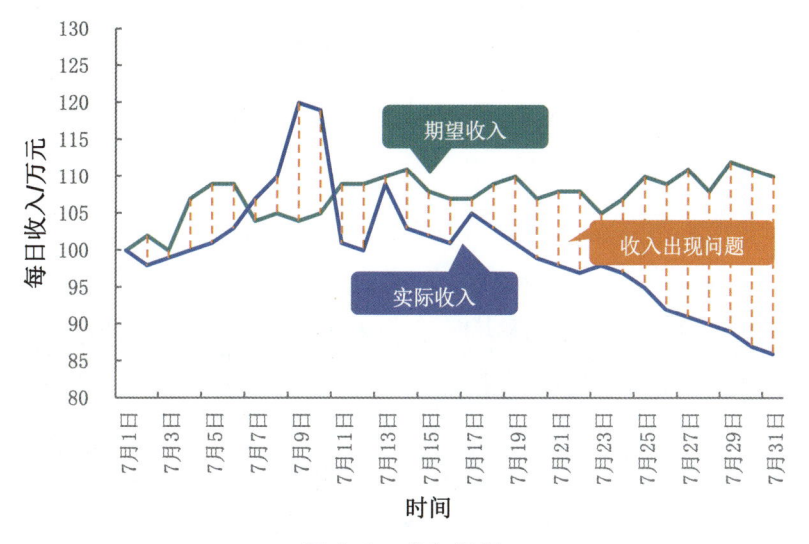

图 1-3　收入问题

1.2 三步定义问题

爱因斯坦曾经说过:"如果我有一小时去解决一个问题,我会用 55 分钟的时间去思考这个问题本身,再用 5 分钟去想解决方案。"这句话深刻地揭示了解决问题过程中一个至关重要的真理:在寻找解决方案之前,充分理解和定义问题本身是极其重要的。我们应该花充分的精力和时间去深入思考问题的本质,避免急于求成。

一般来说,在定义问题时,以下 3 个流程是必不可少的。

(1)分析现状和期望,初步定义问题。

(2)识别初步定义的问题到底是不是问题。

(3)确定问题的本质到底是什么。

1.2.1 分析现状和期望,初步定义问题

遇到问题时,首先弄清楚问题出现的背景;其次明确问题目前是什么状态(即现状);之后明确自己的目标和期望是什么;最后计算现状和期望的差距,也就初步定义了问题,如图 1-4 所示。

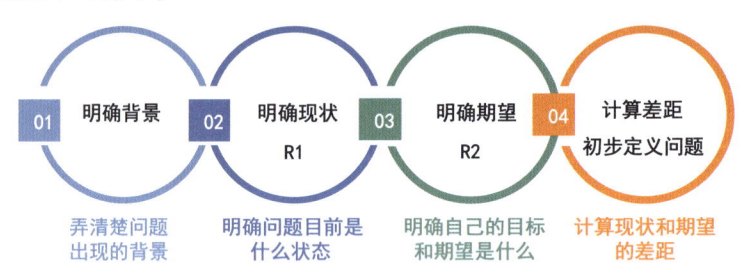

图 1-4 初步定义问题的 4 个步骤

1.2.1.1 【案例 1】体重问题

举一个日常生活中 Rose 体重增长的案例,具体如图 1-5 所示。

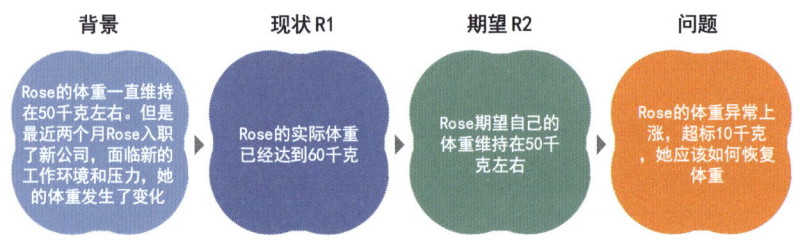

图 1-5 Rose 体重出现问题

1.2.1.2 【案例 2】收入问题

再举一个商业案例，W 公司收入异常下降，具体如图 1-6 所示。

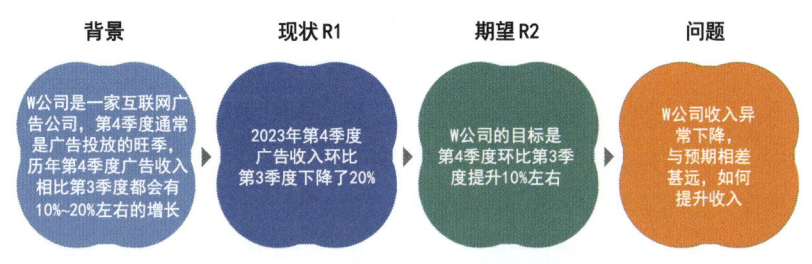

背景：W公司是一家互联网广告公司，第4季度通常是广告投放的旺季，历年第4季度广告收入相比第3季度都会有10%~20%左右的增长

现状 R1：2023年第4季度广告收入环比第3季度下降了20%

期望 R2：W公司的目标是第4季度环比第3季度提升10%左右

问题：W公司收入异常下降，与预期相差甚远，如何提升收入

图 1-6　W 公司收入出现问题

1.2.2　识别初步定义的问题到底是不是问题

初步定义好问题后，就万事大吉了吗？当然不是！因为此时定义出来的问题有可能只停留在表层，有可能并不是问题。因此还要进行第 2 步操作——识别初步定义的问题到底是不是问题。

1.2.2.1　利用矩阵图判断到底是不是问题

用横轴表示"实际有问题"和"实际没问题"，用纵轴表示"你判断有问题"和"你判断没问题"，可以构建一个矩阵图，将对问题的判断划分为 4 种情况，如图 1-7 所示。

	实际有问题	实际没问题
你判断有问题	实际有问题，你判断有问题	实际没问题，你判断有问题 ⚠
你判断没问题	实际有问题，你判断没有问题 ⚠	实际没问题，你判断没问题

图 1-7　矩阵图判断问题

左上角和右下角两类情况都正确判断了，我们不去过多地讨论。另外两类情况是最容易判断错误的。

1.2.2.2　【判断失误案例 1】实际没问题，却判断有问题

"实际没问题，却判断有问题"是典型的没有问题去创造问题，花费很多时间和精

力去解决一些不存在的问题的情况。

举一个游戏行业的例子。

"好玩儿"游戏公司，2024年9月份的收入和玩游戏人数相比7月和8月份出现了下降。

很多没有经验的新手，不管是做分析、运营、产品还是市场的岗位，一看数据下降，就如临大敌，很鲁莽地判断业务出现问题了。不问青红皂白就开始琢磨："收入又下降了，是什么原因导致的？如何尽快恢复？周会上如何向上级汇报？"

于是，开始全力以赴地解决问题，花了很长时间也没有取得任何成果。结果和老同事一交流，发现9月份学生们都开学了，而学生是玩游戏的主力军，开学后他们自然就没有充足的时间玩游戏了，下降是正常现象，根本就不是问题。

如果错误地将正常的业务波动判断为有问题，就很容易做无用功。

1.2.2.3 【判断失误案例2】实际有问题，却判断没有问题

举个例子，周一上班的时候，负责用户运营的Rose拉出历史新客户数据分析了一下。

看完数据后，她非常高兴，因为上周（2024年第20周）的新客户数量环比上上周（2024年第19周）又上涨了，如图1-8所示。

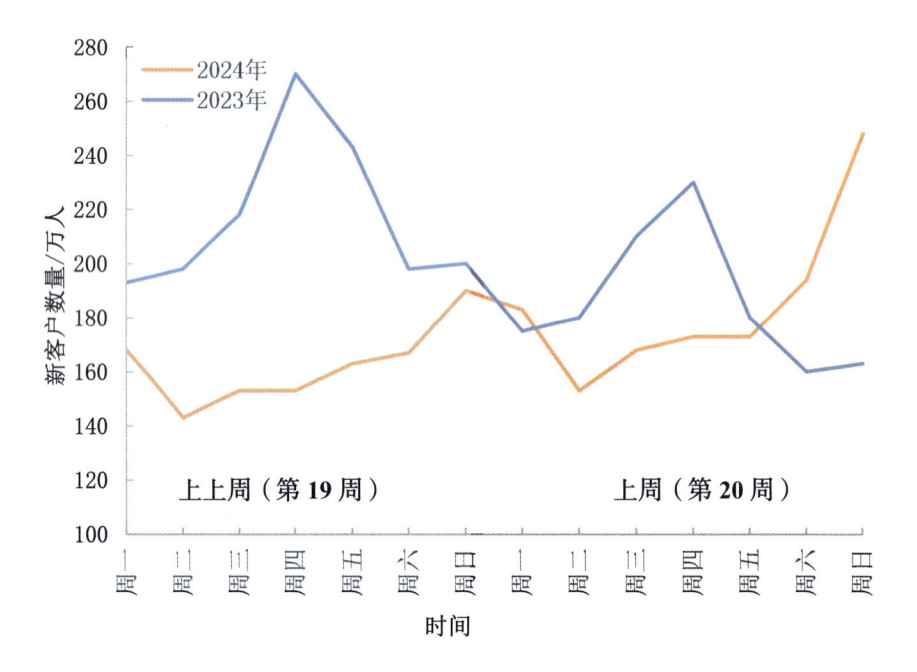

图1-8　2024年和2023年的新客户数量

Rose 认为这周的周会可以轻松点了，终于不用解释数据下降的原因了。结果，没过一会儿，就被上级叫住了，问她为什么上周新客户数量上涨了。Rose 一脸蒙："涨了不是好事吗，为什么还要问原因。"但是她又知道，肯定存在问题，否则上级不会这样问她。因此她赶紧回答说回去细看下数据，于是她硬着头皮对比分析了去年的数据，发现去年同期新客户数量竟然是下降的，而今年却是上涨的。这时候她意识到出问题了，于是连夜查找原因，最终发现是风控上出现了漏洞。

在企业经营中，这种假象繁荣（比如收入、用户数量上涨等）的问题经常被忽略识别不出来。实际情况却是上涨可能比下降的结果更严重，它很可能是业务和风控上的漏洞。一旦识别不出来，就很可能对业务造成损害。因此在定义问题时，一定要关注这类假象繁荣背后的问题和风险。

1.2.3 确定问题的本质到底是什么

经过第 2 步的仔细识别和判断之后，基本能判断出来初步定义的问题到底是不是问题。但此时仍然不能放松警惕，因为很可能我们看到的仍然只是表面问题，而不是真正的问题。

举个案例。公司来了两位客户 Jack 和 Rose，上级让小张和小王将买好的蛋糕分给 Jack 和 Rose。

（1）小张的解法：如何将蛋糕平均分成两份？

小张接到任务后，一直在思考怎么切蛋糕才能分得均匀。研究了半小时，他稳稳地将蛋糕平均分成了两份，结果 Jack 和 Rose 都不满意。

（2）小王的解法：如何分蛋糕让客户满意？

小王接到任务后，在给两位客户上水的时候问了一下两人的口味，发现 Rose 喜欢吃草莓，Jack 喜欢吃坚果。最后，他将草莓分给了 Rose，将坚果分给了 Jack，剩下的拿回工位分给了同事。结果，不仅 Rose 和 Jack 都吃到了喜欢的东西，小王还受到了周围同事的好评。

为什么同样解决"分蛋糕"的问题，最后的结果却不同？因为他们对问题本质的理解不同，小张将问题定义为"平均分配蛋糕"，而小王则将问题定义为"满意分配蛋糕"，如图 1-9 所示。小张没有挖掘到问题的本质，因此解决方案也不尽如人意。

对问题本质的定义不同，导致了完全不同的解决方案，也带来了完全不同的结果。所以，定义问题非常重要，如果问题定义错了，没有看清本质，那么后面不管用什么方法，提供什么解决方案，都是错的。

图 1-9　对"分蛋糕"问题的不同定义

1.3　三个视角重新审视问题

重新审视问题，就像给思考过程进行"重启"，这能帮助我们更好地检测思维漏洞，更深入地理解问题，更客观地看待问题。为什么？

- 首先，我们在一开始可能没有看到问题的全部。只看到了冰山一角，下面隐藏的很大一部分并没有看到。所以需要不断地挖掘、不断地探索，才能看清全貌、找到问题的核心。这个过程可能需要反复地从不同角度审视问题。
- 其次，有时我们会受到自己的偏见、先入为主的观念、过去的经验影响。可能会不自觉地、无意识地忽略一些重要的信息，或者过分强调某些不重要的信息。重新审视问题，可以帮助我们摆脱这些偏见，更客观地看待问题。

在定义问题的阶段，大部分人往往容易把问题集中在"我应该如何解决问题"上，却往往忽略了"问题是谁提出的""问题该由谁解决""问题真的需要解决吗"。所以，为了避免误判、偏见和遗漏，我们需要从这三个视角重新审视问题。

> **提示**　抱有"我应该如何解决问题"观点的人，往往会有3个思维漏洞。
> - 过分关注"问题"，忽视了人的因素，尤其是提出问题的人。
> - 过分关注"自己解决"，忽视了可能会有更适合解决问题的人。
> - 过分关注"解决问题"，忽视了可能问题并不需要解决。

1.3.1　问题是谁提出的

鲁迅曾说过："如果解决不了问题，就解决提出问题的人。"其实说的就是遇到问题时，先考虑问题来源于哪里，是谁提出的。

为什么要思考"问题来源于哪里"？在大学里考试，如果知道题目是哪一位老师出的，就会知道这位老师可能出的题目，以及他希望看到的答案。同样地，在职场中，如果知道问题是哪个上级提出的，大概率就会知道他想解决什么问题。

举个商业分析和数据分析工作中经常遇到的场景：上级让拉取某段时间用户留存率的明细数据。

这时必不可少的一个步骤就是询问上级拉取这个数据是谁提出的需求。

1. 来自"张总"的需求

如果上级回答这个需求来自张总，你会怎么做？

大概率你会把这个需求的优先级提升，优先把数据提取出来。数据提取出来之后，大概率你还会把数据表整理得井然有序、通俗易懂，格式也会特意美化一番，让人一目了然；然后你还会将各个维度再分析一下，得出自己的小洞察。最后你提交的是一份可读性很高的数据分析报告。

2. 来自"小张"的需求

如果上级回答这个需求来自小张，你会怎么做？

大概率这个需求的优先级不会排得很高，小张过来催需求的时候，你还会说几句场面话："前面还有好几个需求。"数据提取出来之后，大概率你会直接把原始数据扔过去，别说格式和分析了，数据指标代表什么含义，如果能给他解释一下，就算是服务到家了。最后你提供的是一个可读性很差的、原生态的 Excel 表。

所以，遇到问题时，一定要搞清楚问题的背景，弄清楚问题来自于谁。这样大概率能推测出他背后的目的是什么，可能的利益诉求是什么。问题的提出者不同，解决问题的路径和方案也就可能不同，据此就能更快地聚焦到最可行的解决方案上，起到事半功倍的效果。

1.3.2 问题该由谁解决

很多人在职场中，经常面临这样的情况，当上级委派解决某件事情时，本能的第一反应就是："我"该怎么做？

然而，这种直觉反应可能并不是解决问题的最佳起点。实际上，在思考"我"该怎么做之前，我们首先应该思考"谁能更好地解决问题"。

思考"谁能更好地解决问题"，不是把问题推给别人，更不是推卸责任。相反，这是专业和负责任的表现，为什么？有两个原因。

- 首先，有些问题就是由专门的部门或专人负责的，你去解决，很可能会侵犯别人的利益，越俎代庖。
- 其次，很多问题是需要特定的专业和技术去解决的，如果你不具备这些技能就去解决问题，不但解决不了问题拖延时间，还有可能让问题进一步恶化。

如果发现有更好的解决者，或者把问题交给别人，不要越俎代庖；或者向别人请教经验后，再去着手处理问题。找对了解决问题的人，问题就能够被专业、精准、及时、准确地解决。

> **提示** 在很多场景下，提出问题的人、被委派解决问题的人和能解决问题的人，或许并不是同一个人。
> 　　这时，被委派解决问题的人，不仅要思考"我该怎么做"，还要思考"谁能更好地解决问题"。

1.3.3　问题真的需要解决吗

当思考清楚了"问题是谁提出的""问题该由谁解决"后，并不代表万事大吉，这时仍会存在思维漏洞。因此，必须重新审视一下：这个问题真的需要解决吗？

为什么要思考这个问题？因为很多问题，其实并不是解决不了，而是不想解决或不能解决。如果你一头扎进一个别人不想解决或不能解决的问题里，很容易弄巧成拙、好心办坏事。

如何判断问题是否真的需要解决？可以通过结构化提问自己 3 个问题：解决问题有意义和价值吗？解决问题会带来一连串不良反应吗？别人真的想解决这个问题吗？

1.3.3.1　解决问题有意义和价值吗

在许多情况下，我们可能会投入大量的时间和精力去解决一个看似至关重要的问题。最终可能会发现，这些问题的答案并不具有预期的价值，甚至在某些情况下，不解决这些问题可能更为明智。

比如，一位专业的密码破解专家，花费了整整一年的时间，致力于破解一个被认为藏有重要信息的密码。在这一年里，他经历了无数次的失败和挫折，但最终还是凭借自己的专业知识和坚持不懈，成功破解了密码。当这位专家终于揭开密码背后的秘密时，他惊讶地发现，里面所包含的内容远非他所期待的那样有价值。相反，这些内容只是一些琐碎的小事和一些无关紧要的信息。

1.3.3.2　解决问题会带来一连串不良反应吗

有一些问题，如果急于解决，可能会引发更严重的后果或一系列不良反应。这时，不解决或者延缓解决可能是更合理的选择。

举个例子，当一个人不慎被刀子扎伤，直觉可能会告诉我们要迅速将刀子拔出。然而，这种做法可能会导致伤口出血加剧，甚至引发生命危险。在这种情况下，保持冷静，不急于拔刀，而是寻求专业的医疗援助，才是更为明智和安全的做法。这不仅能够避免伤口进一步恶化，还能为伤者争取宝贵的救治时间。

在职场中，我们经常需要在完成任务和维护人际关系之间找到平衡。有时，费心费力地解决问题，却发现问题虽然解决了，但这种做法却带来了一些意想不到的负面后果，比如损害同事之间的关系或影响团队的整体氛围。

举个例子，在正常的上班时间，每天每个人可以处理 5 个数据需求。现在公司收益变差，管理层想裁员，把每个人处理需求的数量提升至 7 个，这样所有的团队成员都要加班到很晚。这时，如果有员工为了迎合管理层的期望，主动带头完成 7 个数据需求的任务，他可能会被视为团队中的"异类"。这种行为可能会引起其他同事的不满，因为他们觉得这个人在破坏团队的团结，或者在无形中增加了他们的工作负担。最终，这种"过度表现"的行为会导致他在团队中被孤立，甚至在裁员时成为首选目标，因为他的行为被视为对团队和谐造成威胁。

所以，面对问题，我们需要先评估解决后会不会带来更大的麻烦。如果答案是"会"，那就需要三思而后行，或许不解决会更好。

1.3.3.3　别人真的想解决这个问题吗

有时，问题的解决者也是问题的提出者和制造者。典型的做法就是先故意制造一系列问题，却并不希望别人去解决，而是由自己出面解决或者不解决，从而树立自己的权威，谋求自身的利益。比如，某些软件公司会故意在软件中设置一些不兼容问题，然后推出昂贵的升级版或补丁版来"解决"这些问题。

举个例子，有一些管理者，他们无法很好地管理团队，就故意在团队里制造一些小摩擦和小冲突，开始在团队中散播关于即将到来的重组或裁员的谣言，这些谣言引起了团队成员的不安和恐慌。同时，他在分配项目时偏袒某些成员，或者在绩效评估时不公平地对待某些成员。这些行为导致了团队成员之间的猜疑和竞争，他们开始互相斗争，以求在管理者面前表现良好，避免成为被裁的对象。

这时，管理者假意委派某个人去解决团队的矛盾。如果这个人不了解实际情况，他努力去化解团队的矛盾，成功缓解了团队的紧张气氛。看似他是在为管理者解决问题，实际上却削弱了管理者的控制策略，让管理者的地位受到威胁，其实是给管理者制造了问题。

所以，有时在职场或生活中遇到的问题可能并不是表面上看起来的那样简单直接。

这些问题可能是某些人为了转移注意力、掩盖真相或者实现某种目的而故意制造的"烟幕弹"。在这种情况下，盲目地尝试解决问题可能会让自己陷入困境。遇到这类问题，选择不解决，或者暂时搁置，可能是更明智的选择。

1.4 三类问题要花 80%的精力去解决

每个人的时间和精力都是非常有限的，花在一个问题上的时间多了，花在另一个问题上的时间就少了。所以，每个人都必须学会把时间和精力用在刀刃上，把 80%的时间和精力花在解决重要的问题上，把 20%的时间和精力用于解决例行的、不重要的问题。

那么，哪些问题属于关键的、高价值的问题？如果对以往工作中的问题进行系统梳理，就会发现工作中大部分重要的问题都可以归为三类。把这三类问题弄清楚了、摸透了，基本上就可以在职场上建立自己的核心竞争优势。

这三类问题就是：恢复原状型问题、追求理想型问题、预防风险型问题。我们 80%的时间和精力要花在琢磨、识别和解决这三类问题上。

1.4.1 三类问题的定义

这三类问题有什么不同？如何定义它们？

1.4.1.1 恢复原状型问题

恢复原状型问题，就是对某件事情的期望和原来保持一致就行，但是实际情况却与原来不一样了，出现了明显的偏离和不良状态，对业务造成了损害，产生了影响。

比如，产品页面打不开了，手机坏了，身体生病了，这些都属于恢复原状型问题。

解决此类问题，只要让业务恢复原状就可以了。比如，让产品页面正常打开，把手机修好，治好病恢复身体健康。

1.4.1.2 追求理想型问题

追求理想型问题，就是对某件事情的期望有比原来更好、更高的要求，但是现状离期望目标还有一定的差距。即使没完成目标，还存在差距，目前对业务还没有产生损害，在一段时间内业务也会照旧运营。但是，如果业务一直这样持续下去，则增长就会停滞，市场份额就会逐渐萎缩，业务的竞争优势就会逐渐丧失。

比如，明年我们的业绩要增长 10%，我要升职加薪等，都属于追求理想型问题。

解决此类问题，不是恢复和维持原状，而是完成定好的目标，实现理想。

1.4.1.3 预防风险型问题

预防风险型问题，就是对某件事情的期望与原来保持一致，始终不要出现问题就可以。在实际运行过程中，虽然现在还没有出现问题，一切照旧运行。但是出现了某些迹象，表明有问题可能要发生，虽然还未对目前的业务造成损害，如果搁置不管、任其发展，将来可能带来严重的不良后果。

比如"双十一"要来了，电商平台要应对服务器崩盘问题，保证服务器不出问题；网约车平台要防范安全事故问题；明星要预防出现负面新闻；飞机起飞前要进行安全检查等。

解决此类问题，只要让业务始终不出问题、维持原样就可以了。

1.4.2 三类问题的识别

如何正确识别这三类问题？有两个关键的区分点：损害业务的时间、解决问题的目的。

1. 损害业务的时间

损害业务的时间就是什么时候对业务产生危害和影响。损害业务的时间分为现在和将来。也就是问题现在已经对业务产生了影响，还是问题将来有可能对业务产生影响。

2. 解决问题的目的

解决问题的目的有两种：一是恢复为原来的样子或保持原来的样子；二是追求理想，实现未来更高的目标。

以"损害业务的时间"为横轴，以"解决问题的目的"为纵轴，可以将三种类型的问题划分在矩阵图中，并有效识别和区分它们，如图 1-10 所示。

- 恢复原状型问题：目前已经对业务造成了损害。解决问题的目的就是让它们尽快恢复成原来的样子。
- 追求理想型问题：目前对业务还没有造成损害，但是如果不解决，业务就会停滞不前。解决问题的目的就是完成理想的增长目标，实现业务的增长。
- 预防风险型问题：目前对业务还没有造成损害，但是未来可能造成损害。解决问题的目的就是预防好，一直维持原状，不出问题。

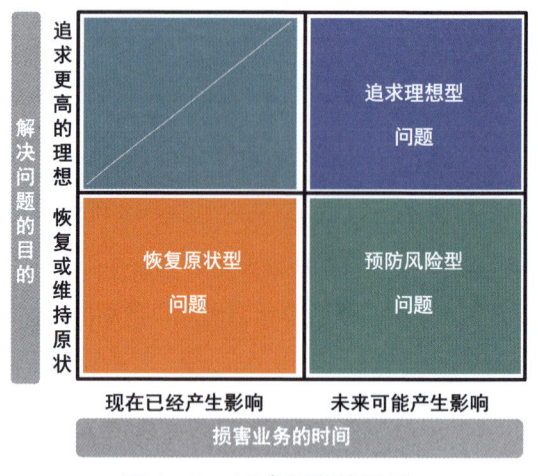

图 1-10 三类问题的识别

1.4.3 三类问题的重要度和紧急度

如何判断这三类问题的优先级？这里用"重要度"和"紧急度"两个指标对这三类问题的优先级进行评估。

用横轴代表"重要度的高低"，用纵轴代表"紧急度的高低"，可以将三类问题划分到矩阵图里，如图 1-11 所示。

- 右上角为恢复原状型问题，属于既紧急又重要的问题，必须紧急高优处理。
- 右下角为预防风险型问题和追求理想型问题，属于不紧急但是重要的事情，必须未雨绸缪，提前规划布局，制定合理的时间表纳入处理计划。

图 1-11 三类问题的重要度和紧急度

1.4.4　三类问题的处理策略和技巧

针对三类不同的问题，处理的策略和技巧也是不同的。

1.4.4.1　恢复原状型问题的处理策略

恢复原状型问题已经发生，而且目前已经对业务造成了损害，因此解决此类问题的关键在于确定问题的原因，采取合适的解决策略及时恢复原状。具体分 4 步进行，如图 1-12 所示。

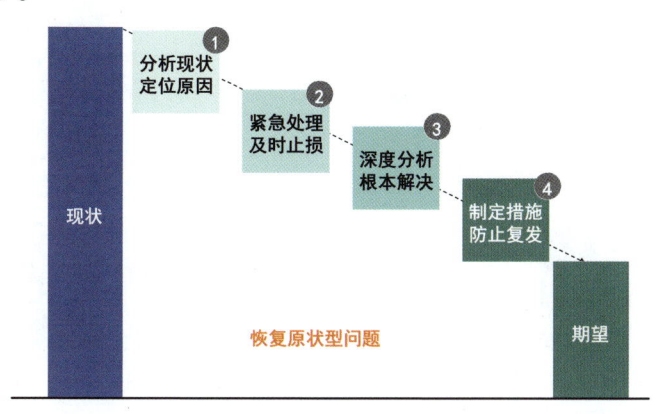

图 1-12　恢复原状型问题的处理策略

（1）分析现状，定位原因。

治病就得对症下药，维修手机就得找到哪个零件坏了，页面打不开就得找到哪里出问题了，因此解决恢复原状型问题的第一步就是定位原因。

（2）紧急处理，及时止损。

初步掌握了表象原因之后，由于事出紧急，只能采取一些针对表面现象的紧急处理措施，及时止损，让事物先恢复一部分原状，阻止问题的进一步恶化。

（3）深度分析，根本解决。

问题止损之后，就需要花时间收集和掌握更多的信息，开展深度分析，找到深层原因，并对症下药，量身定制解决方案，将事物完全恢复原状，从根本上解决问题。

（4）制定措施，防止复发。

针对分析出来的原因采取防范措施，防止此类问题再次发生。

> **提示**　解决恢复原状型问题，只要恢复原状就可以了。千万不要自作聪明，画蛇添足，做多余的事情，要懂得适可而止。一旦努力过头，加入了不需要的东西，就会导致新问题的出现。

1.4.4.2 追求理想型问题的处理策略

解决追求理想型问题，关键是确定好合理的目标和切实可行的行动计划。具体分 4 步进行，如图 1-13 所示。

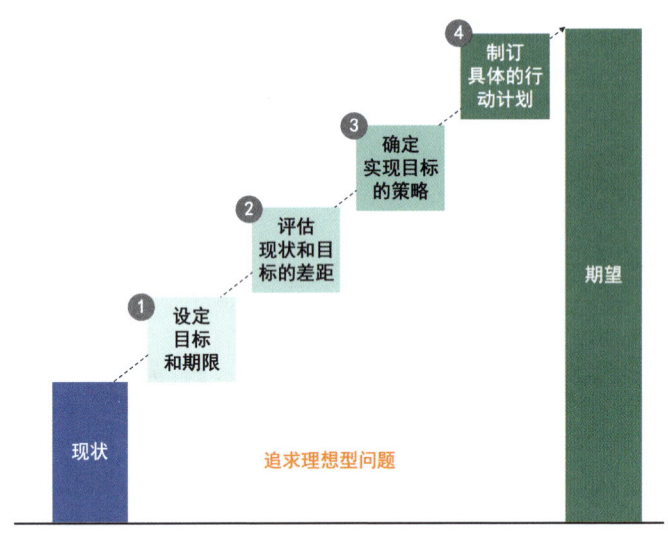

图 1-13　追求理想型问题的处理策略

（1）设定合理的目标和明确的期限。

没有限定期限的目标就是一纸空文，因为可以把问题永远留给明天。因此，在这一步要注意以下两点。

- 目标要合理，不能定得太高，否则容易半途而废；也不能定得太低，这样目标就失去了意义。
- 期限要切合实际，不能过于短促，也不能过于宽松，应该让人留有充足的工作时间，但又带有一定的紧迫感。

（2）明确完成目标的必要条件，评估现状和目标的差距。

明确完成目标需要多少资金，需要多少人力和物力，需要哪些支持等；评估现状和目标之间有多大差距。

（3）确定实现目标的策略。

根据现状和目标的差距，制定达成目标、缩小差距的具体策略。

（4）制订具体的行动计划。

将目标和策略分解为一个个可以落实到具体行动上的小任务，用 Pert 图或甘特图规划这些小任务的实现路径、操作步骤和完成时间。

1.4.4.3 预防风险型问题的处理策略

预防风险型问题，虽然目前对业务没有负面影响，但如果听之任之、放任不管，就可能造成严重的后果。因此，解决此类问题的关键在于"预防"与"应对"相结合，既要制定防患于未然的"预防措施"，又要制定出现不好结果的"应对措施"。主要有"自下而上"和"自上而下"两种策略。

1. 自下而上策略

自下而上的策略，就是从分析现状着手，分析可能出现的漏洞，制定相应的措施。具体分 4 步进行，如图 1-14 所示。

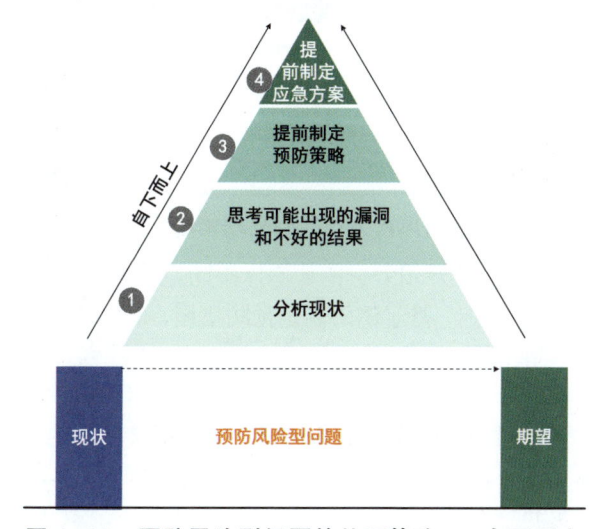

图 1-14 预防风险型问题的处理策略——自下而上

（1）分析现状。

（2）思考在目前的状况下可能出现的漏洞和不好的结果。

（3）针对可能的漏洞提前制定预防策略。

（4）提前制定漏洞和不好情况发生后的应急方案。

2. 自上而下策略

自上而下的策略，则是从结果着手，通过假设自己不希望看到的结果，再根据结果倒推原因和方案。具体分 4 步进行，如图 1-15 所示。

（1）假设自己不希望看到的不好结果。

（2）思考并找到引发不良结果的原因。

（3）提前制定预防措施。

（4）思考和制定不好结果发生后的应急方案。

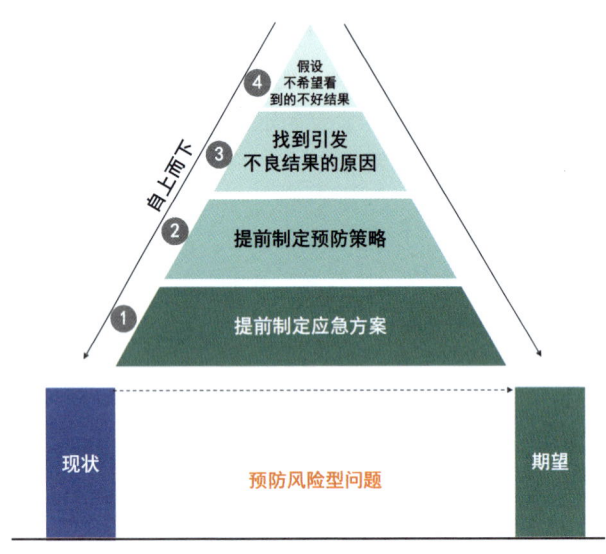

图 1-15　预防风险型问题的处理策略——自上而下

这两种策略的主要区别是开始分析的切入点不同，但是殊途同归，都是为了发现漏洞，并分析引发漏洞的诱因，基于诱因制定预防措施，及早堵上窟窿，防止出现"千里之堤，溃于蚁穴"的局面。

> **提示**　恢复原状型问题的核心在于紧急处理，及时止损。
> 　　与恢复原状型问题不同，预防风险型问题的核心是危机管理，而不是紧急处理。因此，风险分析是最核心的环节。

1.5　每个人都要培养定义问题的能力

有人说："我的工作根本就不用去定义问题，只要按照上级的指示执行任务和工作可以了，定义问题对我来说纯粹是多此一举，根本就不重要。"事实真的如此吗？为什么会出现这样的观点？

1.5.1　为什么大多数人对定义问题漠不关心

如果仔细观察高层管理者、中层管理者、基层管理者/员工的日常工作，就会发现，虽然所有人都在解决问题，但是侧重点和方向是明显不同的，如图 1-16 所示。

图 1-16 不同人群解决问题的侧重点

1. 高层管理者：制定战略

高层管理者侧重于产出战略和创意。

他们的思路通常是这样的："公司的原有业务已进入存量市场，竞争会越来越激烈。预估再过两年，市场将开始萎缩，我们需要寻找新的业务增长点。"

2. 中层管理者：定义问题

中层管理者需要将高层管理者的战略和创意转化为问题，侧重于"定义问题"。

他们的思路通常是这样的："上级希望寻找新的业务增长点，目前竞争对手正在做 X 市场，我们去做 X 市场是否可行。"

3. 基层管理者/员工：执行问题

基层管理者/员工需要将中层管理者定义的问题解决，侧重于想办法去"执行问题"。

他们的思路通常是这样的："上级让分析 X 市场是否可行，我们需要开展市场调研、收集资料、数据测算等工作，从市场规模、市场前景、竞争格局、利润、风险等几个角度分析 X 市场是否可以入局。"

所以，抱有"定义问题不重要"这样观点的大多是基层管理者/员工。因为大多数情况下，他们是不需要定义问题的，多半问题已由上级定义好，他们只需要接受上级的指令执行问题就可以，并不需要花费时间去"定义问题"。

1.5.2 普通员工尤其要刻意培养定义问题的能力

"定义问题不重要""不用定义问题"这类想法其实很危险，有两个原因：一是上级也可能把问题定义错误；二是如果不会定义问题，没有定义问题的能力，那么很难有职位上的突破。

1. 上级可能把问题定义错误

仔细回忆一下，当我们还是普通员工的时候，是不是经常出现这样的场景。三三两两的同事经常凑在一起，抱怨自己的上级："我是按照他说的执行的，可是大老板不满意，他回来朝我发了一顿火，我又成了背锅的。"

在这种情况下，如果自己的解决方案没有问题，大概率是上级对问题的定义错了。当这种情况出现时，有人选择和上级据理力争、拒绝背锅；有人选择忍气吞声、从头再来、重新做方案。对基层管理者和普通员工来说，两种方案对自己都是没有好处的。

这时候，我们要学会从源头上解决问题。在接受问题和任务的时候，学会自己定义问题，有疑问的地方及时与上级沟通互动，这样就能减少将问题定义错误的概率，也可以降低做无用功和背锅的概率。

2. 没有定义问题的能力，很难有职位上的突破

作为基层管理者和普通员工，如果没有培养定义问题的能力，是很难有机会晋升管理层的。即使一个人很幸运地晋升为管理层，也很难去定义正确的问题。而不能正确定义问题，就很难让自己的下属顺利解决问题。尤其是当一个管理者因为不能正确定义问题而反复折腾下属时，就会导致优秀人才的流失，整个团队最终将失去战斗力。

所以，从普通员工开始，就应该培养一种全局观，积极主动地发现和定义问题。通过提前培养这种能力，普通员工就可以更好地理解业务的宏观层面，为未来可能担任管理角色打下坚实的基础。

第 2 章

步骤二——拆：结构化拆解问题

从源头上定义好问题之后，就确保了大方向的正确性，接下来就可以着手考虑解决问题了。但是，在解决问题的过程中，很多人发现自己仍然无处下手、束手无策。为什么？因为问题的模糊和复杂让我们的大脑始终处于困惑之中。

举个例子。

- 当有人问"你的人生规划是什么"时，相信大部分人都回答不出来，或者回答得模模糊糊。
- 当有人问"你明天打算做什么"时，相信大部分人都能回答出来。

"人生的规划"是一个很宏大、模糊、复杂且充满不确定性的问题，所以大部分人无法给出准确的答案。而"明天的计划"是一个很详细、具体、简单且充满确定性的问题，所以大部分人都能给出较为明确的答案。

由此可知，之所以无法解决问题，是因为问题或者过于宏大宽泛，或者过于模糊复杂，或者过于不确定，或者过于棘手。这些因素的叠加遮蔽了对问题内在结构的清晰认知，阻碍了对问题本质的准确把握，最终导致我们茫然无措，陷入认知困境，难以建立有效的解决路径。

在这种情况下，最有效的策略就是拆解问题。拆解是一种基础而强大的方法，适用于任何问题。就像原子虽然微小，但在物理学中仍然可以被进一步拆解为更小的粒子。任何问题都可以通过拆解来简单化、具体化和确定化。

所谓拆解，就是拆开解析。用通俗的话来说就是，对待一个问题，就像医生解剖一样，先按照一定的规则和方法拆开，将问题分解成若干部分，再逐一检查每部分，直到完全理解每个构成要素。通过这种方式，可以清晰地看到问题的结构，识别出问题的根源所在。

因此，本章将重点介绍降维拆解的原则、方法和流程。

2.1 升维定义问题，降维拆解问题

升维定义问题，降维拆解问题，是解决问题的两个阶段。升维的目的是拓展视野，增加思考的广度和深度，直击问题的核心。降维的目的是简化问题，降低问题的复杂度，逐个击破。

2.1.1 升维思考，定义问题

升维阶段，是解决问题的第一个阶段，也就是定义问题的阶段。这个阶段的主要目标是明确问题的本质是什么。弄清楚问题的本质，既不是听别人说，也不是通过表面判断，而是通过结构化的思考方式判断，也就是第 1 章中介绍的定义问题的方法和步骤，如图 2-1 的左半部分所示。

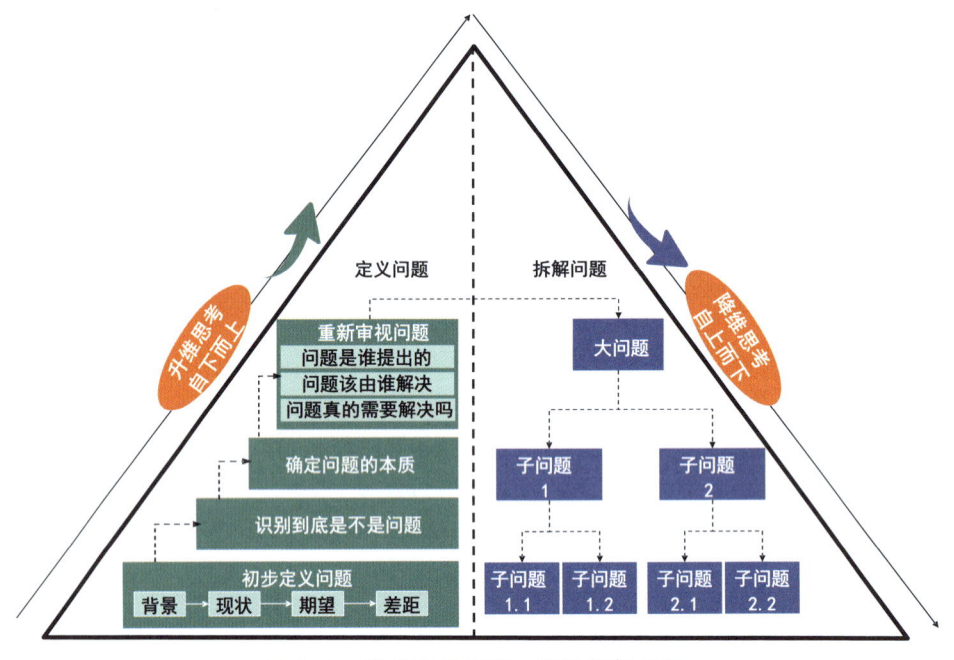

图 2-1　升维定义问题，降维拆解问题

先通过背景、现状、期望、差距的分析初步定义问题；再进一步升维，识别定义的这个问题有没有判断错误；再进一步升维，明确问题的本质；最后继续升维，通过审视"问题是谁提出的""问题该由谁解决""问题真的需要解决吗"三个方向，识别出真正要解决的问题。

这个过程是通过多维度的思考不断深入挖掘，直到深入问题的本质。它是按照自下而上的思考方式进行的，因此是一个思维艰难爬升的阶段，一步一步地将自己的思

维提升高度，触及问题的核心，定义出真正的问题。

> **提示** 升维能让思维越来越接近因果关系链的起点，越来越接近"本质和表象"中的"本质"。
>
> 降维能让思维越来越接近因果关系链的结果，越来越接近"本质和表象"中的"表象"。
>
> 通常在低维无法解决的问题，通过升级到更高的维度就很容易解决。所以，解决问题的第一步就是升维，目的是通过高维的思考解决低维的问题。
>
> 如果我们能逐步提升自己的思维，从比别人更高的维度看待问题，也就实现了"高维打击低维"。

虽然升维的过程艰难，但是一旦确定了真正的问题，就不怕方向错误，能自始至终保证方向的正确性，可以对问题放心大胆地进行拆解了，也就是进入第二个阶段——降维阶段。

2.1.2 降维思考，拆解问题

降维阶段，是解决问题的第二个阶段，也就是拆解问题的阶段。它是将一个复杂的、无法解决的问题拆解为若干可以着手解决的、可以管理的子问题，通过分步骤逐一解决这些子问题，从而解决复杂的大问题，如图2-1的右半部分所示。

简单来说，"降维拆解"与"化整为零"有异曲同工之妙。"化整为零"出自毛主席的《抗日游击战争的战略问题》，是游击战争中一种有名的战略战术，其意思是把一个整体分成许多零散的部分。

> **提示** （1）化整为零：拆解。
>
> 在战争中，"化整为零"通常是指将大部队分散成灵活的小股力量，以执行游击战、骚扰敌人、破坏敌人后方等任务。
>
> 在解决问题时，"化整为零"是指将一个复杂的大问题分解成若干子问题或任务，使其更易于管理和解决。
>
> 这种方法的核心在于简化复杂性，降低问题的难度，从而提高解决问题的效率。
>
> （2）化零为整：组合。
>
> 在战争中，"化零为整"是指在适当的时机，将分散的小股部队集中起来，集中优势兵力，以实施决定性的打击。
>
> 在解决问题时，"化零为整"是指将多个子问题或信息整合成一个整体，将散落在各处的成果聚合到一起，形成合力，拧成一股绳，得出统一的结论，最终解决问题。
>
> 这种方法的核心在于整合分散的信息或资源，形成统一的解决方案。
>
> 商业分析师是局部业务中最懂数据的人，也是数据中最懂局部业务的人。

> 化整为零与化零为整，拆解与组合，通常都是相伴相生的，本章介绍拆解与化整为零，第 4 章将介绍组合与化零为整。

这个过程是通过自上而下的思考方式进行的，因此是一个丝滑降落的过程，一步一步地将复杂的问题降维拆解，先将大问题降维成子问题，再将子问题降维成更细更小的问题，越往下问题越简单，越容易解决。

降维拆解主要有两个作用。

首先，拆解可以让我们很容易看清事情的全貌与构成。在解决问题时，既能看到森林，也能看清树木，不至于在问题的森林中迷失方向。

其次，拆解出来的都是小问题，所谓"船小好调头"，说的就是小问题的复杂度更低，解决起来机动灵活，更容易逐个击破；而且人在心理上没有太大压力，更容易行动起来。

2.2 遵循 MECE 原则进行拆解

很多人在拆解问题时，越拆越乱，最后把自己绕进去了。乱的原因主要有两个：一是重复，二是遗漏。因此，在拆解的过程中，必须遵循一定的规则，MECE 原则便是被广泛认可的一种。

2.2.1 什么是 MECE 原则

MECE 原则是由麦肯锡第一个女咨询顾问芭芭拉·明托提出来的，是对问题进行拆解和分类的重要方法。其英文全称为 "Mutually Exclusive，Collectively Exhaustive"，中文翻译为"相互独立，完全穷尽"。

- 相互独立：意味着问题的细分是在同一维度上且有明确区分的，是不可重叠和交叉的，这样拆解出来的各个问题不会出现冲突和重复。
- 完全穷尽：意味着全面而周密，是没有遗漏的。比如，水果分为苹果、梨、橘子、香蕉，这样的拆解就是未完全穷尽、有遗漏的。

因此，MECE 原则本质上是一种对一个问题做到不重复、不遗漏地分类，有效把握问题核心的方法，如图 2-2 所示。

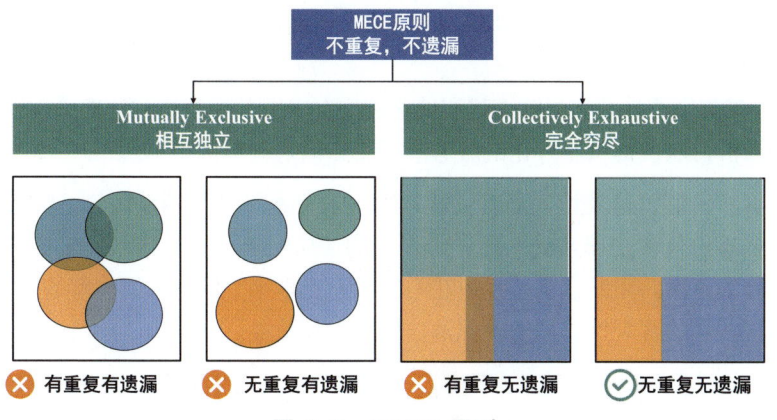

图 2-2 MECE 原则

2.2.2 如何使用 MECE 原则

如果不遵循 MECE 原则，很可能会产生重复或者遗漏。而遗漏和重复会带来两个关键的危害。

- 有重复就可能会产生浪费，也可能会带来效率的低下和成本的增加。
- 有遗漏就可能会错失宝贵的机会，也可能会忽略致命的威胁。
- 重复和遗漏不仅会引起自身思维的混乱，而且在与他人沟通时，也会给他人带来困惑和不解。

遵循了 MECE 原则，就可以防止思维出现重复或遗漏，就能做到把握整体。一旦把握了整体，就不会被出乎意料的问题吓到。针对每一个问题，都能在大脑中找到足以解释它的部分，就好像脑海中画了一幅世界地图。

那么，如何使用 MECE 原则对问题进行拆解？具体可以按以下 4 步进行。

（1）确认问题是什么，要达成什么样的业务目的。

（2）寻找拆解的切入点。寻找切入点的最佳方式就是深入业务场景中，分析问题和目的，找到拆解的突破口。

> **提示** 所有的拆解和分类必须要有业务意义。所以，切入点一定要考虑实际业务，以终为始，即以解决问题为出发点，而不是为了单纯的拆解而拆解。

（3）按切入点先拆解成大分类，接着继续思考能否再细分。

（4）拆解和分类完成，再次检查分类之间有无重复和遗漏。

2.2.3 【案例】W 酒店拆解细分人群

W 是一家连锁酒店，它想改进现有的客户服务，提升现有客户的体验，计划拆解并细分客户人群，以便提供差异化的服务。那么如何对人群进行拆解？

基于客户价值管理理论，酒店可通过客户消费水平进行精准细分，实施差异化服务策略，使高价值客户群享受到更具针对性的优质服务，从而达到优化资源配置、提升服务体验的效果。因此，以"客户在酒店的消费水平"作为人群拆解的关键切入点，既具有量化评估的客观性，又能确保酒店的收入和效益。

W 酒店以"客户每年入住的房晚数"为切入点，划分为每年入住 0~9 晚、10 晚、25 晚、50 晚、75 晚、100 晚+20000 美元年消费，对应不同的会员等级，依次为"普通会员""银卡""金卡""白金卡""钛金卡""大使卡"。不同等级的会员可以享受不同的积分奖励、迎宾赠礼、客房升级、酒廊礼遇、年度礼遇等，如图 2-3 所示。

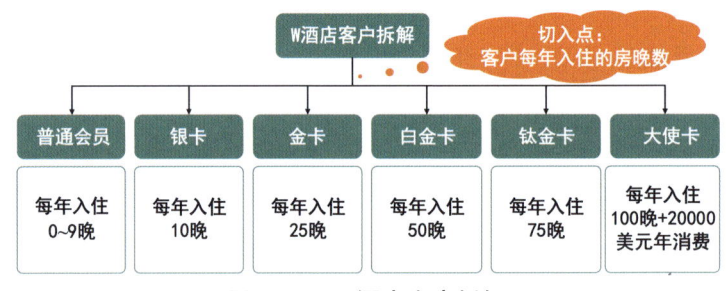

图 2-3 W 酒店客户拆解

2.2.4 【案例】X 健康管理平台拆解细分人群

X 是一家知名的健康管理平台，主要为在线用户提供健康方案和咨询服务。它目前打算制定差异化的健康方案，计划拆解目标人群。它该如何对人群进行拆解？

X 平台拆解人群的目的是制定差异化的健康方案，而不同年龄的人群对健康的需求是不同的。因此，拆解的切入点可以选为"年龄"。

X 平台以"年龄"为切入点，划分为 10~24 岁的年轻人群、25~50 岁的高压力上班人群，以及 50 岁以上的退休银发人群。针对不同的人群，提供不同的健康管理方案，如图 2-4 所示。

- 针对年轻人群，提供专属营养咨询。
- 针对高压力上班人群，提供专业健康知识和身材管理方案。
- 针对退休银发人群，提供休闲养生咨询。

```
                 X健康管理平台用户拆解         切入点：
                                              年龄
         ┌──────────────┼──────────────┐
     年轻人群         高压力上班人群      退休银发人群

     10~24岁           25~50岁           50岁以上

   提供专属营养咨询   提供专业健康知识和   提供休闲养生咨询
                     身材管理方案
```

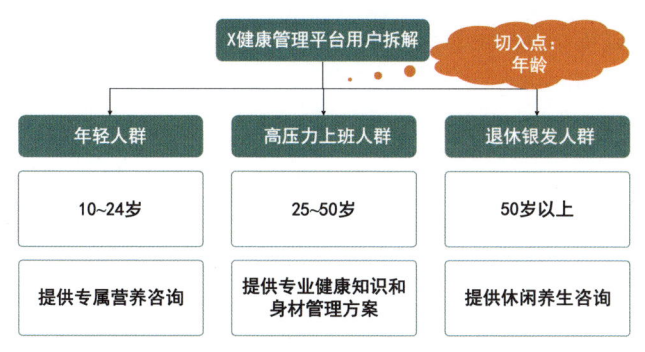

图 2-4　X 健康管理平台用户拆解

2.3 利用三棵逻辑树进行拆解

逻辑树其实是一种结构，就像一棵树具有树根、树干、树枝和树叶一样，在解决复杂问题时，由一个大问题按逻辑关系派生出一连串子问题，使原本无从下手的大问题逐渐分解为能够着手解决的子问题，这种分析方法就是逻辑树分析法。其每一个上层的大问题都是由下一层的若干子问题归纳而成的，每一个下层的子问题都是由上一层的大问题演绎而成的。

这样通过逻辑树，可以纵览问题全貌，看清问题的各个构成元素，辨别子问题与大问题之间的联系、子问题与子问题之间的关系，并跟踪记录问题的不同层次，知道哪些问题属于哪个范围。

> **提示**　逻辑树是为达成目标，在 MECE 原则基础上进行深度分层整理信息的方法。其主要优点是可以纵览全貌，明确从属关系及独立关系，既见大树，又见枝叶。

逻辑树最常见的主要有三种类型：What 树、Why 树、How 树。

2.3.1 【案例】利用 What 树估算调音师数量

What 树主要解决"是什么"的问题。在解决问题的初期，对复杂问题毫无头绪时，可以使用 What 树将复杂问题简单化、缩小化、步骤化和模块化，从中找到解决问题的切入点和破冰点。

举个经典的例子，芝加哥有多少位钢琴调音师？乍一看，这个问题过于复杂和宏大，很多人往往没有思路，不知如何下手。

它是物理学家费米提出的一种经典的估算问题，通常被称为"费米问题"。费米经常用这种问题来训练学生的估算能力和逻辑思维。要解答这个问题，用到的方法就是 What 树。

芝加哥钢琴调音师的数量无法得知，因此第一步就是把它拆解。其拆解逻辑为：芝加哥钢琴调音师的数量=每年芝加哥全部钢琴调音师的工作时长/每位钢琴调音师每年的工作时间。拆解出来的两个指标仍然没有办法获取数据，因此继续拆解。

1. 拆解估算每位钢琴调音师每年的工作时间

拆解逻辑为：每位钢琴调音师每年的工作时间=每天工作时长×每年工作天数。拆解出来的两个指标仍然没有办法获取数据，因此需要继续拆解。

- 每天工作时长=每天调音钢琴数×每次调音时长+路程往返时长。

> **提示** 估算每天工作时长。
> - 每天调音钢琴数：不低于 1 架，不超过 5 架，因此估算为 3 架。
> - 每次调音时长：一次不会超过 10 小时，也不会低于 1 小时，因此估算为 3 小时。
> - 路程往返时长：估算为 3 小时。
>
> 由此可以计算出：每天工作时长=3×3+3=12 小时。

- 每年工作天数=每月工作天数×12。

> **提示** 估算每年工作天数。
> - 每月工作天数：不超过 26 天，不低于 22 天，因此估算为 24 天。
> - 一年有 12 个月。
>
> 由此可以计算出：每年工作天数=24×12=288 天。

根据估算的每天工作时长和每年工作天数，估算出每位钢琴调音师每年的工作时间=12×288=3456 小时。

2. 拆解每年芝加哥全部钢琴调音师的工作时长

拆解逻辑为：每年芝加哥全部钢琴调音师的工作时长=钢琴数×每年调音次数×每次调音时长。

- 钢琴数=芝加哥的家庭数量×拥有钢琴的家庭占比，而芝加哥的家庭数量=芝加哥总人口/平均每个家庭的人数。

> **提示** 估算钢琴数。
> - 拥有钢琴的家庭占比：当时的美国，钢琴属于半稀缺物品，拥有钢琴的家庭占比应该不会超过 1/2，也不会低于 1/10，因此估算为 1/3。
> - 芝加哥总人数：当时的总人口估算为 300 万人。

> - 平均每个家庭的人数：估算为 4 人。
> 由此可以计算出：钢琴数=3000000/4×1/3=25 万架。

- 每年调音次数可以通过估算得到。

> **提示** 估算每年调音次数。
> - 每年调音次数：不会超过 1 年 3 次，也不会低于 10 年 1 次，因此估算为 3 年 1 次，即每年 1/3 次。

- 每次调音时长在上文已经估算为 3 小时。

根据估算的钢琴数、每年调音次数、每次调音时长，估算出每年芝加哥全部钢琴调音师的工作时长=25 万×1/3×3=25 万小时。

到此为止，已经估算出每年芝加哥全部钢琴调音师的工作时长为 25 万小时，每位钢琴调音师每年的工作时间为 3456 小时，则芝加哥钢琴调音师的数量=250000/3456≈72 位。

整个估算过程中形成的 What 树如图 2-5 所示。

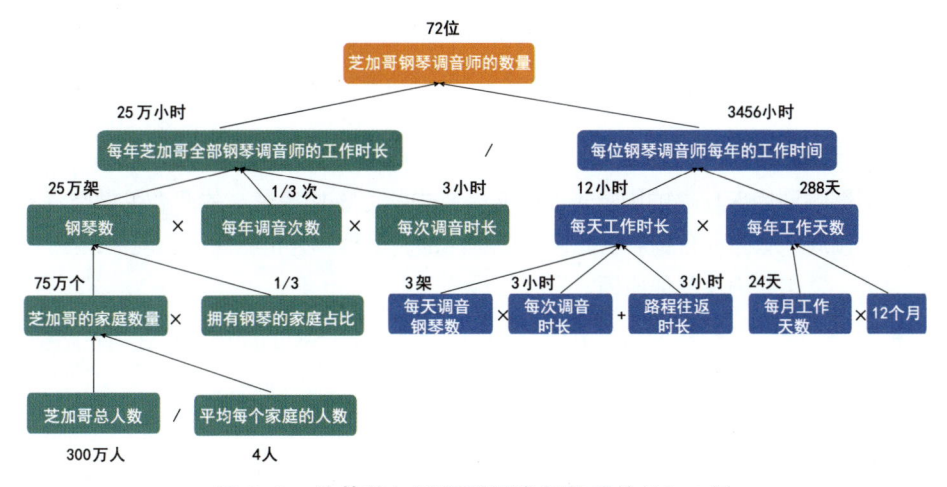

图 2-5 估算芝加哥钢琴调音师数量的 What 树

后来，费米和学生们经过电话号码验证，芝加哥钢琴调音师的数量约为 80 位，与通过 What 树估算的 72 位相差无几。

2.3.2 【案例】利用 Why 树剖析酒店入住率下降的原因

Why 树主要解决"为什么"的问题。在解决问题的中期，探寻原因、开展假设验证时，可以使用 Why 树将可能的原因层层剥开。

这里仍举 W 酒店的例子，最近其酒店入住率一直在下降。如何用 Why 树分析入住率下降的原因？

酒店自身原因和外部原因均有可能导致入住率下降，因此首先将下降的原因拆解为"外部原因"和"内部原因"两个大要素。

1. 外部原因

外部影响酒店入住率的因素仍然有很多，其中与之密切度最高的三个关键因素是客户、竞争对手和宏观环境。因此进一步将外部原因拆解为客户原因、竞争对手原因、宏观环境原因及其他原因。

- 客户原因：从客户的角度分析，可能引起入住率下降的原因包括出差客户减少、旅游客户减少、长租客户减少、其他散客减少。
- 竞争对手原因：从竞争对手的角度分析，可能引起入住率下降的原因包括竞争对手的价格是否有调整、服务水平是否有改善、硬件设施是否有升级、是否开展过促销活动等。
- 宏观环境原因：从宏观环境的角度分析，可能引起入住率下降的原因包括季节变化、战争动乱风险、经济景气度变化、休假政策变化等。
- 其他原因：其他可能引起入住率下降的原因包括航班减少、飞机高铁价格调整、景区政策调整等。

2. 内部原因

内部影响酒店入住率的因素也有很多，其中与之密切度最高的四个关键因素是价格、硬件设施、服务、营销。因此进一步将内部原因拆解为价格原因、硬件设施原因、服务原因、营销原因及其他原因。

- 价格原因：从价格的角度分析，可能引起入住率下降的原因包括住宿价格提升、餐食价格提升、存在隐形消费等。
- 硬件设施原因：从硬件设施的角度分析，可能引起入住率下降的原因包括房间内设施陈旧老化、健身房游泳池设施陈旧老化、餐厅设施陈旧老化、大堂设施陈旧老化等。
- 服务原因：从服务的角度分析，可能引起入住率下降的原因包括服务人员态度不好、服务响应及时度不够、服务类目过少（比如不提供餐饮服务、不提供停车用车服务等）等。
- 营销原因：从营销的角度分析，可能引起入住率下降的原因包括获客渠道存在问题、营销活动过少、营销力度不够等。
- 其他原因：其他可能引起入住率下降的原因包括酒店内发生过事故、酒店管理人员发生变更等。

整个分析过程中形成的 Why 树如图 2-6 所示。

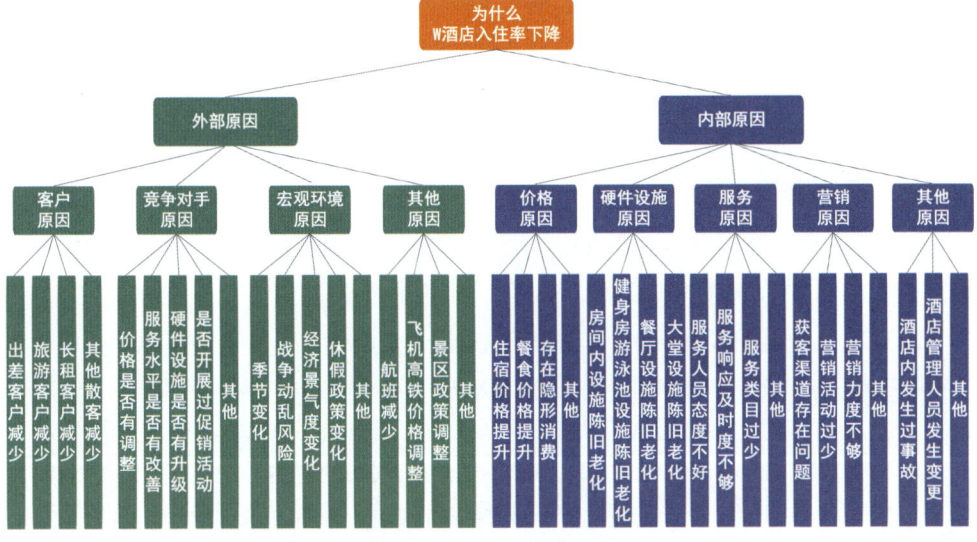

图 2-6 分析酒店入住率下降原因的 Why 树

通过 Why 树找到的原因都是可能原因，到底哪个才是真正原因并不能确定。也就是说，逻辑树更像一张全景图，把所有可能的因素都按照逻辑关系罗列出来。要找到精准的原因还需要结合其他方法进行操作，最常用的就是假设验证法，我们将在第 3 章展开介绍。

2.3.3 【案例】利用 How 树提升商业分析能力

How 树主要解决"如何做""怎么做"的问题。在解决问题的末期，对问题本身和发生的原因都有了清晰认知之后，就可以使用 How 树寻找和输出解决方案。

举个例子，如何培养和提升商业分析能力？

商业分析能力是一种复合能力，要培养这种能力可以从三大核心能力和四大衍生能力着手。

1. 三大核心能力

三大核心能力分别为结构化思维能力、数据分析能力、商业和业务思维能力，每种能力又可以拆解为不同的小能力。

- 结构化思维能力：是一种底层能力，可以进一步拆解为结构化定义问题、结构化拆解问题、深度分析问题挖掘原因、得出结论提出解决方案、结构化汇报/沟通、结构化复盘改进、打造完美闭环七种小能力。

- 数据分析能力：是用数据和指标去分析商业和业务的能力，可以进一步拆解为获取数据、处理数据、分析数据和可视化数据四种小能力。
- 商业和业务思维能力：是对商业运行规则、业务赚钱逻辑、业务流程和模式等的理解能力，可以进一步拆解为对行业的研究、对竞争对手的研究、对自己公司的剖析、对业务逻辑的剖析等小能力。

2. 四大衍生能力

四大衍生能力分别为获取信息和资料的能力、财务思维能力、写作能力和项目管理协作能力。同样，每种能力又可以拆解为不同的小能力。

- 获取信息和资料的能力：巧妇难为无米之炊，做分析也需要有信息、资料和数据，而获取这些信息和资料的能力就决定了分析是否有米。可以进一步拆解为搜索引擎搜索、专业垂直网站搜索、读书、实地调查体验、正确问人等能力。
- 财务思维能力：是分析收入、成本、费用、利润的能力，决定了一家企业能否经营起来和经营下去。可以进一步拆解为读财务报告、读招股书、分析三张财务报表、搭建 UE 模型和财务模型等能力。
- 写作能力：是高效组织观点和结论的能力，决定了一个人能否将自己的思想表达出来和传递出去。可以进一步拆解为写业务分析报告、写晋升答辩报告（或述职报告）、写自媒体、做课等能力。
- 项目管理协作能力：是解决不确定问题的综合能力，决定了一个人能否组织团队，协作完成目标。可以进一步拆解为项目规划、项目管理和推进、跨部门协作沟通等能力。

整个分析过程中形成的 How 树如图 2-7 所示。

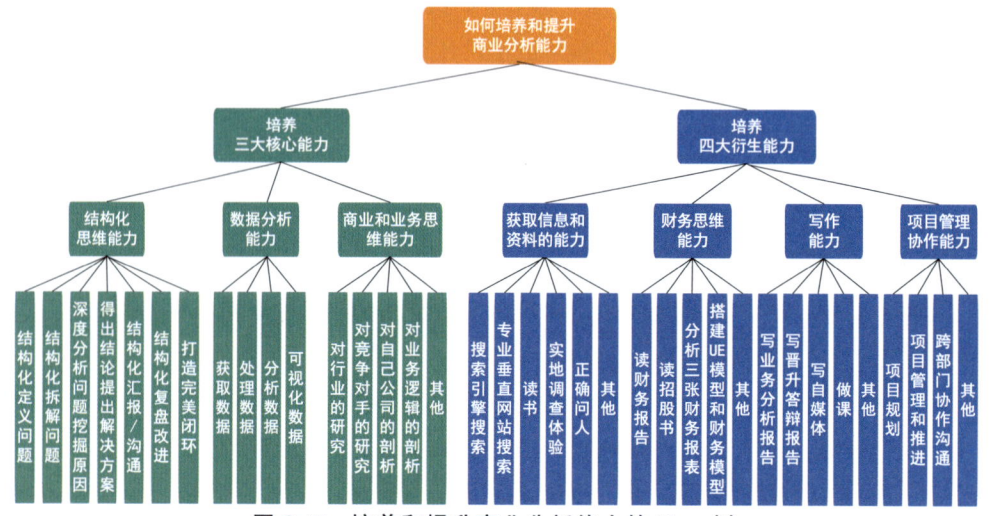

图 2-7 培养和提升商业分析能力的 How 树

2.4 使用五种方法进行拆解

由大问题到子问题，一定是按某种方法和逻辑进行拆解的。一般来说，拆解的方法有五种，分别是流程法、公式法、要素法、逻辑法和模型法，如图 2-8 所示。

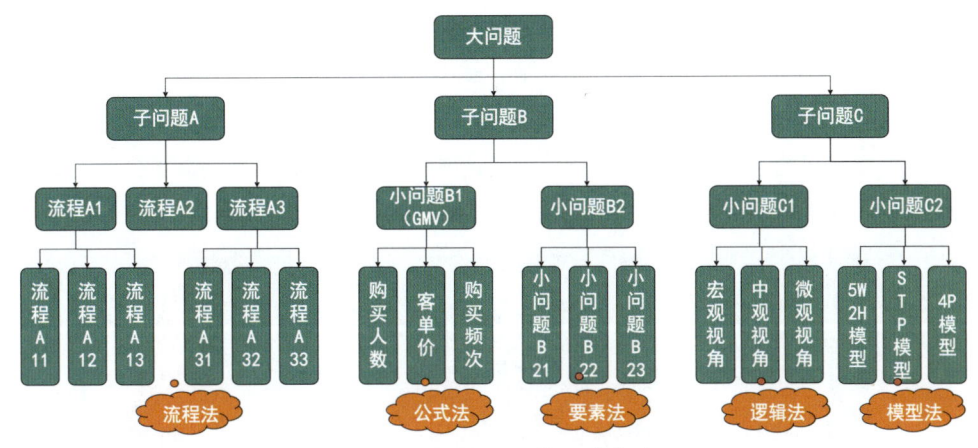

图 2-8 拆解问题的五种方法

2.4.1 流程法

流程法按照事情发展的先后顺序、业务开展或业务运营的先后顺序、企业创造价值的先后顺序等拆解问题，使得问题的每个阶段都能够被单独识别和分析出来。

如果要对企业的流程进行拆解，则每一家企业都离不开这三大类流程：宏观的行业价值链、中观的企业价值链，以及微观的业务运营链。其中，行业价值链是对企业外部的行业流程进行拆解，企业价值链是对企业整体创造价值的流程进行拆解，业务运营链是对企业内部的业务流程进行拆解。

2.4.1.1 按行业价值链拆解

流程法的第一类典型代表流程是行业价值链。行业价值链是对行业的上、中、下游流程进行拆解，拆解为上游的设计商、供应商，中游的生产商，下游的经销商和消费者，如图 2-9 所示。

图 2-9 行业价值链

拆解的目的是找到行业的战略控制点和链主，找准自己在行业价值链中的定位，判断自己的话语权，发现机会和威胁。

2.4.1.2　按企业价值链拆解

流程法的第二类典型代表流程是企业价值链，其中最广为认知的就是迈克尔·波特的价值链模型。波特的价值链模型认为，企业的经营可以分为基本活动和支持性活动。其中，支持性活动是创造价值的辅助环节，基本活动才是创造价值的关键环节。

基本活动就是对产品创造价值的流程进行拆解，拆解为进货入库、生产制造、出库物流、营销销售、售后服务等流程。正是这些流程的配合和衔接创造了企业的价值，如图 2-10 所示。

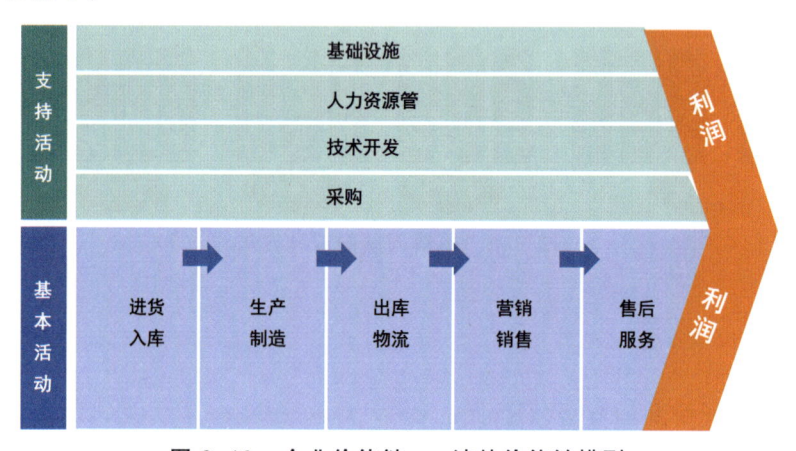

图 2-10　企业价值链——波特价值链模型

拆解的目的是能够对各个流程进行价值和成本分析，确定哪些流程创造了高价值，哪些流程占据了高成本，从而助力企业找到差异，构建核心竞争力，巩固竞争优势。

2.4.1.3　按业务运营链拆解

流程法的第三类典型代表流程是业务运营链。业务运营链是对某一具体业务的运转流程进行拆解，比如对生产流程、营销获客流程、销售流程、售后服务流程、用户转化流程等的拆解。

拆解的目的是找到影响运营效率和成本的流程，对这些流程进行优化和改进，便于流程再造，提升运营效率，降低运营成本。

以京东、天猫这类电商平台为例，当它们的购买用户出现问题时，就可以对用户转化流程进行拆解，拆解为获取流量、用户注册、用户访问店铺首页、用户访问商品详情页、用户加入购物车、用户提交订单、用户付款购买成功，如图 2-11 所示。

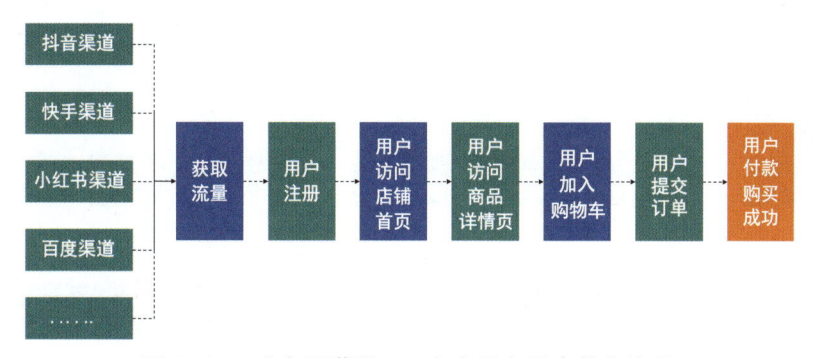

图 2-11　业务运营链——电商平台用户转化流程

以美团、饿了么这类外卖平台为例，当骑手的配送出现问题时，就可以对配送流程进行拆解，拆解为获客（获取骑手）、骑手报名、骑手培训、骑手入驻平台、骑手接受派单、骑手领取外卖、骑手运输外卖、骑手送达外卖，如图 2-12 所示。

图 2-12　业务运营链——外卖平台骑手配送流程

当购买用户数、骑手的供给或配送效率没有达成期望或者出现波动时，就可以对拆解出来的这些转化和配送流程进行分析，定位到是哪个流程出现了问题。据此就可以找到效率低下的流程，以便流程再造，提高业务效率。

2.4.2　公式法

只要发挥想象力，万事万物皆可用公式法拆解。公式法主要利用加、减、乘、除等运算公式对问题进行拆解，其本质是用量化的方法拆解和分析问题。

2.4.2.1　用公式法拆解收入

在做企业经营分析时，收入的监控、归因和预测都是必不可少的。无论是监控、归因还是预测，都需要对收入进行拆解。一般来说，几乎所有的收入都可以拆解为"量"和"价"，即"数量"和"价格"的乘积。

不同的行业和公司，因其业务场景不同，拆解的指标也不同，但大部分都是在"数量×价格"这个公式的基础上进行演变和拆解的。以互联网广告行业和电商行业为例，不同行业的收入公式拆解如图2-13所示。

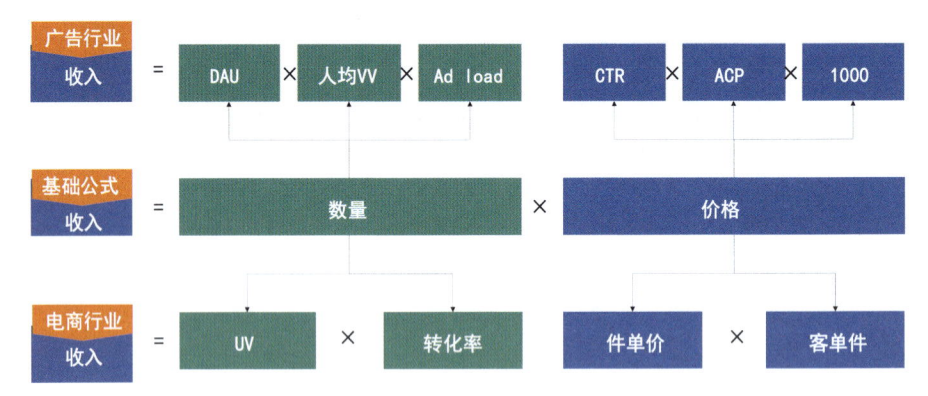

图 2-13 不同行业收入的拆解

- 在分析互联网广告收入时，广告数量用公式可以拆解为：广告数量=DAU×人均VV×Ad load。广告价格通常用 eCPM 表示，eCPM 用公式可以拆解为：eCPM=CTR×ACP×1000。

> **提示** DAU，全称为 Daily Active User，即每日活跃用户数量。
> 人均 VV（Video View），即平均每个人的视频播放量。
> Ad load，广告加载率，即视频内容中穿插广告的比例。
> eCPM，即千次广告展示的价格。

- 在分析互联网电商收入时，数量即付费用户数量，用公式可以拆解为：付费用户数量=UV×转化率。价格即客单价，用公式可以拆解为：客单价=件单价×客单件。

对于同一家公司，因其部门和考核的 KPI 不同，拆解的指标也不同，但大部分也是在"数量×价格"这个公式的基础上进行演变和拆解的。以零售公司为例，其不同部门的收入公式拆解如图 2-14 所示。

- 对于用户运营部门而言，数量即付费用户数量，用公式可以拆解为：付费用户数量=用户数量×转化率；价格即客单价。
- 对于品类运营部门而言，数量即商品销售数量，用公式可以拆解为：商品销售数量=商品品类数量×动销率×商品平均销量；价格即商品平均价格。
- 对于门店运营部门而言，数量即门店商品销售数量，用公式可以拆解为：门店商品销售数量=门店总数量×正常营业的门店比例×门店平均销量；价格即门店商品平均价格。

图 2-14　零售公司不同部门的收入公式拆解

2.4.2.2　用公式法拆解收益率

再比如，要分析一家企业的收益率，就可以使用杜邦分析法，杜邦分析法可以说是公式法应用的典型代表了。它以资产收益率（也就是 ROE）作为衡量企业业绩最终的一个评估指标，先将净资产收益率拆解为 3 个指标的乘积，即净资产收益率=销售净利率×总资产周转率×杠杆系数。

再将销售净利率、总资产周转率、杠杆系数按照公式法继续拆解。

- 销售净利率=净利润/销售收入×100%。
- 总资产周转率=销售收入/总资产×100%。
- 杠杆系数=1/（1-资产负债率）。

同样地，净利润、总资产指标还可以按照公式法继续拆解，这样一层层地拆下去，就形成了如图 2-15 所示的杜邦分析图。当一家企业的业绩发生异常变化和波动时，就可以从净资产收益率入手，逐步渗透至这些拆解出来的颗粒度更细的指标，最终发现问题。

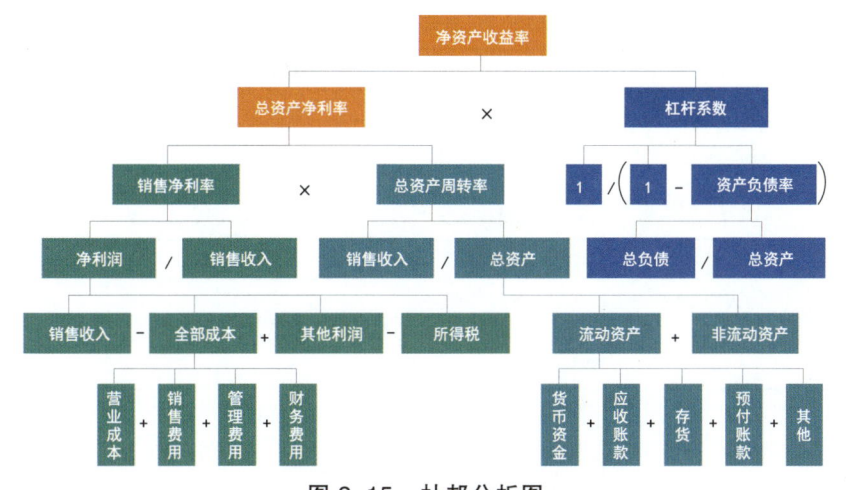

图 2-15　杜邦分析图

2.4.3 要素法

要素法是最为简单的方法，它按照事物的构成要素进行拆解。比如房子拆解、组织架构拆解、销售区域拆解、渠道拆解等。

以某公司的渠道拆解为例，按照其渠道的构成要素可以拆解为直营渠道和代理渠道。直营渠道按照构成要素又可拆解为线下门店和线上电商。代理渠道按照构成要素又可拆解为一级代理商、二级代理商和三级代理商，如图 2-16 所示。

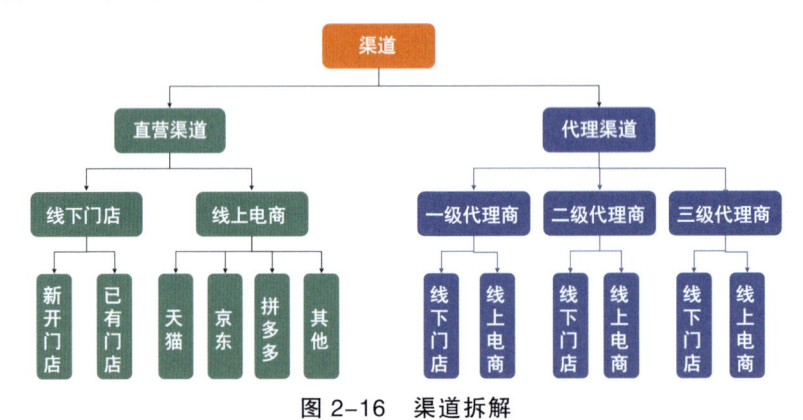

图 2-16 渠道拆解

2.4.4 逻辑法

逻辑法是按照某种约定俗成的逻辑，或者根据以往经验总结的视角，进行拆解。比如，整体、局部，主观、客观，动态、静态，主要、次要，宏观、微观，等等。常见的拆解逻辑见表 2-1。

表 2-1 常见的拆解逻辑

逻辑	具体内容
时间	过去、现在、未来 短期、中期、长期
结构	高层、中层、基层 整体、局部
形态	动态、静态
角度	主观、客观 宏观、中观、微观 外部、内部
性质	有利、有害 主要、次要 肯定、否定

续表

逻辑	具体内容
程度	高、中、低 大、小

举个例子，上级要求 Rose 对公司所在的市场进行全面洞察和分析，他将根据 Rose 调查研究的内容制订公司 2025 年的战略规划。市场洞察是一个很宏大的话题，Rose 如何对市场洞察的内容进行拆解？

为了全面洞察和分析市场，Rose 从宏观、中观、微观 3 大视角切入，拆解为 3 大视角 14 个关键点，如图 2-17 所示。

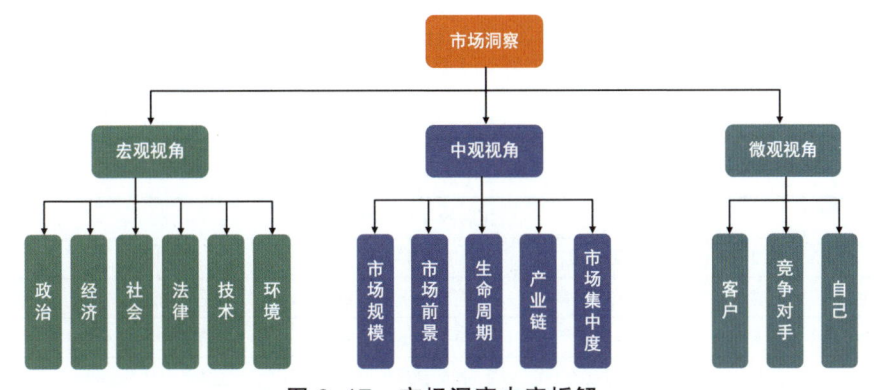

图 2-17 市场洞察内容拆解

- 宏观视角用于洞察宏观环境，主要分析宏观环境有哪些重要的发展和变化趋势，以及它们对公司所在的行业和企业有什么影响。可以拆解为 6 个关键的洞察点，包括政治、经济、社会、法律、技术、环境。
- 中观视角用于洞察行业，主要分析行业的现状和发展趋势是什么，有哪些因素影响它的发展，以及我们应该抓住哪些重要的机会。可以拆解为 5 个关键的洞察点，包括市场规模、市场前景、生命周期、产业链、市场集中度。
- 微观视角用于洞察公司，主要分析与自己相关的公司有哪些，对自己会造成哪些影响。可以拆解为 3 个关键的洞察点，包括客户、竞争对手、自己。

2.4.5 模型法

模型法是按照现存的模型和框架去拆解的，它们大多是由前人总结出来的、被实践证明非常好用的模型和框架，比如 3C 战略三角模型、4P 营销理论、5W2H 分法法、六项思考帽、麦肯锡 7S 模型、8D 问题解决法等。其中，使用最多的就是 5W2H 分析法。

5W2H 分析法，又被称为"七何分析法"，是一个可以进行"步骤化""流程化""体系化""标准化"底层思考的工具和方法。它是 5 个 W 开头的英语单词和 2 个 H 开头的英语单词的缩写。该方法是二战期间由美国陆军兵器修理部首创的，是常用的"战术"层面的分析方法。5W2H 分别指代的内容如下所述。

- What：何事，指做什么事，目的是什么。
- Who：何人，指由谁来承担、完成和负责。
- When：何时，指什么时候做，什么时机最合适。
- Where：何地，指从哪里着手做，在什么地点做。
- Why：何故，指为什么要做某件事，原因和理由是什么。
- How：何法，指如何做，如何高效地开展和实施。
- How much：指做到什么程度，需要花费多少，能产出多少。

5W2H 分析法具有非常强大的拓展性，针对它的每一问，还可以继续向外扩展，将问题拆解得更细，每一问扩展 4 层，这样原来的 7 问就扩展成了 7×4=28 问，具体见表 2-2。

表 2-2　5W2H 分析法拓展的 28 问

	拓展的 4 个层次				作用
	第 1 层	第 2 层	第 3 层	第 4 层	
What	何事	为什么做这件事	有更合适的事情吗	为什么是更合适的事情	定事
Who	何人	为什么是他	有更合适的人吗	为什么是更合适的人	定人
When	何时	为什么是这个时间	有更合适的时间吗	为什么是更合适的时间	定时
Where	何地	为什么是这个地点	有更合适的地点吗	为什么是更合适的地点	定位
Why	何故	为什么是这个原因	有更合适的理由吗	为什么是更合适的理由	定原因
How	何法	为什么采用这种方法	有更合适的方法吗	为什么是更合适的方法	定方法
How much	花费	为什么要这些花费	有更合理的花费吗	为什么是更合适的花费	定花费

> **提示**　5W2H 分析法在使用时，并不是一定要用 5 个 W 和 2 个 H，而是可以根据具体的分析场景灵活使用。
>
> 比如，去掉 How much 变为 5W1H；加上 Which 变为 6W2H；只保留 Why、What 和 How 则变为 2W1H。

5W2H 分析法看起来简单，其实它隐藏的功能非常强大。任何工作和问题，如果缺少了这 7 方面，进展起来都不会顺利。这里举两个案例。

2.4.5.1 【案例1】用 5W2H 分析法组织会议

当上级让下属组织一次经营例会的时候，就可以用 5W2H 分析法把经营例会涉及的环节和要素组织起来，如图 2-18 所示。

（1）确定 Why：即明确开会的目的是什么，为了解决什么问题。

（2）确定 What：即明确会议讨论哪些主题。

（3）确定 When、Where 和 Who：即明确开会的时间、地点和参会人员。

（4）确定 How：即明确会议如何开，汇报次序如何安排，人员的发言内容和时长如何安排。

（5）确定 How much：即明确会议开到什么程度、达成什么结果时可以结束。

Why — 为解决什么问题而开会
- 开展战略规划
- 解决业务异常
- 制定明年预算

What — 会议讨论的主题包括哪些
- 业务数据复盘
- 战略及目标设定
- 策略和行动计划制定

When — 什么时候开会　　**Where** — 在哪里开会　　**Who** — 谁主持会议／谁参加会议／谁需要发言和汇报

How — 会议如何开
- 需要准备和调适什么设备和道具
- 汇报次序如何安排
- 每个人的发言内容和发言时长如何安排

How much — 会议开到什么程度
- 会议开多长时间
- 会议达成什么结果
- 花费多少成本

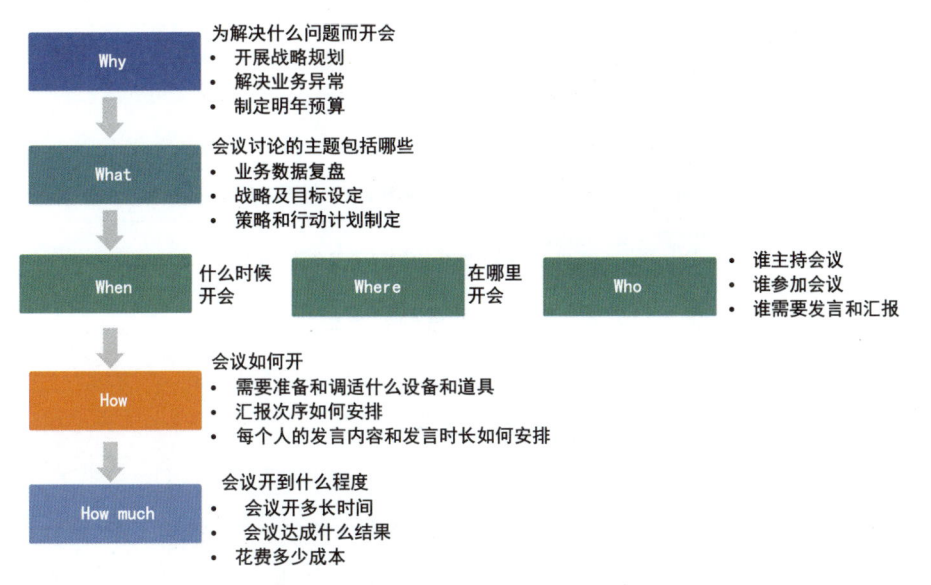

图 2-18　用 5W2H 分析法组织会议

2.4.5.2　【案例 2】用 5W2H 分析法做新产品上市规划

当市场部为某个新产品做上市规划时，同样可以按照 5W2H 分析法的逻辑进行拆解，如图 2-19 所示。

（1）确定 Why：明确新产品为什么要上市，为了解决用户的什么痛点。

（2）确定 What：明确新产品的特征和主要卖点是什么。

（3）确定 Who：明确新产品的目标用户群体是谁。

（4）确定 When：明确新产品的上市时间。

（5）确定 Where：明确新产品在哪些国家、哪些城市上市。

（6）确定 How：明确如何上市，也就是价格策略、渠道策略、营销策略如何定。

（7）确定 How much：预估带来多少收益、花费多少成本。

从以上两个案例可以看出，5W2H 分析法的最大优势是提供了一个思考框架，可以让思维更加缜密和全面，避免遗漏，且易于理解、使用简单，能快速上手，帮助个人和企业快速梳理解决问题的思路，弥补思考缺陷和漏洞。

```
                    ┌─────────┬──────────────────────────────────────────┐
                    │  Why    │ • 新产品为什么要上市？为了解决用户的什么痛点？  │
                    ├─────────┼──────────────────────────────────────────┤
                    │  What   │ • 新产品是什么？有什么特征？主要卖点是什么？  │
                    │         │   上市要达成什么目标？                      │
          ┌─────┐   ├─────────┼──────────────────────────────────────────┤
          │新产品│   │  Who    │ • 目标用户群体是谁？                        │
          │ 上市 │───┼─────────┼──────────────────────────────────────────┤
          │ 规划 │   │  When   │ • 在什么时间上市？                          │
          └─────┘   ├─────────┼──────────────────────────────────────────┤
                    │  Where  │ • 在哪些国家、哪些城市上市？                 │
                    ├─────────┼──────────────────────────────────────────┤
                    │  How    │ • 价格策略、渠道策略、营销策略如何定？        │
                    ├─────────┼──────────────────────────────────────────┤
                    │ How much│ • 预估带来多少收益？花费多少成本？            │
                    └─────────┴──────────────────────────────────────────┘
```

图 2-19 用 5W2H 分析法做新产品上市规划

2.5 借助四个步骤确定优先级

在利用 MECE 原则和逻辑树将大问题拆解成诸多小问题之后，很多人就开始对繁多的子问题逐个开展深入研究，结果耗费了很多时间却不尽如人意。为什么？因为时间、精力和预算都是有限的，不可能对所有问题都胡子眉毛一把抓。如果对所有问题都一视同仁，则意味着所有问题都无法得到很好的解决。

中学时期，我们学过一篇华罗庚的课文，课文中使用了一个沏茶水的案例，讨论怎样安排各种事情能尽快喝上茶。

沏茶水有几个工序：洗茶壶，需要 1 分钟时间；洗茶杯，需要 2 分钟时间；接水，需要 1 分钟时间；烧水，需要 8 分钟时间；拿茶叶，需要 1 分钟时间；沏茶，需要 1 分钟时间，如图 2-20 所示。

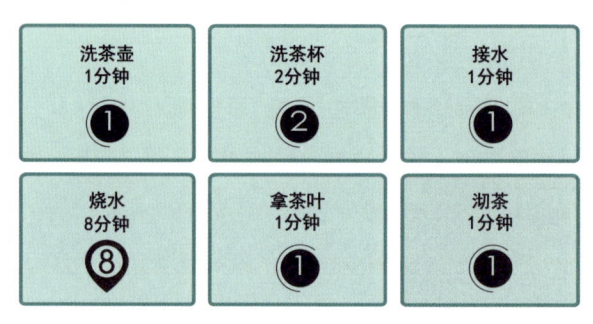

```
┌──────────┐  ┌──────────┐  ┌──────────┐
│  洗茶壶   │  │  洗茶杯   │  │   接水    │
│  1分钟   │  │  2分钟   │  │  1分钟   │
│    ❶     │  │    ❷     │  │    ❶     │
└──────────┘  └──────────┘  └──────────┘
┌──────────┐  ┌──────────┐  ┌──────────┐
│   烧水    │  │  拿茶叶   │  │   沏茶    │
│  8分钟   │  │  1分钟   │  │  1分钟   │
│    ❽     │  │    ❶     │  │    ❶     │
└──────────┘  └──────────┘  └──────────┘
```

图 2-20 沏茶的环节和工序

基于这些工序，有 3 种方法可以沏好一杯茶，如图 2-21 所示。

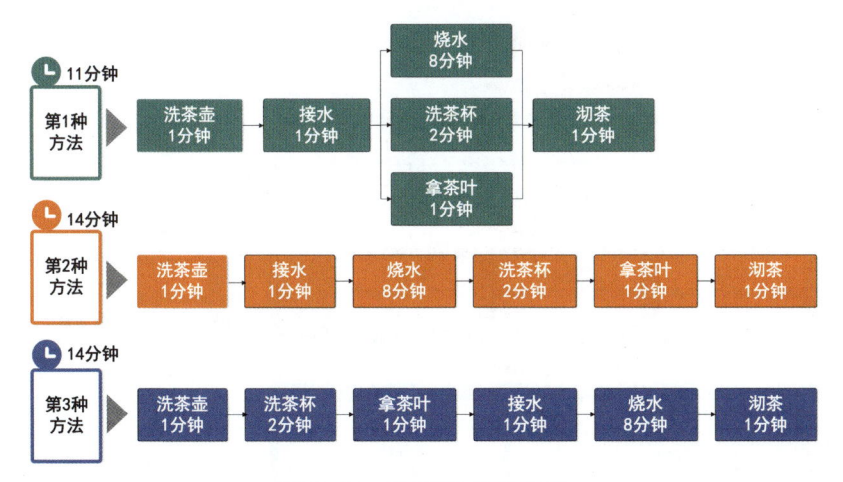

图 2-21 沏茶的 3 种方法

- 第 1 种方法：先洗茶壶，再接水，之后再烧水，在烧水的同时洗茶杯、拿茶叶，水烧开后沏茶，总共需要 11 分钟。
- 第 2 种方法：一件一件地做，先洗茶壶，再接水，之后再烧水，水烧开后洗茶杯，洗完茶杯后再拿茶叶，最后沏茶，总共需要 14 分钟。
- 第 3 种方法：也是一件一件做，先洗茶壶，再洗茶杯，之后拿茶叶，然后接水、烧水，水烧开后沏茶，总共也需要 14 分钟。

第 1 种沏茶的方法用的时间最少，因为对环节和工序进行了统筹安排，明确了每道工序的先后顺序和时间分配，规划了哪些工序可以同时进行，从而缩短了时间，提升了效率。

其实在工作中，解决问题同沏茶是同样的道理。面对拆解的众多问题时，如果不进行统筹规划，不合理安排先后顺序，很容易浪费时间和精力。因此，拆解问题后，必须学会"去粗存精"，去掉那些无关紧要、无伤大雅的问题。对准那些关键的问题，合理分配时间，统筹规划优先级。

那么，如何规划优先级？具体来说，可以分以下 4 步进行。

（1）拆解，将大问题拆成子问题、流程、环节或步骤。

（2）选择，排除不重要的问题和环节，从中选出关键问题和环节。

（3）分配，对保留的关键问题和环节合理分配时间。

（4）统筹，对保留的关键问题和环节规划优先级，确定每个问题和环节处理的先后顺序。

这里以"沏茶"和"安排周一工作"为例，展示如何使用这 4 个步骤规划优先级，整体流程分别如图 2-22 和图 2-23 所示，详细的介绍将在下文展开。

图 2-22 沏茶工序优先级规划

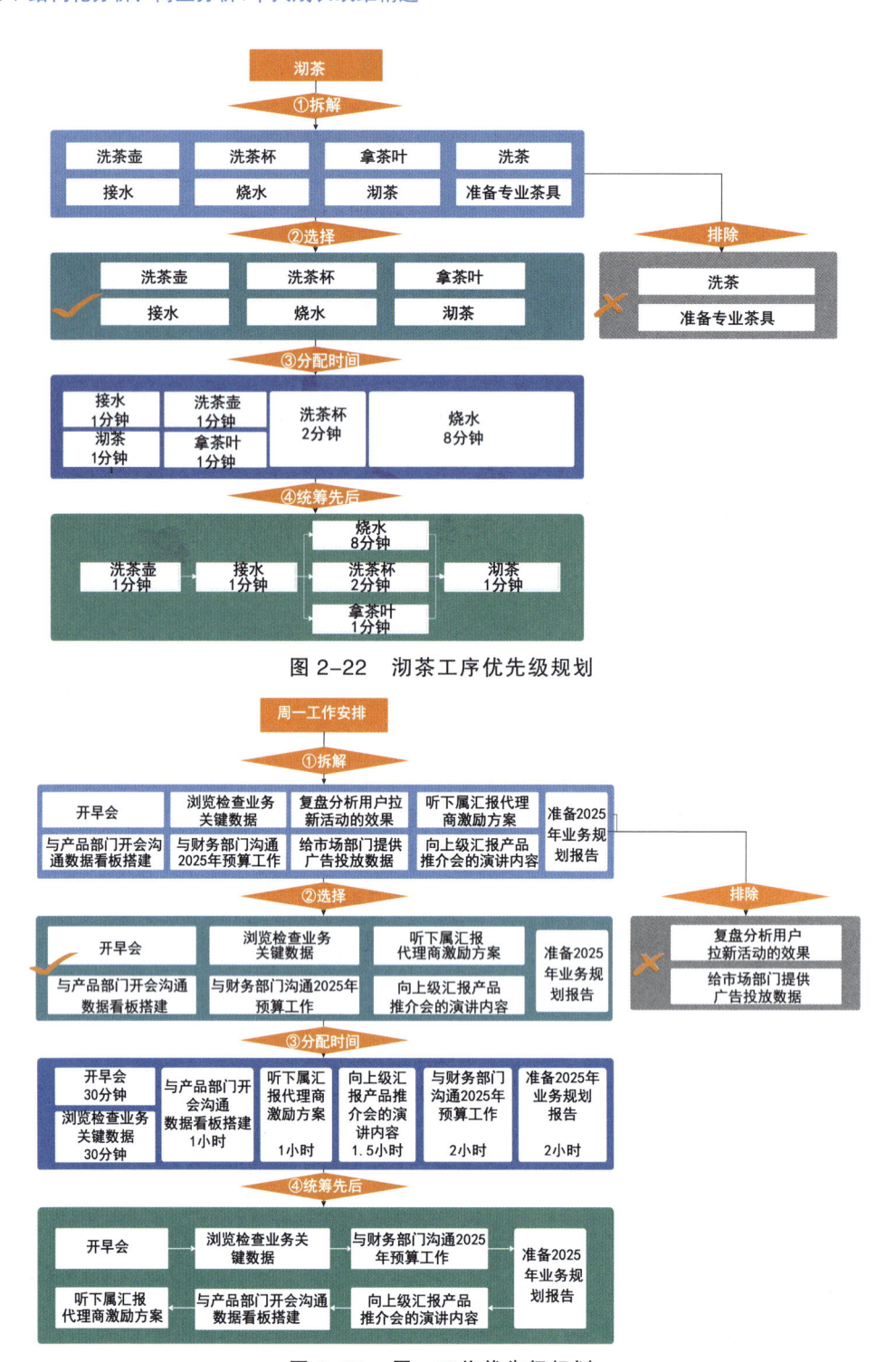

图 2-23 周一工作优先级规划

2.5.1 拆解，分模块，分环节

当明确了问题和任务之后，先衡量和评估问题的复杂度。如果是简单的问题，则直接拆解成几个流程、环节或步骤；如果问题较为复杂，则需要把问题拆解成一个一个的子问题，再拆解为几个流程、环节或步骤去完成。比如：

- 沏茶可以拆解为洗茶壶，洗茶杯，拿茶叶，准备茶托、茶巾、公道杯等器具，洗茶，接水，烧水，沏茶等环节。
- 周一的工作可以拆解为 9 项工作：开早会，浏览检查业务关键数据，准备 2025 年业务规划报告，与财务部门开会沟通 2025 年预算工作，与产品部门开会沟通数据看板搭建工作，复盘分析用户拉新活动的效果，给市场部门提供广告投放数据，向上级汇报产品推介会的演讲内容，听下属汇报代理商激励方案。

2.5.2 选择，排除不重要的环节

选择，就是从拆解出来的问题和环节中，选择哪些要做、哪些不要做。这里要注意的是，决定不做什么比做什么更重要。

在实际工作中，我们一天只有 24 小时，排除吃饭、睡觉等必要的事情，剩余的精力和时间都是有限的。因此，只有将不必要的工作排除，专注做好关键工作，才能将精力聚集于一处，把事情做好。

如何判断哪些问题和环节可以排除？主要通过"重要度""紧急度"两个指标对要解决的问题进行判断。我们要排除的就是那些重要度低、紧急度也不高的问题和工作。对于重要度低、紧急度也低的工作，可以放弃不做；对于重要度低、紧急度一般的工作，可以放手交给别人去做。

以沏茶为例，沏茶的目的就是提神解渴，所以沏茶的流程选择最简单的即可，即洗茶壶、洗茶杯、接水、烧水、拿茶叶、沏茶这 6 个必备环节。而"准备茶托、茶巾、公道杯等专业器具"和"洗茶"均是重要度和紧急度都低的环节，因此完全可以排除这些环节，见表 2-3。

表 2-3 沏茶流程中不同环节的重要度和紧急度

	重要度	紧急度	是否要排除
洗茶壶	高	高	否
洗茶杯	高	中	否
拿茶叶	高	中	否
接水	高	高	否
烧水	高	中	否

续表

	重要度	紧急度	是否要排除
沏茶	高	低	否
洗茶	低	低	是
准备茶托、茶巾、公道杯等专业器具	低	低	是

再以周一工作安排为例,"复盘分析用户拉新活动的效果"和"给市场部门提供广告投放数据"这两项工作属于重要度低、紧急度一般的工作,可以放手交给下属去做。自己将时间和精力重点处理剩余的 7 项工作即可,见表 2-4。

表 2-4 周一工作安排的重要度和紧急度

	重要度	紧急度	是否要排除
开早会	高	高	否
浏览检查业务关键数据	高	高	否
准备 2025 年业务规划报告	高	中	否
与财务部门开会沟通 2025 年预算工作	高	高	否
与产品部门开会沟通数据看板搭建工作	中	中	否
复盘分析用户拉新活动的效果	低	中	是
给市场部门提供广告投放数据	低	中	是
向上级汇报产品推介会的演讲内容	高	中	否
听下属汇报代理商激励方案	中	中	否

2.5.3 分配,确定每个环节的时间

通过第 2 个环节,就可以将不重要的问题和工作排除了,剩下的都是需要自己花时间和精力处理的重要问题。虽然都是重要问题,它们也不能被平等对待,必须区分出"三六九等",在不同的问题上分配不同的时间。

那么如何为这些问题分配时间?如何判断在这项工作上要花费多长时间?在那个问题上要花费多少精力?

通常来说,一个问题越复杂,处理起来越耗时间。一项工作越重要,越要花费更多的时间将其做到万无一失。所以,"复杂度"和"重要度"就成为分配时间的关键参考指标。也就是说,问题越复杂、越重要,越要分配更多的时间。

以沏茶为例,6 个环节的复杂度和重要度见表 2-5。

表 2-5 沏茶流程中不同环节的复杂度和重要度

	复杂度	重要度	时间分配
洗茶壶	中	高	1 分钟

续表

	复杂度	重要度	时间分配
洗茶杯	中	高	2 分钟
拿茶叶	低	高	1 分钟
接水	低	高	1 分钟
烧水	高	高	8 分钟
沏茶	低	高	1 分钟

再以周一工作安排为例，7 项工作的复杂度和重要度见表 2-6。

表 2-6　周一工作安排的复杂度和重要度

	复杂度	重要度	时间分配
开早会	低	高	30 分钟
浏览检查业务关键数据	低	高	30 分钟
准备 2025 年业务规划报告	高	高	2 小时
与财务部门开会沟通 2025 年预算工作	高	高	2 小时
与产品部门开会沟通数据看板搭建工作	中	中	1 小时
向上级汇报产品推介会的演讲内容	中	高	1.5 小时
听下属汇报代理商激励方案	中	中	1 小时

2.5.4　统筹，明确先后顺序

为每个问题都分配好时间之后，接下来，就要确定处理问题的先后顺序了。明确哪些需要先做，哪些需要后做，哪些可以并行做。先后顺序的安排，需要统筹考虑多种因素。

（1）考虑"重要度"和"紧急度"。根据"重要度"和"紧急度"对问题进行归类，重要度高、紧急度高的归为一类，处理的优先级最高。

（2）考虑"依赖"关系。所谓的"依赖"关系，指的是一个问题或任务的完成依赖于其他任务的完成，只有在其他任务完成的情况下，才能开始启动这个任务。比如，要"沏茶"必须要先"烧水"，"沏茶"的环节只有在"烧水"环节完成之后才能开始。

（3）考虑"并行"关系。所谓的"并行"关系，指的是可以同时处理的问题和任务。同时处理多个问题和任务，可以有效提升效率，节省时间和精力。比如，"烧水"的同时可以"洗茶杯"；引入更多的成员可以并行处理同一个问题或任务等。

以沏茶为例，"沏茶"依赖"烧水""洗茶杯""拿茶叶"，"烧水"又依赖"接水"，"接水"又依赖"洗茶壶"。因此，它们的先后顺序为"洗茶壶""接水""烧水""沏茶"。而"洗茶杯""拿茶叶"不依赖任何一个环节，完成它们最高效的方式就是和"烧水"

并行。其先后顺序见表 2-7。

表 2-7　沏茶流程中不同环节的先后顺序

	紧急度	重要度	复杂度	时间分配	先后顺序
洗茶壶	高	高	中	1分钟	1
接水	高	高	低	1分钟	2
烧水	中	高	高	8分钟	3
洗茶杯	中	高	中	2分钟	3
拿茶叶	中	高	低	1分钟	3
沏茶	低	高	低	1分钟	4

为了更加形象地展现沏茶的 6 个环节、各个环节的先后顺序和并行关系，以及每个环节的时间安排，可以使用甘特图展现，如图 2-24 所示。

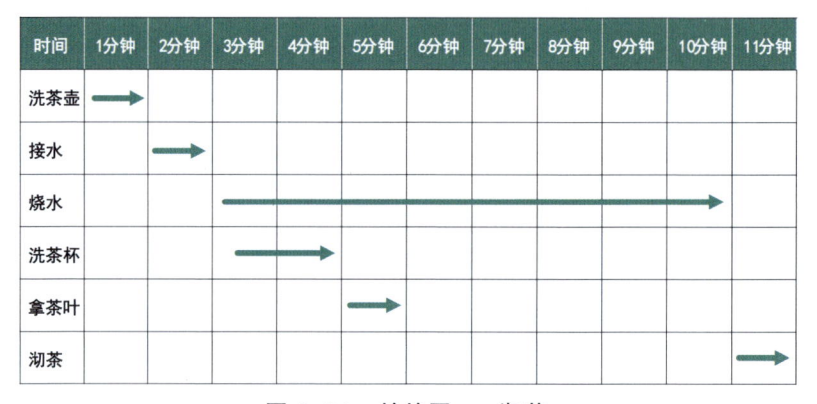

时间	1分钟	2分钟	3分钟	4分钟	5分钟	6分钟	7分钟	8分钟	9分钟	10分钟	11分钟
洗茶壶	→										
接水		→									
烧水			→	→	→	→	→	→	→	→	
洗茶杯			→	→							
拿茶叶					→						
沏茶											→

图 2-24　甘特图——沏茶

提示　甘特图上的每个横条代表一个环节或任务。横条的位置代表这个环节或任务什么时候开始，什么时候结束。横条的长度代表这个环节或任务需要多长时间完成。

再以周一工作安排为例，7 项工作没有依赖关系和并行关系，因此根据"重要度"和"紧急度"排序即可。

- "开早会"和"浏览检查业务关键数据"是每天早上必须例行的固定工作，因此是优先要处理的两项工作。
- 在剩余的 5 项工作中，"与财务部门开会沟通 2025 年预算工作"属于重要度高和紧急度高的工作，因此优先级最高。
- "准备 2025 年业务规划报告"和"向上级汇报产品推介会的演讲内容"属于重要度高但紧急度中等的工作，因此优先级次之。
- "与产品部门开会沟通数据看板搭建工作"和"听下属汇报代理商激励方案"属于重要度和紧急度均一般的工作，因此优先级放在最后。

周一工作安排的先后顺序，见表 2-8。

表 2-8 周一工作安排的先后顺序

	紧急度	重要度	复杂度	时间分配	先后顺序
开早会	高	高	低	30 分钟	1
浏览检查业务关键数据	高	高	低	30 分钟	2
与财务部门开会沟通 2025 年预算工作	高	高	高	2 小时	3
准备 2025 年业务规划报告	中	高	高	2 小时	4
向上级汇报产品推介会的演讲内容	中	高	中	1.5 小时	5
与产品部门开会沟通数据看板搭建工作	中	中	中	1 小时	6
听下属汇报代理商激励方案	中	中	中	1 小时	7

为了更加形象地展现周一的 7 项工作安排，以及每项工作的时间配置，可以用甘特图展现，如图 2-25 所示。

时间	9—10点	10—11点	11—12点	12—13点	13—14点	14—15点	15—16点	16—17点	17—18点	18—17点
开早会	→									
浏览检查业务关键数据		→								
与财务部门开会沟通 2025年预算工作			→	→						
午饭					→					
准备2025年业务规划报告						→	→			
向上级汇报产品推介会的演讲内容								→		
与产品部门开会沟通数据看板搭建工作									→	
听下属汇报代理商激励方案										→

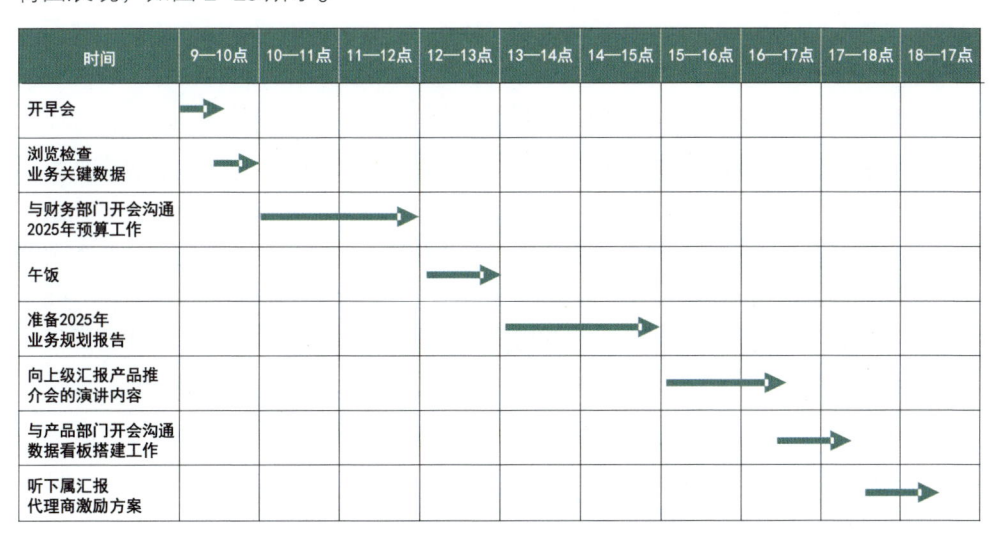

图 2-25 甘特图——周一工作安排

第 3 章
步骤三——挖：深度分析问题，挖掘原因

把问题拆解了，就能知道问题的构成要素了，但是光知道问题的构成要素还远远不够。问题之所以发生，肯定是由某种原因导致的，要解决问题，就要把这个原因先挖出来。

挖掘原因看似简单，实际上非常不容易。

- 首先，问题的构成要素并不是单一的，而是多种要素交织在一起，各个要素之间并非孤立存在，而是有着千丝万缕的关系。这导致出现问题的原因可能是一个因素导致的，也可能是多个因素共同作用导致的。因此，如何快速找到关键影响因素非常不容易。
- 其次，原因有表象原因，也有深层原因。大部分人只能看到表象和浅层原因，而看不到本质和深层原因。如果看不到本质原因，解决问题也往往是"治标不治本"。因此，如何透过现象看本质，挖掘本质原因也是非常不容易的。

如何深度分析问题，快速找到影响问题的关键因素，透过现象看到本质，挖掘本质原因？这就是第 3 章介绍的内容。

要想深入本质，需要刻意培养一种思维，学习使用三种经典分析方法。一种思维就是 Why 型思维，即分析问题不停留在表面，而是反复追问原因。三种方法分别是：①假设验证法，用于快速识别关键要素，挖掘关键原因；②鱼骨图法，用于识别所有可能原因；③5Why 分析法，通过不断追问，深入挖掘本质原因。

3.1 通晓冰山模型，识别表象和本质

经典电影《教父》的英文原著中有个桥段，教父柯里昂说："花一秒钟就看透事物本质的人，和花半辈子都看不清事物本质的人，注定是截然不同的命运。"这说明了深

度思考、看透问题本质的重要性。越触及问题的本质，得到真知灼见的效率就越高。这和冰山模型有异曲同工之妙。

在大海中，当瞥见一角浮冰时，应当立即警觉起来。这看似小小的一角下面可能隐藏着一座巨大的冰山，浮出水面的只不过是冰山一角，其大部分体积都潜藏在水面之下。正是这些深藏不露的水下部分，让泰坦尼克号遭遇悲剧，对巨轮构成致命威胁。冰山模型因此而得名。

冰山模型形象地描绘了表象与本质之间的关系，在看似简单的表象之下，蕴藏着更为复杂和深刻的本质。它提醒我们在面对问题时，不应仅仅关注显而易见的部分，还应深入探究其背后可能隐藏的更深层次的因素。

冰山理论最早由美国心理学家弗洛伊德提出，他认为人的意识只是冰山一角，更深层次的潜意识则像冰山的底部一样庞大而深远，隐藏而不易察觉。继弗洛伊德之后，衍生出了众多的冰山模型和理论，包括海明威的冰山原则、萨提亚的冰山隐喻理论、麦克利兰的胜任力冰山模型、戴维森的品牌冰山理论等。可以说，冰山模型被广泛应用于心理、教育、人力资源、营销、管理等领域。

这其中，被广为人知的便是麦克利兰的胜任力冰山模型，主要被用于人力资源领域。

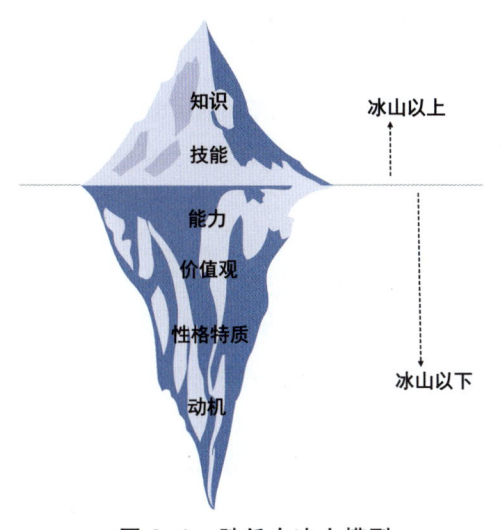

3.1.1 胜任力冰山模型

麦克利兰是美国的心理学家，他的胜任力冰山模型将人的能力分为"冰山以上部分"和"冰山以下部分"，如图 3-1 所示。

图 3-1 胜任力冰山模型

- 冰山以上部分：包括知识和技能，它们显露在冰山以上，比较容易发现和测量。
- 冰山以下部分：包括能力、价值观、性格特质和动机，它们深藏在冰山以下，难以发现和测量，但却对人的行为和持续成功有着决定性影响。

胜任力冰山模型揭示了冰山以下部分是如何潜在作用于人的行为，并最终影响人的绩效和成功的。因此，在评价他人或自己、评估人才和岗位的胜任力时，不能只看显性的知识和技能，还要透过显性洞察隐性的认知和动机。

3.1.2 挖掘原因的冰山模型：表象原因和本质原因

在商业社会里，企业经营会出现各种各样的问题，当出现问题时，就需要挖掘原因解决问题。在探寻和挖掘原因时，冰山模型将问题分为表象原因、近层原因、中间原因、远层原因和本质原因，如图 3-2 所示。

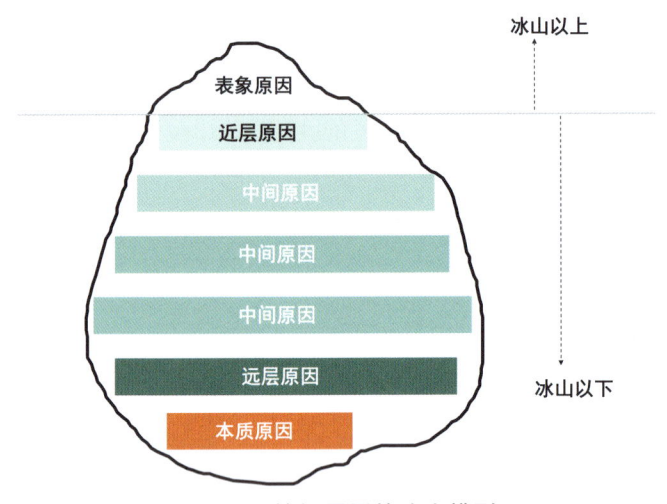

图 3-2 挖掘原因的冰山模型

- 表象原因是冰山以上部分，通过肉眼很容易观察到，但却不是解决问题的关键所在。
- 本质原因隐藏在冰山以下，很难被发现，需要像剥洋葱一样，剥开近层原因、中间原因、远层原因，才能触及根本，挖掘本质原因。本质原因是解决问题的关键所在，找到了它，就找到了问题的症结所在。

通常情况下，大部分人只能看到冰山一角而看不到整体，也就是只看到问题的表象，而看不到本质。往往在解决问题时头疼医头，脚疼医脚，治标不治本。而要从根本上解决问题，治标治本，必须透过现象看清本质部分。

3.1.3 【案例】表象是组织问题，本质却是战略问题

举个例子，Rose 的一个客户跟她说："我的公司里有很多岗位不知道考核什么 KPI，感觉公司的组织设计出现了问题。"她想让 Rose 帮忙诊断一下组织和团队设置的问题。

在这个案例中，表象原因看起来是"组织和团队设置出现了问题"，但经过沟通，Rose 发现根本原因却是"战略和目标不够清晰"。因为战略和目标不清晰，所以对组织和团队的设置缺乏明确的规划，最终导致不知道岗位应该考核什么 KPI。如果只看到表象原因，采取的解决措施就是组织优化；如果看到了本质原因，采取的解决措施就是战略规划和设计。

在企业经营过程中，这样的情况非常多。除战略和组织外，还有流程和系统。战略、组织、流程和系统构成了企业管理的四大支柱，它们各自承担着不同的职责，存在着紧密的相互作用关系。其中，战略主要用来明确方向，指导企业"做正确的事"。组织、流程、系统则行动起来，确保如何"正确地做事"。它们之间的关系如图 3-3 所示。

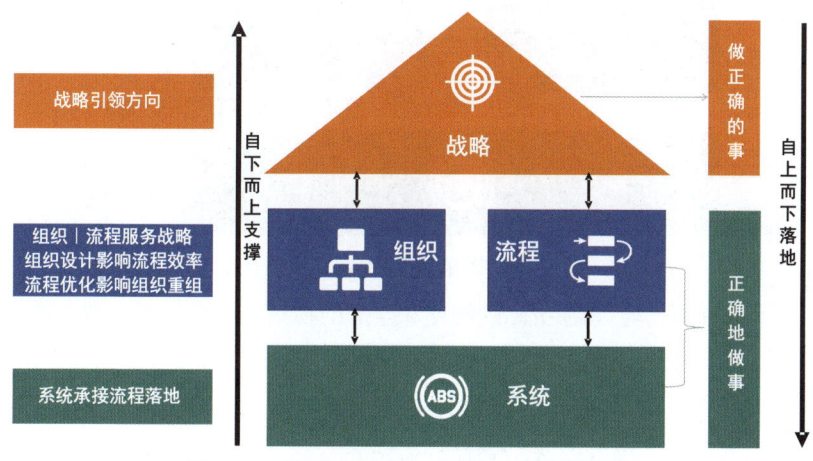

图 3-3 战略、组织、流程、系统的关系

> **提示**
> - 战略，是起点，是企业的指南针，回答的是"我是谁"和"我要去哪里"的问题。
> - 组织，就是企业根据战略目标搭建起来的架构和团队，有了架构和团队，才能确保资源得到配置和利用，才能让战略落地，而不是空中楼阁。
> - 流程，是组织为了完成战略目标而设计的一系列有序活动。它能让企业里的资源、人员、钱、物等运转起来，将它们转化为产品和服务，为企业赚取利润。
> - 系统，是支持流程运转的平台或工具。比如数字化系统、ERP 系统、CRM 系统等。

战略、组织、流程、系统之间相互影响、相互作用，你中有我、我中有你，且处于动态发展变化中。因此，当其中一个出现问题时，我们就很容易从表象看问题，而忽略了背后的本质原因。比如：

- 表象是系统出现问题，但很可能本质原因是业务流程出现了问题。业务流程没有标准化，没有衔接好，就会导致系统出现问题，难以实施落地。
- 表象是流程出现问题，但很可能本质原因是组织没有划分清楚。组织的责权利（责任、权力、利益）没有划分清楚，流程当然跑不起来。
- 表象是组织出现问题，但很可能本质原因是战略的问题。战略不清晰，组织自然会产生混乱，如图3-4所示。

图3-4　表象背后的深层次原因

因此，我们必须学会站在更高的维度和全局的视角，深度分析问题，挖掘深层次的本质原因。

为了探寻本质，各种思维、模型和方法都被设计出来。其中最常用的就包含Why型思维、假设验证法、鱼骨图法、5Why分析法等。

3.2　培养Why型思维，凡事先问明白再行动

不知大家有没有发现，在所有的疑问词里，只有Why可以通过反复使用和追问，而获得全新的、深度的观点和思维。只要一遍又一遍地问，每次都能问出新花样来，每次都能让人想出新点子，看到问题的新层面。这就像挖宝藏，每问一次"为什么"，就会挖得更深一点，直到挖到最下面的宝藏。

其他疑问词就没有这样神奇的作用。比如，5W2H里的Who、Where、When、What、

How、How much。如果你问别人"是谁？在哪里？什么时候？这是什么？怎么办？花费多少？"要么一次就可以得到答案，要么永远得不到答案。如果不停地问、反复地问别人，别人要么以为你没听清楚，要么以为你故意抬杠。这些疑问词就像在问表面的信息，很难挖掘深层次的东西。

所以，学会多问几个"为什么"，培养 Why 型思维非常重要。不仅能从不同的角度思考问题，将问题看得更深、想得更远，而且也是和别人进行深度友好沟通、拉近距离的好方法和好工具。通过问别人"为什么"，别人会觉得你在认真听、在认真思考，这样对话就能更深入、更有意思。

3.2.1　What 型思维和 Why 型思维的区别

在深入介绍 Why 型思维之前，必须要提及另一个思维——What 型思维。What 型思维和 Why 型思维是两种截然不同的思考方式。

1. What 型思维

What 型思维关注事实、现状和指令，这种思维方式更注重"是什么"。What 型思维的人更像军人，给他一个具体的任务，他马上去执行。这种思维方式的人，喜欢清晰的指令和明确的任务，一听到任务，就会立刻卷起袖子，准备大干一场。通常目标很明确，就是要把事情做成，达成看得见的结果。这种思维通常具有以下特点。

- 具体和明确：倾向于接受具体的、确定的答案或指示，不擅长解决模糊的、不确定的问题。
- 操作和执行：遇到问题或接受任务时，倾向于如何操作和如何执行，关注的是"怎么做"。
- 结果导向：更关注结果，比如项目的具体成果、产品的具体功能等。

> **提示**　What 型思维的优势在于，能够快速行动起来，快速解决问题，避免贻误解决问题的最好时机。
> 但是，这种思维方式有一定的局限性。有时候，太过专注于"是什么"和"怎么做"，会忽略一些重要的背景信息，或者没有充分理解任务的真正目的就行动，很可能导致在错误的方向上努力。

2. Why 型思维

与之相对应，Why 型思维关注问题的原因和动机，这种思维方式更注重"为什么"，探究问题背后的原因。Why 型思维的人更像侦探，他们不满足于表面的答案，总是想要挖掘更深层次的原因。在开始行动之前，会先问"我们为什么要做这个"，喜欢探究背后的动机，理解整个事情的来龙去脉。这种思维方式的人，在开始之前，会花时间设计好方法和流程，确保每一步都朝着正确的方向前进。这种思维通常具有以下特点。

- 抽象和本质：倾向于寻找更深层次的原因和动机，比如原理、目的等，更擅长解决模糊的、不确定的问题。
- 创造和探索：遇到问题或接受任务时，倾向于创新和探索，关注的是"为什么这样做"。
- 过程导向：更关注过程，比如决策的过程、问题发生的过程等。

> **提示** Why 型思维的优势在于，能够避免盲目行动，确保努力是有目的的，是能够带来真正价值的。
>
> 但是，这种思维方式也有一定的局限性。有时候，太过专注于"为什么"，可能会导致行动迟缓，总是在寻找完美的答案和流程，而错过了行动的最佳时机。

总结一下，What 型思维更注重"是什么"和"怎么做"，倾向于接受明确的信息和指令，并急于开始行动达成结果。Why 型思维更注重"为什么"，倾向于深入探究原因和动机，重新思考问题，设计好方法和流程后再开始行动。

3.2.2 【案例】数据分析师用 What 和 Why 型思维取数

举个例子，某电商公司数据团队里的一名分析师，接到业务部门同事的一个需求，让他拉取一下最近的 GMV 数据。

面对这个需求，What 型思维分析师和 Why 型思维分析师有什么不同的反应和表现？

3.2.2.1　What 型思维分析师取数

What 型思维分析师上场，马上回答道："好的，我马上取 GMV 数据。"

结果，取数成了一个死循环。分析师刚给出数据不久，业务部门同事就反馈说不行，还需要用户数量和客单价的数据。分析师把数据补充好之后，又接到业务部门同事的反馈，说数据的时间区间也要拉长。分析师耐着性子补充好数据之后，又被告知，还需要分区域、分城市、分品类的数据。就这样，一个简单的取数问题，来来回回折腾了无数次，到最后分析师也没弄清楚这个数据的目的是做什么，只是机械地按照业务部门的需求操作、修改和补充。

这类分析师属于典型的 What 型思维，接到任务和指示后立马行动，始终想的是达成结果，不询问对方的目的和意图，也不会违背对方的意愿。

3.2.2.2　Why 型思维分析师取数

Why 型思维分析师上场，回答道："你要 GMV 数据主要是做什么用？要分析什么问题？要解决什么问题？"

根据业务部门同事的回答，他先设计了整体方案：应该取哪些指标、哪些维度、什么时间段的数据，明确了交付时间和交付形式。接着，他拿着方案和业务部门同事讨论了一下目前的取数方案是否能解决问题，得到肯定回复后，才动手取数。

结果，问题解决了，中间节省了很多来回折腾的时间。而且交付的结果和时间非常明确，即使最后出现了问题，"背锅"的也不会是自己。

这类分析师属于典型的 Why 型思维，在接到指示后不会立即行动，而是通过询问弄清楚问题的原委和目的，先设计好方案，最后才去行动。

Why 型思维，是一种非常强大的思考方式，能帮助我们从源头上思考问题，弄明白问题的本质后再行解决，可以很大程度上避免出现南辕北辙、互相扯皮、事倍功半的问题。

因此，每个人都要学会培养 Why 型思维。要培养这种思维，需要在两个方向上做文章：空间和时间。

3.2.3 空间思考：向上问 Why，向下问 How

在遇到问题时，要先学会做空间上的思考。什么是空间上的思考？就是做上、中、下的思考。从中间的基准问题开始，向上思考一层，向下思考一层。在中间要询问 What，目的是确定问题；向上要询问 Why，目的是确定原因和方向；向下要询问 How，目的是在明确原因和方向后，确定行动方案。

> **提示** 此处可以理解为战略和战术的关系，向上确定战略，向下确定战术。

1. 为什么要向上问 Why，向下问 How

之所以要向上问 Why，有三个原因。

- 首先，可以知道问题的起源、原因和真正的目的。
- 其次，可能引发其他问题，也就是更多的 What，发现其他应该解决的新问题。或许刚开始我们觉得应该解决问题 A，通过询问 Why，发现应该解决的问题是 B。
- 最后，可以发现问题的症结和重点所在。在解决问题时，能更好地区分优先级，知道应该优先解决哪个方向，后解决哪个方向。

向上问 Why 之后，为什么还要向下问 How？也有三个原因。

- 首先，Why 是分析问题，How 则是解决问题。
- 其次，只有 How 才能够将想法和目标转化为具体的、可执行的行动计划，确保问题能够被有效解决。

- 最后，How 是执行和行动，而只有执行和行动，才能得到反馈和调整，才能持续改进解决问题的方法和策略。

2. 如何向上问 Why，向下问 How

对于 5W2H 分析法，我们在前面介绍过，大家都很熟悉了，但很多人却不知道它的另类用法。其实它是有空间顺序的，它是培养 Why 型思维最好的工具。

在使用时，先由中间的 What 开始，向上层问 Why，接着回到中间再次确认 What，最后到达底部确定 How。

具体来说，可以按以下 4 步进行，具体如图 3-5 所示。

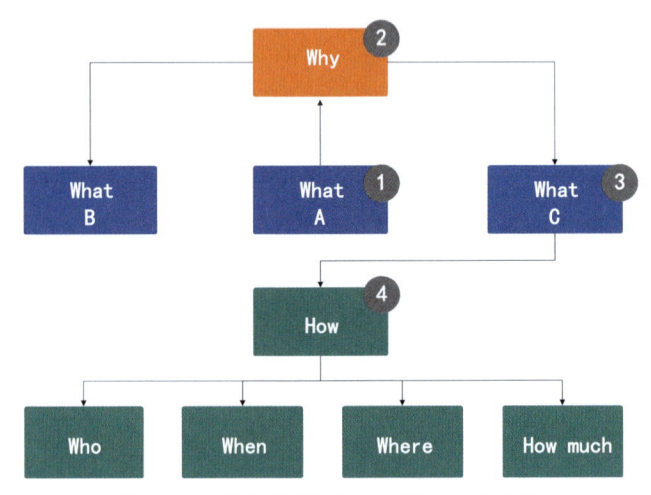

图 3-5　具有空间顺序的 5W2H 分析法

（1）接到任务或指示，明确问题，也就是知道了问题 A。

（2）向上询问问题的原因，也就是 Why。

（3）返回中间，再次确认要解决的是否是问题 A。

> **提示**　在这个过程中，很可能会发现新的问题，比如发现了问题 B 和问题 C，最后确认应该解决的是问题 C，而非问题 A。

（4）向下寻找解决方案，也就是 5W2H 里排除了 What 和 Why 的其他部分：在什么时候（When）、什么地点（Where）、由谁（Who）、采用什么方式（How）、花费多少代价和成本（How much）去解决问题。

3. 介入层级不同，工作结果不同

如果仔细观察图 3-5，就会发现它的核心架构是三个层级：Why、What、How。

Why 位于顶层，What 位于中间层，How 位于底层。越靠近顶层，就越接近问题的本

质；越接近底层，就越偏离问题的本质。

这个具有顺序的 Why-What-How，还揭示了为什么在工作能力相差不大的情况下，工作结果却截然不同。

为什么？因为在接受上级任务或处理客户需求的过程中，不同的人介入或接受任务的层级和节点不同。有的人从 How 层介入，有的人从 What 层介入，而有的人却是从 Why 层介入的，如图 3-6 所示。

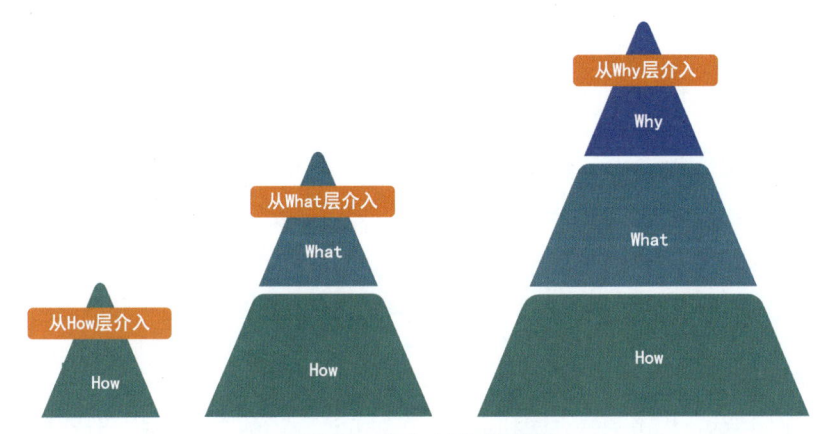

图 3-6 介入工作的层级

- 如果从 How 层介入一个工作任务，意味着很可能连问题都没弄清楚是什么就开始执行，更别说问题的背景和原因了。在这样的情况下，很难产出符合上级和客户期望的结果。

> **提示** 如上级安排写一串 SQL 代码、拉一个透视表等，这些都是 How 层的工作。比如，很多分析师吐槽自己是"取数机器"，因为他们接受的任务就是取某个数据，并不知道数据的用处是什么、用来解决什么问题。由于不知道取数的目的和用处，他们往往需要翻来覆去地改、翻来覆去地取，这样的重复不但难以产出期待的结果，还很容易让自己产生挫败感，找不到工作的方向和价值。

- 如果从 What 层介入一个工作任务，意味着知道问题是什么，但是很可能不知道问题的背景和原因是什么。在这样的情况下，可能产出符合上级和客户期望的结果，但是很难产出超出期望的结果，无法贡献更大的价值。
- 如果从 Why 层介入一个工作任务，意味着不仅知道问题是什么，还知道问题的背景和原因是什么。在这样的情况下，不仅能产出符合上级和客户期望的结果，而且很可能有其他新的发现，产出超出期望的结果，贡献更大的价值。

大部分职场人都是从 What 层和 How 层开始介入工作任务的，往往陷入一种执行者的角色，很难有机会去思考更深层次的问题。对于这样的工作模式，他们虽然可能完成任务，但往往难以产生超出期望的价值。

要想突破这种局限，刻意锻炼和培养 Why 型思维就显得尤为重要。这种思维模式鼓励我们在收到 What 和 How 的任务时，懂得询问为什么，这样就可以从一个简单的执行者变成一个能够提供想法的思考者。

3.2.4　时间思考：向将来问 Why，向过去问 Why

除上、中、下的空间外，还可以从时间线上思考。什么是时间线上的思考？就是做过去和将来的思考。向过去问 Why，向将来问 Why。

1. 向过去问 Why

向过去问 Why，思考的是原因与结果，可以知道导致目前结果的原因是什么，从而总结经验，吸取教训。

比如，这次项目失败了，通过向过去问 Why，就能够知道项目失败的原因。

2. 向将来问 Why

向将来问 Why，思考的是方法和目的，可以知道目前的方法要达成什么样的目的。

比如，计划重新招募一名新的项目负责人，通过向将来问 Why，就能知道招募新负责人这种方法是要达成什么目的。

沿着时间线思考 Why，可以将过去、现在、将来串联起来，既能找到原因和结果，也能发现方法和目的，把原因、结果、方法、目的衔接成一个完整的逻辑链条。整个思考和分析就流动活跃起来，像流水一样，从源头顺流而下，每个环节都是流动的，形成一个动态连续的逻辑流，如图 3-7 所示。

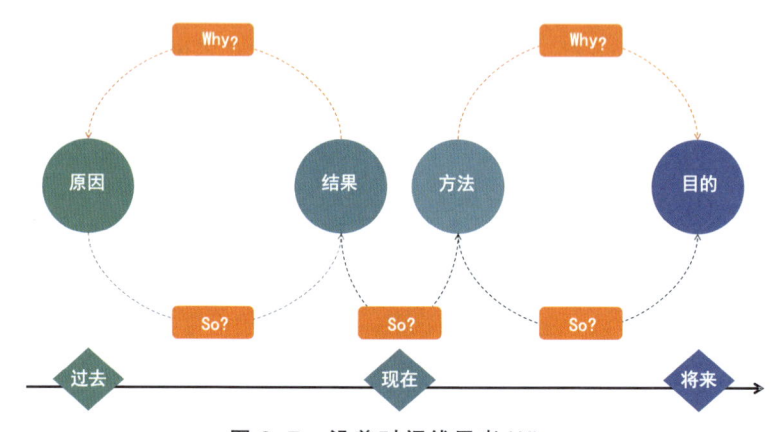

图 3-7　沿着时间线思考 Why

3.3 利用假设验证法，快速挖掘关键原因

不知你发现没有，职场中那些精明干练的人通常比别人早一步提出答案。他们在信息尚不充足或者分析尚未完成的阶段，就有了自己的一套暂时性的解答方案。我们一般称这种暂时性的答案为"假设"。越早建立假设，后续工作越能高效顺利地进行。

说得更直观明白一点，能快速解决问题的人都拥有假设验证法的思考模式，即使信息有限，也能比别人更迅速准确地看出问题点，推测各种可能性，建立假设，在头脑中进行预演和推理，验证假设并提出解决方案。

与之相反，那些一直无法解决问题的人也有一个共同点，就是没头没脑地拼命收集资料，至于何为因、何为果，也说不出个所以然来。只要信息不够多，他们就没办法解决问题，没办法进行决策。

3.3.1 什么是假设，什么是验证

很多人看过大侦探福尔摩斯探案，他的探案过程都是有套路的，基本都遵循以下几个流程，如图 3-8 所示。

图 3-8 福尔摩斯探案过程

（1）案件发生后，到达案发现场，勘察现场，寻找蛛丝马迹，确认为"谋杀案件"。

（2）从现场、警方和相关人员处获取信息，筛选梳理，确定死者身份，确认死亡时间，厘清死者的社会关系。

（3）根据梳理的信息大胆做出假设，假设出可能的犯罪嫌疑人，构思出其犯罪过

程，猜测可能发生过什么。

（4）通过演绎、推理、暗访、明访、实验、跟踪、试探、现场勘察、查阅档案、寻找证物和证人等方式收集证据，以验证假设是否正确。

（5）经过验证，排除所有不可能，剩下的就是真相和结论。

（6）抓捕罪犯，公布案件真相。

案件的破解，关键在于两个过程。这两个过程处于中间环节，发挥着承上启下的重要作用，它们就是第3步的"假设"和第4步的"验证"。

假设验证法在分析解决问题时发挥着非常重要的作用，大部分复杂问题的解决都始于一个假设，并在实践中对假设进行验证。

1. 假设

可以毫不夸张地说，这个世界就是由"假设"组成的。无论你是程序员、销售人员、运营人员、数据分析师、商业分析师、咨询顾问，还是科学家、数学家、物理学家，抑或是艺术家、文学家、历史学家，你都会发现，生活和工作的方方面面都被赋予了一层厚厚的"假设"。

著名的数学家高斯曾经说过："没有大胆的猜测，就没有伟大的发现。"这里的猜测指的就是假设。

管理学大师彼得·德鲁克也说过："企业的存在始于基本假设，而基本假设必须符合现实。"

那么假设是什么？长什么样？当侦破案件时，假设是福尔摩斯基于案件的蛛丝马迹做出的"Jack可能谋杀了Rose"的一个猜测。当进行商业分析时，假设是基于已经收集的数据和资料做出的"可能是人效降低导致了公司利润下降"的一个猜测。

所以，假设是一个猜测，但不是胡乱的猜测，而是基于事实依据的一个猜测。

> **提示** 假设是猜测，而不是定论。这个猜测可能是正确的，也可能是错误的，需要经过验证才能确定正确与否，能通过验证的猜测才是定论。
> 假设虽然不一定正确，但一定是基于局部的事实，经过分析和逻辑推理得出来的。所以，假设不是胡乱猜测，更不是天马行空，必须有事实依据。

2. 验证

验证上承假设，下接结论和定论。这意味着，假设只有经过仔细验证，才能被确认或证伪，才能产生价值。没被验证的假设，没有太多的价值。而验证假设必须要有一定的方法，可以是定量的方法，也可以是定性的方法。

比如，福尔摩斯要验证"Jack 可能谋杀了 Rose"，他必须找到 Jack 的作案动机、作案时间、作案工具等完整的证据链。而如果 Jack 提供了完美的不在场证据，那么这个假设就不成立。

再比如，分析师要验证"可能是人效降低导致了公司利润下降"，他必须找到数据证明人效的确比以前降低了，而且人效的降低带来了某个成本的增加或者收入的减少。

经过验证后，假设有两个结果：要么接受假设，要么放弃假设。

接受假设比较容易，这证明我们已经找到问题的原因了。

放弃假设并非一件易事。首先，这意味着必须保持清醒的头脑和理性的思维，敢于对自己说"不"，尤其是觉得自己的假设无比完美时，说"不"更需要勇气。其次，放弃假设意味着必须重新做出另一个假设，然后采用一定的方法进行验证，直到接受假设。正如达尔文所说："我一直努力地保持头脑清醒，一旦事实证明错误，我就能够放弃任何假设，不管我多么喜欢这个假设。"

3.3.2　对比假设驱动的分析和非假设驱动的分析

为什么假设验证法这么重要？因为我们在分析问题时，永远不可能穷尽所有维度的分析后再得出结论。往往是我们先基于局部的事实和分析，做出若干假设，然后以这些假设为索引，去收集资料和数据，验证假设正确与否。

试想一个场景：在大海里捞针，你会怎么做？

- 方法 1：毫无目的，从某处海域开始，沿着大海逐一寻找。
- 方法 2：先做初步分析，大概确定针在哪个位置掉下去的，再根据时间、洋流、风向等判断针可能落在哪个区域，然后以此区域为核心圈定一个范围，先在这个范围内寻找，如果找不到再逐层扩大搜索范围。

方法 1 就是非假设驱动的分析，没有明确的目的，像无头苍蝇到处乱撞，在大海里捞针。

方法 2 就是假设驱动的分析，有的放矢，先有个假设，然后验证它，就像发射导弹，直接冲着目标去，一击必中，实现精准打击。

如果用横轴表示时间，越往右表示时间消耗得越多；用纵轴表示问题解决程度，越往上表示问题越接近于被解决；用圆圈大小表示收集的信息量，圆圈越大表示收集的信息量越大。这样，假设驱动的分析和非假设驱动的分析就以图形的方式形象地呈现出来了，如图 3-9 所示。

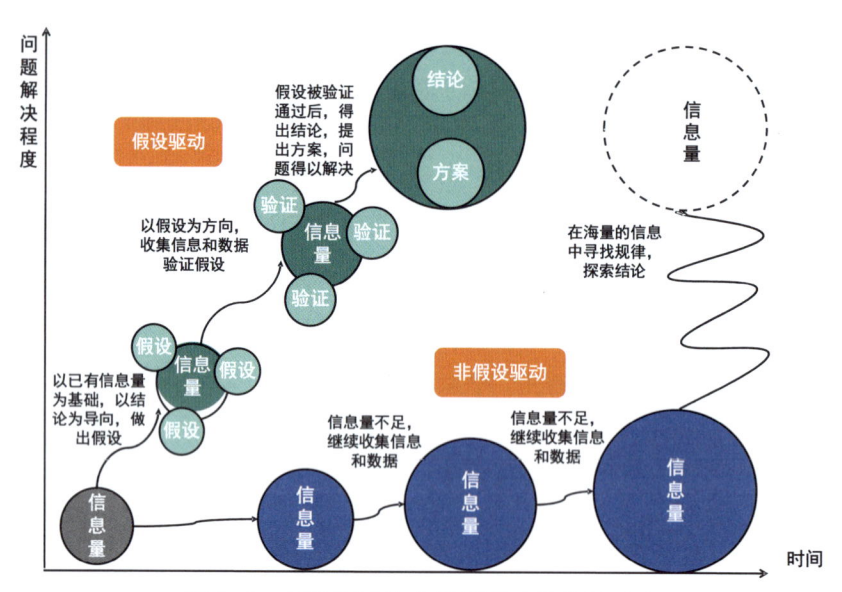

图 3-9　假设驱动和非假设驱动的分析对比

1. 假设驱动的分析

假设驱动的分析通常以已有信息量为基础，以结论为导向，先做出一个或几个假设。然后以假设为方向，只收集必要的信息和数据，去验证假设的真伪。

在这个过程中，随着时间的推移，信息量会逐步增多和充实，假设会被逐步排除或验证，最终会越来越接近解决问题的目标和终点，整个过程如图 3-9 的绿色部分所示。

它是一条斜率非常大的曲线，意味着假设驱动的分析效率非常高，用较短的时间就能快速达成解决问题的目的。

2. 非假设驱动的分析

非假设驱动的分析由于始终找不到方向，往往以信息量不足为由迟迟无法进行决策，持续收集信息，常常陷入信息的海洋中不能自拔，在海量的信息中寻找规律，探索结论。

在整个过程中，随着时间的推移，获取的信息越来越多，但是工作量却越来越大，被干扰的因素越来越多，问题始终得不到解决，整个过程如图 3-9 的蓝色部分所示。

它是一条斜率非常小的曲线，意味着非假设驱动的分析效率非常低下，花费很长的时间也可能解决不了问题。

> **提示** 商业问题的解决和决策，与科学研究不同，并非掌握了100%完整和精确的信息才能解决问题，需要考虑时间的价值和解决问题所必需的信息量。因此，应该做到以下三点。
> - 在收集信息之前就做充分假设。
> - 带着假设和目的收集信息。
> - 只收集足以充分验证假设的信息量，避免陷入信息的海洋中。
>
> 这样既能保证信息量的充足，又能保证解决问题的速度。

3.3.3 如何开展假设验证

使用假设验证法时，通常需要经过6个步骤，具体如图3-10所示。

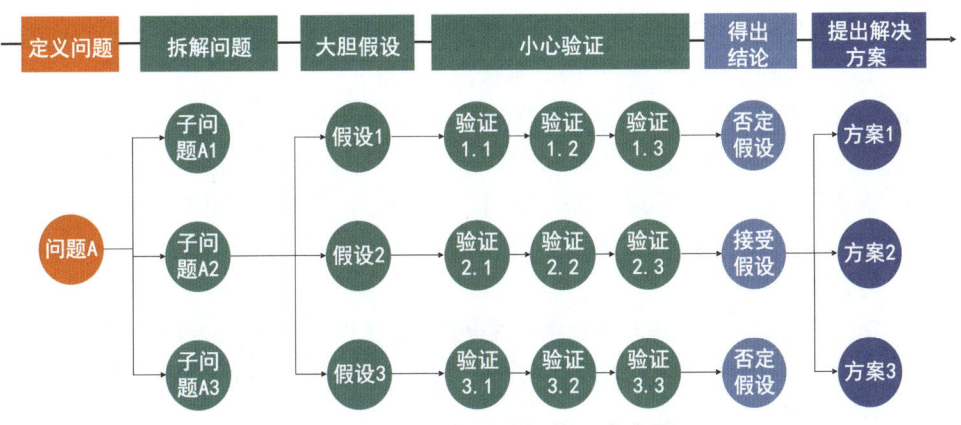

图 3-10 开展假设验证的6个步骤

（1）定义业务问题。

（2）对业务问题进行拆解，拆解为若干子问题。

（3）对子问题做出大胆假设。

（4）对做出的假设像剥洋葱一样从外到里层层地进行小心验证。

（5）经过验证后，接受或否定原来的假设，直到挖掘出原因。

（6）针对挖掘出的原因提出若干解决方案。

> **提示** 在这些流程中，有两个关键点，分别是第3步的大胆假设，以及第4步的小心验证，我们将在3.3.5节和3.3.6节展开详细介绍。

3.3.4 【案例】用假设验证法分析订单明细数据

举一个工作中的分析案例：上级给了一个数据量很大的 Excel 表，是公司 3 月和 4 月的所有订单明细数据，让 Rose 和 Jack 分别去分析。

在介绍假设驱动的分析之前，先来介绍一下非假设驱动的分析。

3.3.4.1 非假设驱动数据分析

先来看 Rose 做的分析，这是一个典型的非假设驱动的分析。

Rose 对这张表几乎进行了 360 度的全方位分析，包括新老客户的维度、不同渠道的维度，以及客单价、客户数量、复购频次等指标，耗费了一周时间，最后总结出 4 个结论。

- 第 1 个结论：4 月收入环比下降 6.1%，客户数量环比下降 20%，客单价环比提升 6.7%，复购频次环比提升 10%，具体数据见表 3-1。
- 第 2 个结论：从新老客户的维度分析，新客户数量和老客户数量均环比下降，其中新客户数量环比下降 45%，老客户数量环比下降 3.33%，具体数据见表 3-2。
- 第 3 个结论：从不同渠道的维度分析，A、B、C、D 四个渠道的新客户数量均环比下降，其中 B 渠道和 D 渠道下降最多，环比分别下降 85.7%和 50%，具体数据见表 3-3。
- 第 4 个结论：从预算和转化率的维度分析，点击率和从点击到下载的转化率均环比下降，分别下降 0.25%和 11.33%；预算、CPM 和从下载到购买的转化率没有变化，具体数据见表 3-4。

表 3-1　客户数量、客单价和复购频次数据

	收入	客户数量	客单价	复购频次
3 月	15000 万元	50 万人	30 元	10 次
4 月	14080 万元	40 万人	32 元	11 次
环比下滑量	−920 万元	−10 万人	2 元	1 次
环比下滑率	−6.1%	−20.00%	6.7%	10.00%

表 3-2　新老客户数量数据

	客户数量	新客户数量	老客户数量
3 月	50 万人	20 万人	30 万人
4 月	40 万人	11 万人	29 万人
环比变化量	−10 万人	−9 万人	−1 万人
环比变化率	−20.00%	−45.00%	−3.33%
下滑贡献度	100.00%	90.00%	10.00%

表 3-3　不同渠道新客户数量数据

	新客户数量	A 渠道	B 渠道	C 渠道	D 渠道
3月	20 万人	8 万人	7 万人	3 万人	2 万人
4月	11 万人	7 万人	1 万人	2 万人	1 万人
环比变化量	-9 万人	-1 万人	-6 万人	-1 万人	-1 万人
环比变化率	-45.00%	-12.50%	-85.7%	-33.33%	-50.00%
下滑贡献度	100.00%	11.11%	66.67%	11.11%	11.11%

表 3-4　预算和转化率数据

		3月	4月	环比变化量	环比变化率
预算价格	预算	200 万元	200 万元	0	0.00%
	CPM	10 元	10 元	0	0.00%
转化率	点击率	1.00%	0.75%	-0.25%	-25.00%
	从点击到下载的转化率	14.00%	2.67%	-11.33%	-80.93%
	从下载到购买的转化率	25.00%	25.00%	0.00%	0.00%

从 Rose 的分析中可以看出，非假设驱动的分析往往没有明确的目标，也没有确定的方向，典型的表现是分析海量的数据，从中玩数字游戏，找规律、找结论。

因此，非假设驱动的分析往往耗时耗力，花费了大量的时间，最后得出来的结论都是一些类似于"客户数量下降了""新客数量下降了"之类的事实陈述，并没有业务洞察，对驱动业务是没有任何价值的。

3.3.4.2　假设驱动数据分析

再来看 Jack 做的分析，这是一个典型的假设驱动的分析。

与 Rose 的分析方法截然不同，Jack 先通过数据分析，定义了一个问题；然后思考产生这个问题的各种可能原因；接着初步判断并假设一个原因，之后用数据去证明这个原因是否成立。如果不成立，就拒绝原假设，再做出一个新的假设，再用数据去证明。

（1）定义问题。

由于收入属于一级指标，因此 Jack 先对收入展开分析，通过数据表现（见表 3-5）发现收入异常下降。

表 3-5　收入数据

	3月	4月	环比变化量	环比变化率
收入	15000 万元	14080 万元	-920 万元	-6.1%

（2）拆解问题，假设验证。

对收入进行拆解，将收入拆解为客户数量、客单价和复购频次的乘积。基于拆解的结果，做出 3 个假设：假设收入下降分别是由客户数量、客单价和复购频次下降导致的。

通过表 3-1 的数据验证，否定 2 个假设，接受其中 1 个假设：客户数量下降导致收入下降。

（3）继续拆解问题，假设验证。

对客户数量进行拆解，将客户数量拆解为新客户数量和老客户数量。基于拆解的结果，又做出 2 个假设：假设客户数量的下降分别是由老客户数量和新客户数量的下降导致的。

通过表 3-2 的数据验证，否定 1 个假设，接受其中 1 个假设：新客户数量下降导致总客户数量下降。

（4）继续拆解问题，假设验证。

对新客户数量进行拆解，将新客户数量拆解为 A 渠道、B 渠道、C 渠道、D 渠道新客户数量的总和。基于拆解的结果，又做出 4 个假设：假设分别是 A 渠道、B 渠道、C 渠道、D 渠道新客户数量下降导致了总的新客户数量下降。

通过表 3-3 的数据验证，否定其中 3 个假设，接受其中 1 个假设：B 渠道新客户数量下降导致总的新客户数量下降。

（5）继续拆解问题，假设验证。

对 B 渠道新客户数量进行拆解，将 B 渠道新客户数量拆解为预算除以转化率。基于拆解的结果，又做出 2 个假设：假设 B 渠道新客户数量下降分别是由预算减少和转化率下降导致的。

通过表 3-4 的数据验证，否定其中 1 个假设，接受其中 1 个假设：转化率下降导致了 B 渠道新客户数量下降。

（6）挖掘原因，得出结论。

因为转化率与广告素材呈现密切的关系，所以，通过与市场部门沟通，发现他们在投放 B 渠道获取新客时，更改了广告素材。所以，将收入下降的原因定位为更换广告素材。

得出结论：B 渠道更换广告素材导致了收入下降。

（7）提出解决方案。

针对原因，提出解决方案：对 B 渠道的广告素材进行重新测试和调整。

Jack 采用的假设驱动的整体分析思路和过程如图 3-11 所示。

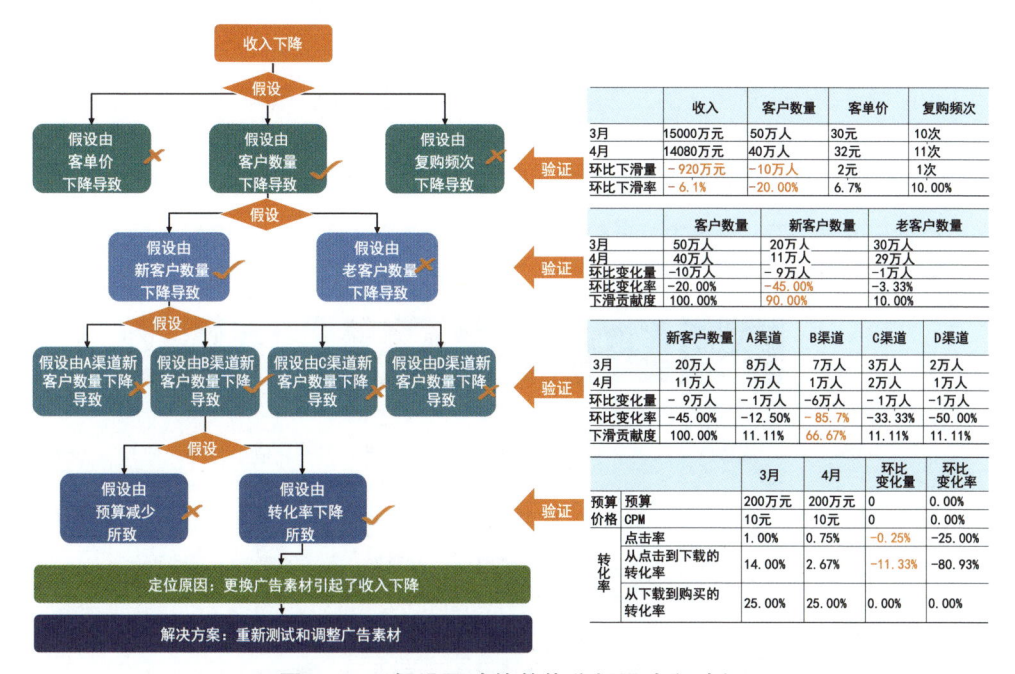

图 3-11 假设驱动的整体分析思路和过程

从 Jack 的分析中可以看出，假设驱动的分析有明确的目标和方向，不用对全局的海量数据进行无死角分析，不是玩数字游戏。而是从数据中寻找论据，去证明假设的正确性。

因此，假设驱动的分析往往非常高效，目标明确，而且得出的分析结果都是本质性和原因性的结论，能够定位到业务问题，真正起到驱动业务的作用。

3.3.5 使用头脑风暴法大胆假设

假设是所有环节中最具创意的部分，能否提出好的假设，直接关系到能否解决问题。

1. 为什么假设要大胆

假设一定要大胆，为什么？因为大胆的假设可以让我们不被以往的经验所束缚，充分发挥自己的想象力，打破思维定式。

比如，在开发一款新产品时，如果只是假设"产品应该在现有的基础上小幅改进"，那么很可能无法实现大的创新。但如果提出一个大胆的假设，比如"我们能否开发一款完全改变用户行为的产品"，这样的假设可能会引导团队探索全新的产品，最终带来突破性的成果。

2. 大胆假设的方法

大胆假设的一个最重要的方法就是头脑风暴法，又称脑力激荡法、智力激励法、BS 法、自由思考法，是通过集思广益和自由联想的方式，鼓励团队成员尽可能多地提出各种各样的想法，目的就是寻找创新的思路和策略，从而提出大胆的、创新的假设。

最常用的是书面头脑风暴法，就是让所有参与者轮流填写图 3-12 所示的卡片，一般需要 6 个参与者。

	参与者 1 Jack	参与者 2 Rose	参与者 3 Tom	参与者 4 Mary	参与者 5 Sam	参与者 6 Ivy
主题A	观点A1	观点A2	观点A3	观点A4	观点A5	观点A6
主题B	观点B1	观点B2	观点B3	观点B4	观点B5	观点B6
主题C	观点C1	观点C2	观点C3	观点C4	观点C5	观点C6

图 3-12　书面头脑风暴法卡片

那么如何使用书面头脑风暴法？

- 首先，确定 3 个讨论的主题，填写在左侧的 3 个格子里。
- 接着，确定参加会议的 6 个人，为每个人都发放图 3-12 所示的卡片。
- 之后，由 6 名参与者将与主题相关的创意写在卡片对应的格子里。
- 5 分钟后，每个人将自己的卡片传给下一个人，继续写。
- 5 分钟后，再重复上一步骤，直到卡片里的格子都填满。

这样利用半小时就能够填写 108 个创意。这种将创意写在纸上的方式，能够保证每个人都有机会提出自己的意见，还能增加灵感，使自己想出平时想不到的创意，而这些想法和创意正是我们做假设的依据和基础。

> **提示**　头脑风暴法要遵循以下 4 项原则。
> （1）抛开固有的概念及常识，进行零基思考。
> （2）来者不拒，想法越多越好。
> （3）遵循三不要：不要批判、不要议论、不要啰哩啰唆。
> （4）从他人的想法中获得启示，并展开积极联想，将想法逐条记录下来。

3.3.6 借助五条路径小心验证

假设是导向，大胆假设可以打开个人的思维和格局，树立解决问题的高度，有利于在更广阔的视野中寻找问题的解决方案。然而，假设终究是基于不完全信息的推测，因此，必须通过严谨的验证来确保其正确性。

越是大胆假设，越要小心验证。因为一个大胆的假设往往伴随着高风险和高不确定性。一旦验证不准确，可能会得出完全错误的结论，这对于解决问题来说可能是灾难性的。

因此，在验证假设时，必须小心、小心、再小心！小心验证就是对假设保持严谨务实的态度，获取充足的事实、数据、信息和资料等，采用科学的验证方法，验证假设的正确性，避免得出错误的结论。

那么，从哪里获取事实、数据等论据呢？这背后依赖的就是信息获取能力。

虽然在信息爆炸的今天，获取信息不再是难事。甚至很多人认为获取信息和资料是一项低级的、简单的、随机的工作，是没有任何价值和含金量的。事实却恰恰相反，互联网带来的海量信息淹没了高价值信息，使得垃圾信息和高价值信息鱼龙混杂，让人丧失了辨别能力。因此，从海量信息中快速、高效、低成本地获取有价值的信息已经成为一种非常重要的能力。

如今，看似简单的获取信息和资料工作，却成了一个人综合能力的集中体现。在职场中，被同事评价"善于获取信息"是极高的赞美。因为获取信息表面上看起来就是简单的"输入"和"搜索"，实际上它不仅需要掌握搜索技巧，还需要建设人脉关系网，懂得提问的艺术，会聆听，会观察，会实验。更重要的是，还需要强大的思考能力和严密的逻辑推算能力。

所以，获取信息和资料绝不是低级、简单、随机的工作，而是一项有规划、有策略的工作。做好这项工作，需要系统规划、充足储备，更需要框架和方法论。

快速高效地获取信息通常依赖五条路径，这五条路径互相独立又彼此交织，共同编织成一张信息搜集的地图，如图 3-13 所示。

- 第一条路径：搜索引擎搜索，目的是形成对一个问题的基本认知。
- 第二条路径：专业垂直网站搜索，目的是加深对一个问题的理解。
- 第三条路径：阅读几本图书，目的是获取解决问题的思路和框架。
- 第四条路径：实地调查体验，目的是获取实地调研的一手真实信息。
- 第五条路径：正确问人，开展专家访谈或用户调研，获取最前沿的、有价值的一手信息。

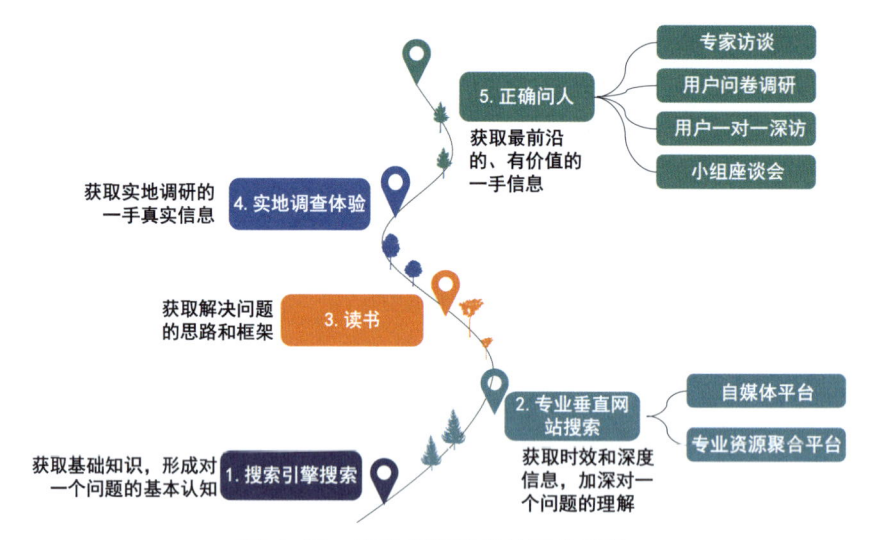

图 3-13　高效获取信息的五条路径

3.3.6.1　搜索引擎搜索：获取基础信息

很多人以为获取信息和资料，就是动动手、用百度等搜索引擎搜一搜。实际上，就是简单的"搜一搜"也包含了很大的学问，是非常有技巧的。

搜索引擎的查询机制是关键词，利用好关键词，才能和机器高效对话和沟通。而关键词是制约一个人获取信息的最大难点。为什么？因为我们大脑中的关键词和机器里的关键词可能存在错位。我们觉得某个问题的关键词应该为 A，而实际上机器系统识别的是 B。此时如果输入 A，机器就无法有效识别，会返回其他不相关的答案。

这也是我们要反复变换不同的搜索词进行搜索的原因。有了更多的关键词，我们才能向搜索引擎要出更多的、更有深度的内容。输入了错误的关键词，搜索引擎也会返回无关的答案。

举个例子，要查找"短视频行业"相关的信息。

如果单纯依靠搜索"短视频"这个关键词是无法对这个行业做到深度认知的。我们需要一定的技巧，大量地拓展关键词，这个技巧被称为"由内到外不断破圈的关键词搜索模式"，即以"短视频"这个关键词为核心，通过近义词、细分、组合、联想等方式一层一层地向外拓展，由内而外不断破圈，最终拓展出大量的关键词，如图 3-14 所示。

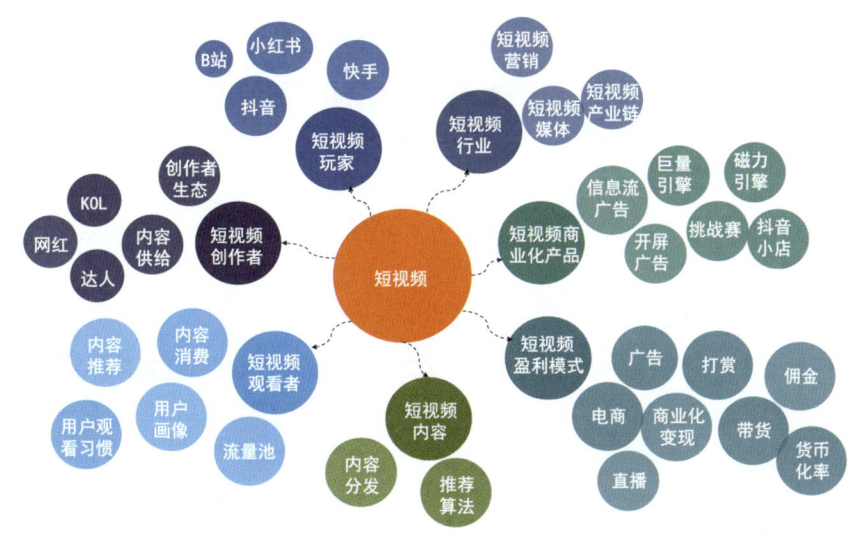

图 3-14　由内到外不断破圈的关键词搜索模式

> **提示**　对某个事物不了解，或者认知不足，是很难提炼出关键词的。提炼关键词的过程，其实是对某个知识和问题的理解过程。总结出的关键词越多，代表理解越深。
>
> 可以说，关键词的丰富度和准确度代表了对问题的理解深度，如果总结不出足够的关键词，则代表对问题的理解远远不到位。

3.3.6.2　专业垂直网站搜索：获取时效和深度信息

搜索的路径绝不止"百度"一条，"百度"只能普及基础知识。百度等搜索引擎只是基础搜索，当我们对某一领域比较陌生，需要普及基础知识时，可以使用搜索引擎。

但有价值的信息，从来不是从百度搜出来的。有深度的、有价值的信息，往往隐藏在更为垂直的网站。越垂直，内容越有深度；越是看起来包罗万象、什么都有的网站，内容越没有深度。

百度之外，各种垂直的、深度的网站非常多。毫不夸张地说，在每一个小的细分领域，都存在这样的网站。它们主要分为两类。

（1）自媒体平台。

搜索引擎从抓取网页到解析，到索引，到最后提供检索是有一个周期的。因此，找最新的信息或资料不应该使用搜索引擎，而应该去自媒体平台或者资讯平台，比如在微信公众号、微博、知乎、小红书上进行站内搜索。

（2）专业资源聚合平台。

搜索引擎对动态内容和深度内容（比如论坛、数据库等）的检索能力比较弱。如果要检索高质量的、有深度的内容，则应该去专业资源聚合平台进行站内搜索。

这些专业资源聚合平台包括券商数据库、咨询和调研公司网站、研究报告网站、学术数据库、国家政府机构网站、证券交易所网站、互联网资讯网站、专业论坛、共享文库、企业信息查询网站、各行业协会网站等。

到这里，搜索的 3 种方式已经介绍完了，总结一下这 3 种方式的特点和作用，如图 3-15 所示。

- 获取基础和科普性信息时，可以使用搜索引擎。
- 获取时效性信息（如新闻、文章、评论等）时，可以使用自媒体平台。
- 获取高质量的深度信息（如报告、数据、论文等）时，可以使用专业资源聚合平台。

图 3-15 搜索的 3 种方式

3.3.6.3 读书：获取思路和框架

大多数图书通常时效性都不高。即使刚刚出版的图书，也是作者在 1~2 年前开始写的。所以，通过图书获取信息也是需要策略和技巧的。

一般来说，想获取最新的信息，图书并不是最佳路径。图书通常用来获取知识体系，获取解决问题的思路和框架。

因此，在选择图书时，应该以三类图书为主，如图 3-16 所示。

- 第一类：经典图书、大师级别的图书，主要是了解问题的起源和发展历程，追根溯源，探究问题的本质。
- 第二类：方法论的图书，主要是获取解决问题的思路和框架。
- 第三类：工具类图书，主要是掌握相关的方法和技能，能够用这些方法和技能去指导实操，解决具体的问题。

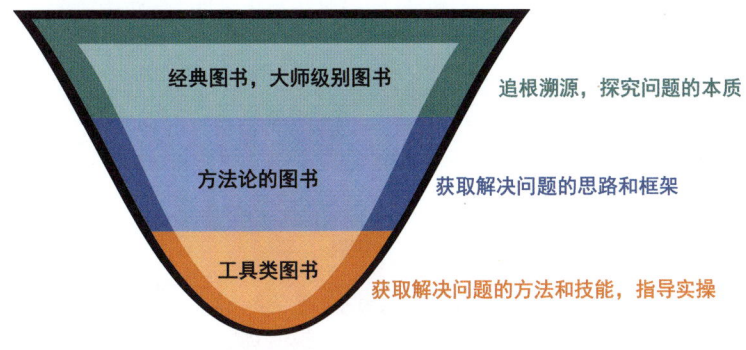

图 3-16　获取信息的三类图书

3.3.6.4　实地调查体验：获取一手真实信息

实地调查体验主要是用眼睛观察、亲身体验的方式去获取信息。有些信息不是依靠搜一搜、问一问就能解决的，还需要亲自体验一下、亲自看一看。

（1）用眼睛观察。

用眼睛观察对于获取信息同样重要，很多人却忽视这一点。

举个例子，商场、超市、专卖店里的产品为什么要那样陈列和展示？为什么是左边陈列这个东西、右边陈列那个东西？

这都是通过观察得出来的信息。消费者进入店面之后，他们在店内的动线、在每个商品前的逗留时长，都会被记录下来。然后有专门的研究人员观察消费者的行为轨迹，获取消费者的偏好和心理信息，并据此设计店面的陈列。

（2）亲自体验。

要获取产品是否好用、体验是否流畅等方面的信息，最好的方式就是自己体验一下，而不是去各个地方搜集大量的资料。

比如，体验一下某款游戏设计得好不好，某个课程老师讲得好不好，这些只有亲自体验了，才能获得最真实的、一手的信息。

（3）A/B 实验。

A/B 实验如今已经成为互联网大厂的标配。它先是在国外 Meta 和 Google 等互联网公司被频繁使用，后来传到了国内互联网公司，如字节跳动和快手等，被广泛使用。A/B 实验本质上是一组对照实验，将用户随机分为不同组，测试不同的方案，通过小流量的灰度测试获取不同方案的效果数据。

比如，一家教育公司在直播间想通过低价课为高价课引流，低价课的价格是设置为 0 元好还是 0.99 元好？此时，就可以先做出一个假设 "0.99 元的课程引流效果优于 0 元的课程"，接着设置两个实验组进行对比实验，回收获取数据，分析 0 元课和 0.99

元课的转化率，据此判断是接受假设还是否定假设，最后做出价格设定的决策。

3.3.6.5 正确问人：获取一手高价值信息

问人，不是随随便便遇到人就问，找对人非常重要。通常正确问人有两种方式：专家访谈和用户调研，如图 3-17 所示。

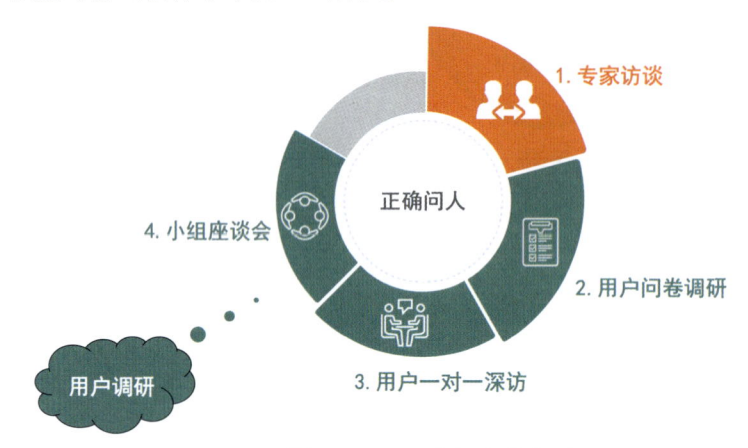

图 3-17 正确问人的方式

（1）专家访谈。

专家访谈主要是通过与竞争对手内部人员和行业资深专家一对一沟通和访谈，来获取需要的信息，通常获取的都是不被公开的一手信息。

专家访谈看似就是和人聊聊天，其实这只是外行人的认知。实际上访谈对找人、提问、聆听、控场、甄别等技巧的要求非常高。

- 首先，关键信息掌控人也就是专家属于稀缺资源，并不容易寻找，本质上是在一个行业或者领域积累的结果。没有一定的行业和人脉的积累，找人并不是一件容易的事情。
- 其次，被访谈的专家都是对某个领域极为熟悉的人，在一对一、高密度、高难度的知识冲击下，如何提问，如何聆听，如何快速理解专家的所想所说，如何跟上并控制专家的节奏，避免出现信息理解偏差和不对等沟通的尴尬，更是一件不容易的事情。
- 最后，访谈通常都是需要付费的，这意味着我们不能随随便便找个人就访谈，必须找到精准的人群，而这就需要"甄别"。在访谈的开始，如何在前十分钟的时间内，通过几个问题甄别出专家是否是自己需要的精准人群，同样是一件不容易的事情。

所以，专家访谈背后考察的是人脉、行业积累，以及提问、聆听和甄别的能力和技巧。

（2）用户调研。

我们经常需要获取用户的画像、喜好、行为习惯、消费习惯和购买习惯这样的信息和数据，以便制定产品、运营和市场策略。而获取这些信息的最好方式是调研用户。

如何调研用户才能获取所需要的信息？主要有3种方式。

- 用户问卷调研：就是事先设置好问卷，选择符合样本需求的用户发送问卷，用户填好问卷后进行回收，并对回收的问卷进行统计和分析，获取所需要的数据。这是一种定量调研方式。
- 用户一对一深访：就是按照一定的条件选择符合需求的用户，按照事先准备好的问题，对用户进行一对一的沟通和提问，获取所需要的信息。这是一种定性调研方式。
- 小组座谈会：就是按样本要求选择6~12个用户组成一个小组，将他们统一安排在一个设有单透镜和监听装置的会议室里，由一名经验丰富、训练有素的主持人对这些用户进行提问，获取所需要的信息。这也是一种定性调研方式。

3.4 运用鱼骨图法，全面识别可能原因

与其他分析法不同，鱼骨图法更能看清问题的全貌，从整体厘清因果链条关系，是一种更为全面的分析方法，主要用来全面识别可能原因。

1953年，日本管理大师石川馨提出了一种把握结果与原因的极为方便而有效的方法，故名"石川图"。又因其形状很像鱼骨，也称为"鱼骨图"或者"鱼刺图"。

问题之所以呈现出某些结果，肯定是受到一些因素的影响，可以通过头脑风暴法找出这些因素，也就是原因。将这些原因与问题的结果连接在一起，按相互关联性整理得层次分明、条理清楚，并标出重要因素的图形，也就是鱼骨图，如图3-18所示。

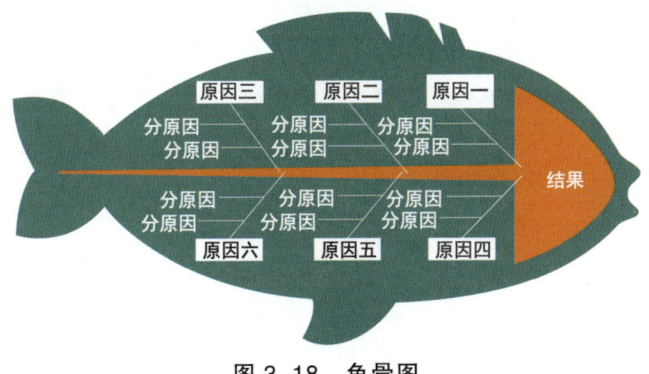

图 3-18 鱼骨图

3.4.1 如何开展鱼骨图分析

如何使用鱼骨图寻找和挖掘原因？可以按如下 4 步进行。

（1）明确要解决的问题，把问题写在鱼骨的头上。

（2）思考问题产生的可能原因，此时要尽可能多地找出原因，把相同的问题分组，在鱼的大骨上标出来。

> **提示** 思考原因的时候可以采用两种方法。
> ① 头脑风暴法。它不仅是大胆假设分析的基础，也是鱼骨图分析的基础。
> ② 5M1E 法，指人（Man）、机器（Machine）、材料（Material）、方法（Method）、环境（Environment）和测量（Measurement），简称为"人、机、料、法、环、测"。也就是从人、机器、材料、方法、环境和测量 5 个视角思考问题发生的原因，把它们放在大骨上。

（3）针对大骨上的问题继续找分原因，画在中骨和小骨上。

（4）选取 2~3 个关键原因，用特殊符号标识，在解决问题时，先从这些关键原因着手。

3.4.2 【案例】用鱼骨图分析客单价下降的原因

举个例子，某零售公司最近的客单价下降了。如何用鱼骨图分析客单价下降的原因？

（1）明确问题：客单价下降了。

（2）针对客单价下降的原因，开展头脑风暴，最终总结出 5 大方面的原因，分别是员工、商品、卖场、促销活动和顾客，将它们分别画在鱼的大骨上。

（3）针对大骨上的每一个原因，继续头脑风暴，找到更细更小的原因，画在中骨上。

以商品原因为例，导致客单价下降的小原因有 4 个：①商品降价；②新上市的商品价格偏低；③高价格的畅销商品缺货；④低价格的商品销售占比过大。将这 4 个小原因画在鱼的中骨上。其他原因以此类推，就可以画出如图 3-19 所示的鱼骨图。

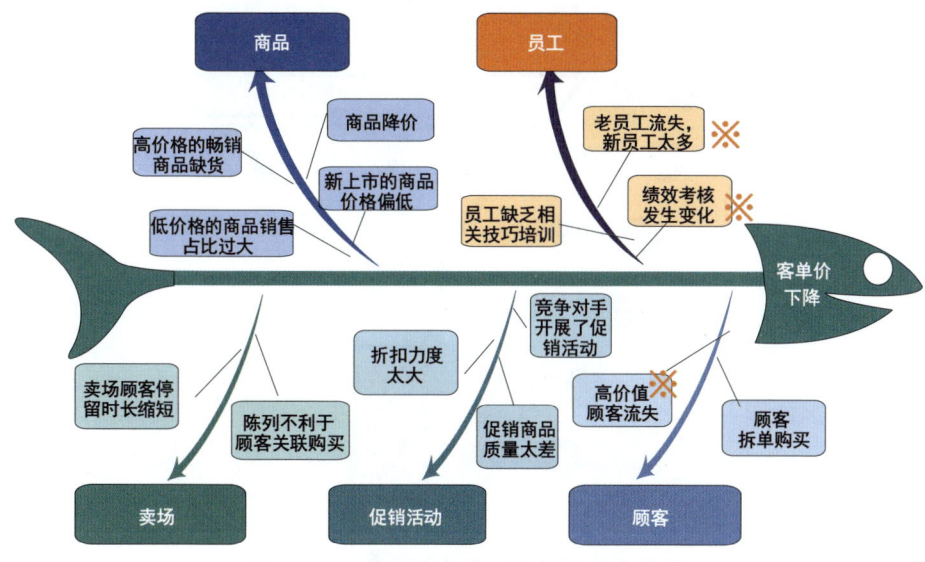

图 3-19 分析客单价下降原因的鱼骨图

（4）选取 2~3 个关键原因，用特殊符号标识。

从员工方面的数据分析和内部沟通发现，公司制定了新的绩效考核制度，导致很多老员工离职。从顾客方面的数据分析发现，高价值顾客流失率提升。因此，把 3 个关键原因"绩效考核发生变化""老员工流失，新员工太多""高价值顾客流失"，用特殊符号在鱼骨上标记出来，便于后续的重点分析和问题改进。

3.5 使用 5Why 分析法，深入挖掘本质原因

真理诞生于一百个问号之后。

中国古代就有"打破砂锅问到底"的说法。"打破砂锅问到底"形象表达了锲而不舍、不断探索"为什么"的精神。到了日本人那里，就整出一个 5Why 出来，说明日本人还是挺善于系统化总结的。

5Why 分析法又称 5 问法，最初由丰田提出，并在丰田广泛采用，因此也被称为丰田 5 问法。其首创是丰田的大野耐一，来源于一次新闻发布会，有人问："丰田的汽车质量怎么会这么好？"他回答说："我碰到问题至少要问 5 个为什么。"

大野耐一总爱在车间走来走去，停下来向工人发问。他反复就一个问题问"为什么"，直到回答令他满意、被他问到的人也心里明白。这就是后来著名的 5Why。

5Why 分析法是对一个问题连续问 5 个"为什么"，然后沿着因果关系顺藤摸瓜，从表层原因到近层原因，到中间原因，再到远层原因，直到探究出本质原因，从而对症

下药,解决问题,如图 3-20 所示。

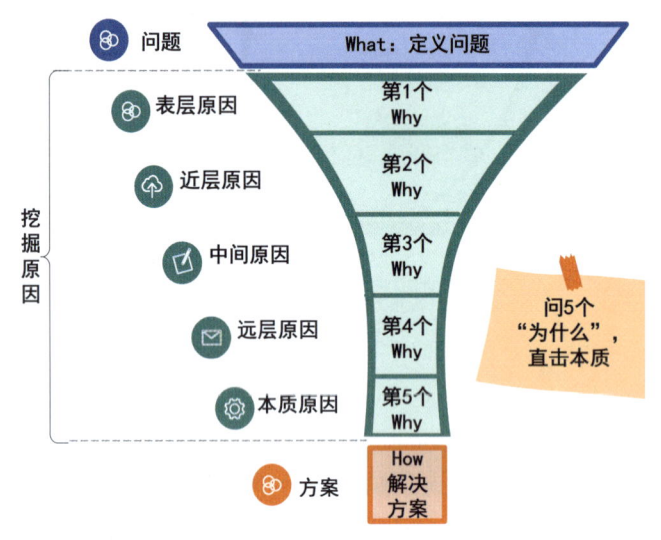

图 3-20 5Why 分析法

用一句话总结,就是分析问题背后的问题、原因背后的原因,按照"现象—直接原因—原因的原因"层层深入,连续追问"为什么"。其精髓在于"揪着一个问题打破砂锅问到底"。

3.5.1 如何开展 5Why 分析

那么如何开展 5Why 分析?分 4 步进行,如图 3-21 所示。

(1)描述现象,阐明问题。

(2)开始问"为什么",得到答案;接着连续追问"为什么",连续回答。

(3)挖掘问题的本质原因。

(4)提出解决方案。

> **提示** 这里要注意两个问题。
> • 每次追问得出的原因一定要和上一级产生直接、唯一、可控的答案,否则就不能继续下去,也追问不到问题的本质。
> • 5Why 并不代表一定要问 5 次,到底问几次,要根据实际情况灵活把握。原则是一直追问,直到问题变得没有意义。

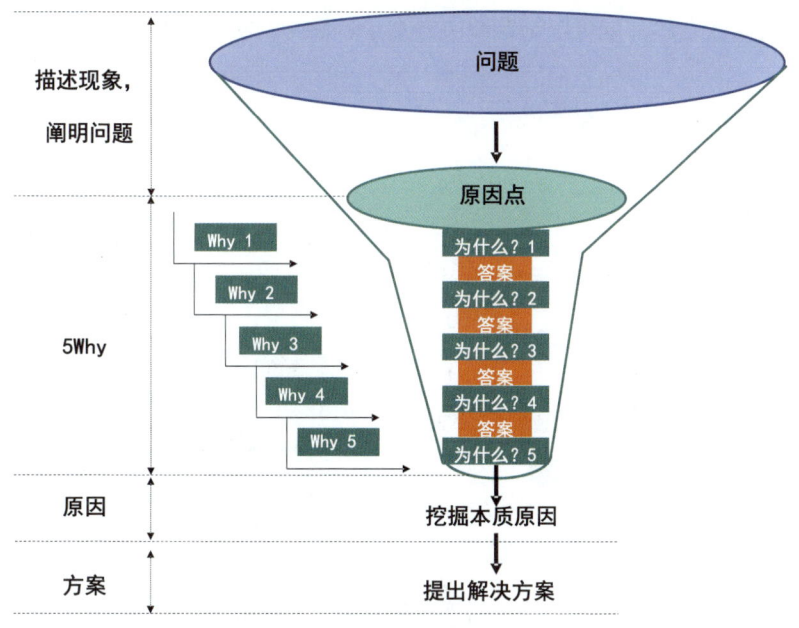

图 3-21　如何开展 5Why 分析

3.5.2 【案例 1】用 5Why 分析机器停止的原因

5Why 分析法最早是由丰田提出来的，用于解决"机器停止"这个问题。这里就以"机器停止"为例，看看丰田如何用 5Why 分析法挖掘本质原因。

首先定义问题：机器停止。

接着问第 1 个 Why：为什么机器停止？

答案：因为机器超载，保险丝烧断了。

接着问第 2 个 Why：为什么机器会超载？

答案：因为轴承的润滑不足。

接着问第 3 个 Why：为什么轴承会润滑不足？

答案：因为润滑泵失灵了。

接着问第 4 个 Why：为什么润滑泵会失灵？

答案：因为它的轮轴耗损了。

接着问第 5 个 Why：为什么润滑泵的轮轴会耗损？

答案：因为杂质跑到里面去了。

到此为止，"机器停止"的本质原因就暴露出来了，就是杂质跑到润滑泵里面去了。

找到原因之后，就可以制定解决方案了。最终的解决方案就是"在润滑泵上加装滤网"。

整个分析过程如图 3-22 所示。

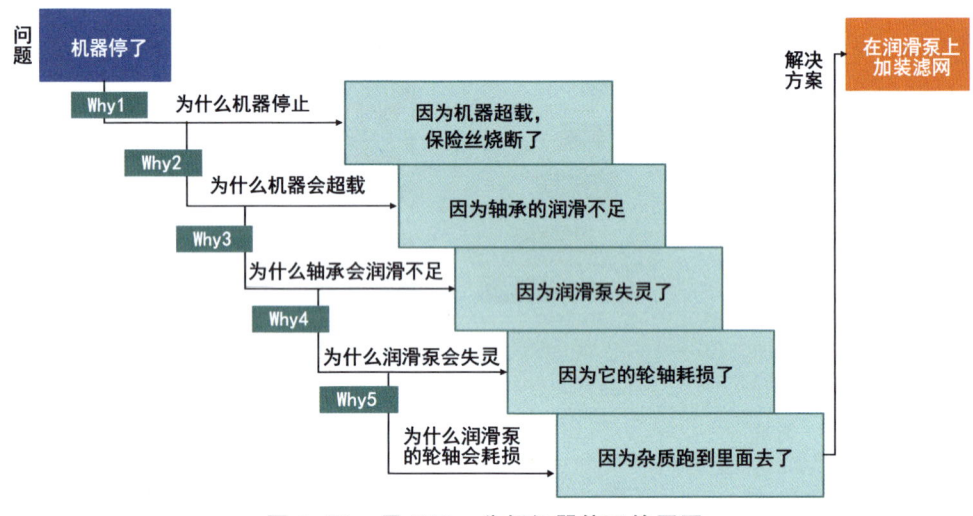

图 3-22　用 5Why 分析机器停了的原因

3.5.3 【案例2】用 5Why 分析长胖的原因

再举一个例子，Rose 入职了新公司，她最近长胖了，怎么办？这里分别用 5Why 分析法和普通分析法展开分析。

1. 使用 5Why 分析法

首先定义问题：Rose 最近长胖了。

接着问第 1 个 Why：为什么长胖了？

答案：因为她锻炼少。

接着问第 2 个 Why：为什么她锻炼少？

答案：因为她没有时间。

接着问第 3 个 Why：为什么她没有时间？

答案：因为她工作压力大。

接着问第 4 个 Why：为什么她工作压力大？

答案：因为她工作太多了。

接着问第 5 个 Why：为什么她工作这么多？

答案：因为难点工作没突破，又来了很多新工作。

到此为止，Rose 入职新公司后长胖的本质原因就暴露出来了，就是她入职新公司后，难点工作没有突破，又来了很多新工作。

针对这个本质原因，对症下药，就是要先解决工作问题，Rose 才有时间锻炼，才能减肥。所以，提出两个解决方案。

（1）针对难点工作，学会拆解几个小模块，分步骤地去解决。

（2）针对新工作，需要把它们按照重要度和紧急度进行分类，放弃不重要不紧急的工作，先做重要且紧急的工作。

使用 5Why 分析法的整体流程如图 3-23 所示。

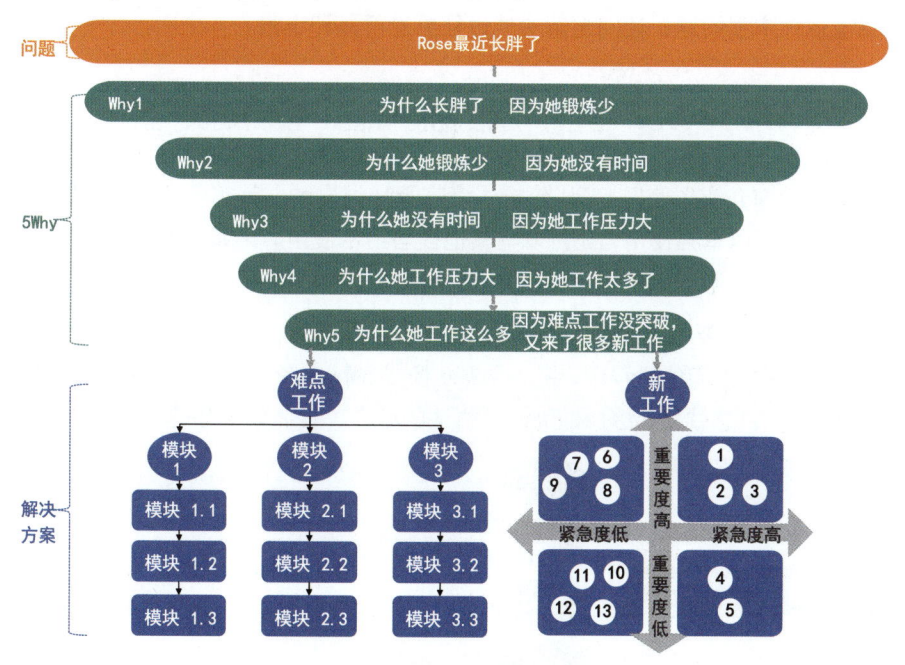

图 3-23　用 5Why 分析长胖的原因

2. 使用普通分析法

如果不用 5Why 分析法，而用普通分析法，一般人是怎么分析的？

首先定义问题：Rose 最近长胖了。

接着问第 1 个 Why：为什么长胖了？

答案：因为她锻炼少。

大部分人分析到这里就停止了，会把长胖的原因归结为锻炼少，因此解决方案就是加强锻炼。

但是由于工作多和工作压力大的问题没解决，Rose 还是没有时间和精力去锻炼的。因此，加强锻炼这个方案是典型的头疼医头、脚疼医脚，不仅不利于减肥，还可能导致压力进一步增大，引发更严重的肥胖问题。

3.6 组合多种方法，全视角分析问题

任何方法和模型都不是孤立存在的，都是可以和其他模型产生联系的。就像做菜时组合多种调料，可以做出色、香、味俱全的菜品一样。多种方法和模型组合起来使用，就像给问题进行全方位的"体检"，既能全视角、全流程地理解问题，也能更有深度、更立体地审视问题，让问题解决的过程更加严谨和丰富。

3.6.1 5Why+5W2H 组合，深度挖掘原因，重新定义问题

我们在前面介绍了使用 5W2H 分析法培养 Why 型思维，其实 5W2H 分析法的功能非常强大，不仅可以单独使用，还可以与其他模型组合使用。比如，5W2H 和 5Why 分析法组合使用，不仅能够深入挖掘问题的本质原因，还能够重新定义问题。

5W2H 中有一个要素是 Why。前面提到，培养 Why 型思维的一个关键就是做空间思考，向上问 Why。在向上问的过程中，将一个 Why 换成 5Why，将"询问一次为什么"换成"询问多次为什么"，这就是 5W2H 和 5Why 分析法的组合，具体如图 3-24 所示。

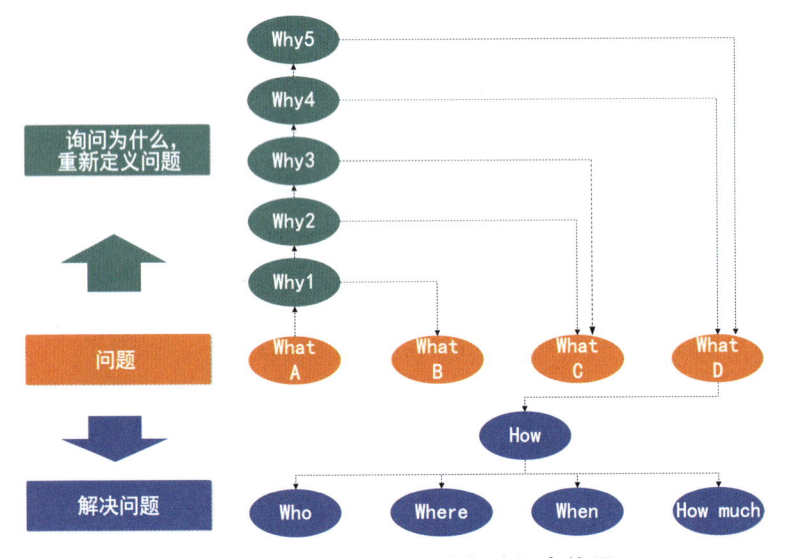

图 3-24　5W2H+5Why 分析法组合使用

使用时，按以下 4 步开展即可。

- 首先，明确问题是什么，也就是中间的基准问题 "What A"。
- 接着，向上问为什么（Why），这时候开始使用 5Why 分析法，连续询问多次为什么。
- 然后，每问一次为什么，重新界定和确认一次本质问题（What）。
- 最后，达到底部确定解决方案（How）。

提示 在每次询问 Why 的过程中，都可能发现新的问题，比如发现了新问题 B、C、D。这时，我们就需要重新确认要解决的问题是不是基准问题 A。在确认了本质问题之后，再向下寻找解决方案（How）。

3.6.2 【案例】老板不知道员工想什么做什么，如何解决

举个例子，Rose 是老板 Jack 比较信任的一名员工，最近老板一直和 Rose 抱怨"不知道员工到底在想什么，到底在做什么"。Rose 该如何解决这个问题？

如果 Rose 没有 Why 型思维，听了老板的抱怨之后，她立即就想帮老板解决问题，提出的方案很可能是"帮老板安排和员工一对一的沟通会"。

如果 Rose 使用 5W2H 和 5Why 分析法，定义出来的问题和提出的解决方案就完全不同了。

首先明确问题：老板不知道员工到底在想什么，到底在做什么。

接着问第 1 个 Why：为什么老板不知道员工在想什么，在做什么？

答案：因为他无法对所有员工都做到把控。

接着问第 2 个 Why：为什么老板无法对所有员工都做到把控？

答案：因为他没有时间，而且员工不会对他说实话。

接着问第 3 个 Why：为什么他没有时间，员工也不会对他说实话？

答案：因为他的身份是老板。

到这里，问题就可以被重新定义了。因为作为老板，Jack 有很多事情要处理，不可能与所有的员工一对一沟通。即使他与部分员工沟通了，由于上级和下级关系的存在，员工也不会和他说实话。换句话说，Jack 因为自己老板的身份，无法与员工一对一沟通，也无法获得员工的真实想法。因此他需要一个人，帮他去完成这些事情，而这个人他选择了 Rose。

此时，问题就被重新定义了：老板想让 Rose "监控"员工，把员工们的真实想法和行为及时汇报给他。

据此，Rose 的解决方案有两个：接受或者不接受"监控"员工的工作。最后，Rose 告诉老板：她将在后续的工作中，通过观察和沟通，"监控"员工们上班时间在办公室的想法和做法，并在每周五将这些内容汇报给他。

整体分析过程如图 3-25 所示。

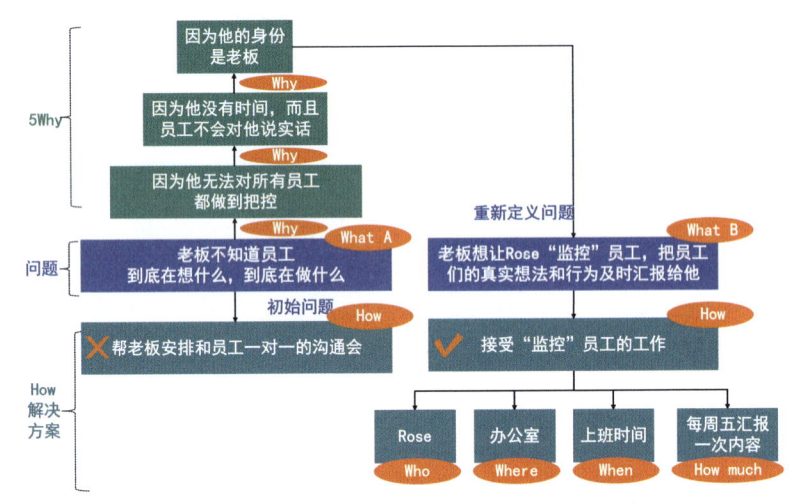

图 3-25　5W2H+5Why 分析法组合使用分析解决问题

3.6.3　5W2H+鱼骨图+5Why 组合，一站式解决问题

当 5W2H、鱼骨图、5Why 三者结合时，可以发挥出更大的威力，通常用来一站式解决问题，如图 3-26 所示。

图 3-26　5W2H+鱼骨图+5Why 分析法组合使用

首先，用 5W2H 分析法作为"开场白"，将问题描述清楚，使问题具体化，明确问题发生的时间、地点、人员、初步原因、如何发生的，以及影响的程度和范围。

其次，用鱼骨图法作为"X 光机"，对问题进行全面诊断，把问题拆解成不同的模型和部分，然后找出 2~3 个可能的关键原因。

再次，用 5Why 分析法作为"深挖器"，对"X 光机"照出来的关键原因进行深挖。通过连续问"为什么"，一层一层地剥开问题的表象，挖掘冰山以下的本质原因。

最后，用 5W2H 分析法作为"压轴戏"，将问题的改进措施和解决方案制定出来，明确责任人、时间节点、地点、解决方案、具体实施方式，以及预期的成本和代价。

> **提示** 单一的方法和模型在解决特定问题时有其独特的优势，但现实问题往往是错综复杂的，仅仅依靠单一的方法往往无法系统、全面地解决问题。因此能将诸多方法和模型组合起来解决问题，才是实力的真正表现。
>
> 组合不仅代表着一个人对单一方法和模型的深度理解，还代表着能发现不同方法和模型之间的联系，并将它们灵活组合起来用于问题的解决。
>
> 这就像下棋，单一的棋子虽然重要，但真正的高手懂得如何调动整个棋盘上的棋子，将一个个孤立的点连成一条条流畅的线，形成联动，激活整个棋局。
>
> 组合的功夫，不是一朝一夕练就的。首先需要对单一的方法和模型足够熟练；然后需要在解决问题的过程中，不断调用它们，发现它们的优势和局限性。这样慢慢地坚持实践，就会发现组合的魅力，越使用越游刃有余。

第 4 章
步骤四——合：得出结论，提出解决方案

前几章介绍了定义问题、拆解问题、挖掘原因，在这个过程中会开展各种各样的分析，形成大大小小的观点、结论和研究结果。它们散落在大脑里的各处，零散、不成体系，有的还很混乱。

它们非常重要，如果不加以梳理和分析，只会分散精力，消耗大脑内存。因此，必须将散落在各处的成果聚合到一起，形成合力拧成一股绳，为解决问题服务，去粗取精，归纳演绎，提炼成核心观点，得出结论，提出方案，最后解决问题。

可以这样说，解决问题就是"发散-聚合""拆开-收敛""化整为零-化零为整"的过程。先拆后合，先放后收，一拆一合，收放自如，这就是分析解决问题的关键和精髓所在。

第 2 章的拆解问题，是将问题拆开，将思维发散出去，化整为零；本章的得出结论，便是用一定的方法将问题聚合，将思维收敛回来，化零为整。

4.1 五步得出结论

得出结论，就是将问题的各种论据、数据和事实聚合，将所有的独立分析工作都整合在一起。如果仔细思考就会发现，它本质上就是处理论据和结论的关系。说到论据和结论，不得不提及的方法便是金字塔原理。

4.1.1 金字塔原理

金字塔原理由麦肯锡的咨询顾问芭芭拉·明托提出，是一个用于结构化思考、分析、写作和表达的工具。

金字塔原理主要用于将中心结论和论据进行结构化组织，将它们按照严密的逻辑组织在一起，上下左右秩序井然，逻辑通畅，结构清晰，宛如一座金字塔。通过金字塔原理分析解决的问题，往往结论坚定、论据充分、事实充足、牢固性好、可靠性高，很难被别人攻击。

大家都知道埃及金字塔及它所代表的社会结构。法老位于金字塔的顶端，代表着统治者的权力和地位。法老只能有一个，高高在上，统治着下面不同的阶层。下面各个社会阶层按照地位划分为不同的层级，同阶层的人往往聚集在一起，不同阶层的人数从上到下各不相同，越往下人数越多，牢牢支撑着法老的统治。

与之相同，金字塔原理中的中心结论宛如法老，论据宛如法老统治下的不同阶层。金字塔原理遵循着"结论先行""以上统下""归类分组""逻辑递进"四个基本原则，如图4-1所示。

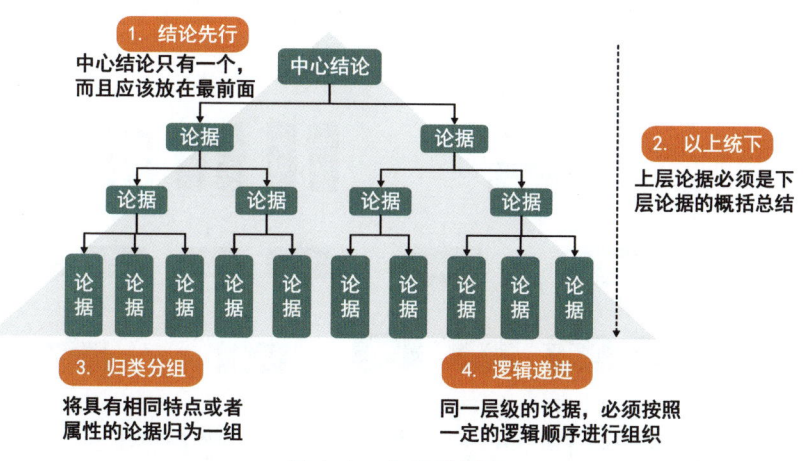

图 4-1　金字塔原理

1. 结论先行

结论先行，意思是中心结论只有一个，而且应该放在最前面，其他信息作为论据来支撑这个中心结论。

只有一个中心结论是为了保持内容的清晰度和逻辑性，能够理解和记住重点，避免多个结论带来混淆和模糊不清的情况。

2. 以上统下

以上统下，即上层论据必须是下层论据的概括总结，下层论据依据上层论据细化而来。简单来说，就是上层论据必须是下层论据的共同特性。比如，水果就是苹果、梨、香蕉、葡萄的共同特性。

3. 归类分组

归类分组，即将具有相同特点或者属性的论据归为一组，每组论据必须属于同一范畴，有着相同的特性。

4. 逻辑递进

逻辑递进，即将同一层级的论据，必须按照一定的逻辑顺序进行组织。比如，水果、蔬菜、肉类同属于食物，它们可以按并列的逻辑被放在同一层级。但是水果与食物不能放在同一层级，因为食物包含了水果。

4.1.2 正金字塔和倒金字塔

金字塔原理可以自上而下使用（正金字塔），也可以自下而上使用（倒金字塔），但是使用的场景有所不同，如图4-2所示。

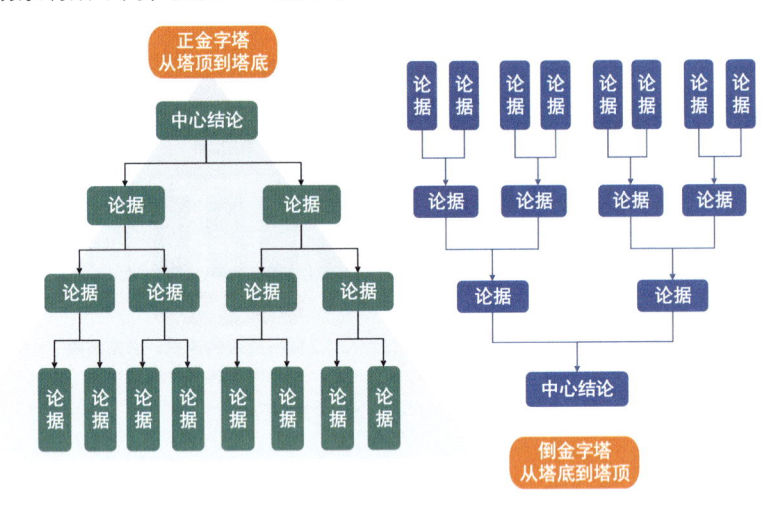

图 4-2 正金字塔和倒金字塔

1. 自上而下

自上而下使用时，常用于汇报、沟通、表达问题和观点。也就是从金字塔塔顶开始，先表达塔顶的中心结论，再逐步往塔底下滑，依次表达支撑中心结论的论据。

2. 自下而上

自下而上使用时，常用于整合各种信息，得出结论。也就是从金字塔塔底开始，根据已经获取的众多论据，对其进行分类、归纳、演绎、总结，逐步向塔顶攀登，层层推进，最终到达塔顶，得出中心结论。

自上而下和自下而上是金字塔的正反面。自上而下代表正金字塔，即从塔顶向塔底下滑；自下而上代表倒金字塔，即从塔底向塔顶攀登。因为本章介绍的重点是如何得出结论，因此使用的是倒金字塔。

4.1.3 五步得出结论的具体过程

如何得出结论？需要自下而上使用金字塔原理，也就是我们上面说的倒金字塔。具体来说，主要分以下五步进行，如图 4-3 所示。

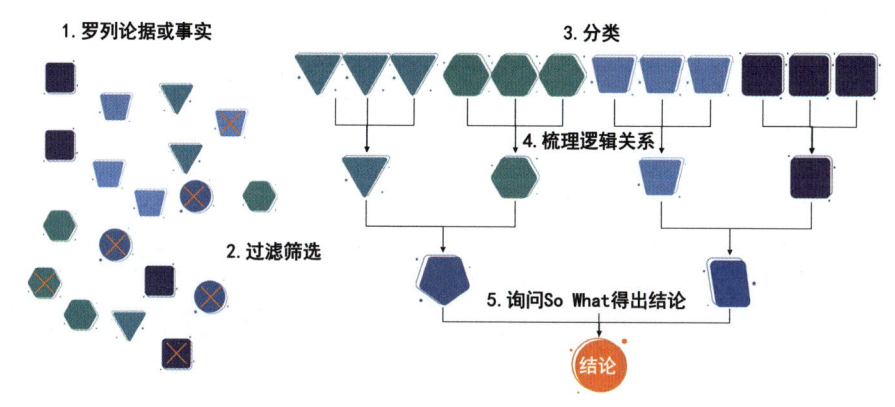

图 4-3　五步得出结论

1. 罗列论据或事实

把已经搜集的所有要点、事实、论据全部罗列出来。

2. 过滤筛选

对众多的信息进行过滤，筛选出真实有效的、对解决问题有帮助的信息，也就是去粗取精，去伪存真，分清"金子"和"沙子"。

3. 分类

对过滤筛选后的信息进行归类分组，将相似的要点或论据组合在一起，形成一个类别，并给它们概括出一个名字，对不同的类别概括出不同的名字。

> **提示**　比如，有 8 个论据：管理层太庞大、员工流失率过高、流量下降、客单价降低、产品线过于单一、缺乏主力产品、品牌认知度不足、获客成本过高。
> - 管理层太庞大、员工流失率过高，可以分组概括为"人事问题"。
> - 流量下降、客单价降低，可以分组概括为"用户问题"。
> - 产品线过于单一、缺乏主力产品，可以分组概括为"产品问题"。
> - 品牌认知度不足、获客成本过高，可以分组概括为"营销问题"。

4. 梳理逻辑关系

对不同的类别进行梳理，明确它们之间的关系。通常情况下，要梳理和区分两种关系：从属关系和独立关系。

- 从属关系：指的是两种类别之间存在归属关系，当一种类别发生改变时，另一种类别也会发生改变。
- 独立关系：指的是两种类别之间不存在归属关系，它们彼此独立，互不影响，当一种类别发生改变时，另一种类别不受影响，也不会发生改变。

5. 询问 So What 得出结论

对各个类别连续询问 So What（所以呢），提炼中心观点，得出结论。

> **提示** 举个例子，分析师总结出如下 3 个具有并列关系的观点。
> - 公司目前员工离职率非常高。
> - 产品市场份额连续 4 个季度下降。
> - 客户满意度降低，客户呈现流失的趋势。
>
> 对这 3 个观点询问 So What，就能得出结论：公司业务目前处于非常严峻的时刻，做出组织管理变革是非常有必要的。

4.2 逻辑铁三角验证结论的坚固性

得出了结论，还需要检验结论是否站得住脚，是否经得起挑战。如何验证结论是否坚固？可以使用逻辑铁三角模型。

4.2.1 什么是逻辑铁三角

举个例子，上级询问下属："M 公司应不应该进入 X 市场？"

Jack 回答道："这个市场非常有前景，一旦我们入局，一定会在行业内大放异彩。"虽然这个回答听起来很积极，但它只有结论而没有提供任何支持这个结论的依据。这样的回答容易让人怀疑其真实性，因为它缺乏具体的数据或论据来支撑这个乐观的结论。

Rose 回答道："开发 X 市场需要大量的成本。"这个回答虽然提到了一个重要的考虑因素，但她也没有给出明确的结论。这样的回答可能会让上级感到困惑，感觉下属答非所问、逃避问题。

Tom 上场了，他的回答如下。

我认为我们不应该进入 X 市场，有三点原因。

- 首先，通过市场规模测算，发现 X 市场的规模并不大，总规模大约为 1 亿元，只有目前市场规模的 1/10，且增长非常缓慢。
- 其次，在 X 市场上的众多玩家普遍生存状态不好，面临持续亏损的困境，他们的净利润率普遍在 –10% 左右。
- 最后，要想在 X 市场上取得成功，三个关键的要素必不可少：服务、运营和销售，而这三个要素恰恰是我们公司的薄弱环节。为此，我们需要投入大量的成本去招募服务、运营和销售人员，这对我们来说，不仅面临巨大的成本开支，还有巨大的不确定性风险。

基于以上三点原因，我们不应该进入 X 市场。

这才是一个逻辑严谨、经得起考验的回答。因为回答不仅有中心结论，还有论据支撑结论，有数据和事实证明结论，这让结论更坚固和结实。

这就是逻辑铁三角模型，如图 4-4 所示。正如它的名字一样，由结论、论据、数据三要素构成三角形，而三角形是最稳定的架构。

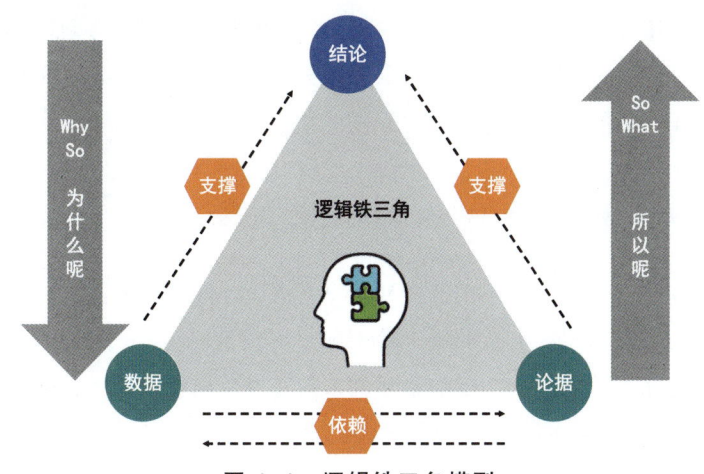

图 4-4　逻辑铁三角模型

4.2.2　逻辑铁三角的三要素

结论、论据、数据构成了逻辑铁三角的三要素。

1. 结论

结论是指问题的结果、提案、意见、推论等。一个清晰的结论能够坚定地阐明自己的立场。在上述例子中，结论是"我们不应该进入 X 市场"，这是一个明确且直接的提案，奠定了整个回答的基调。

结论位于三角形的顶端。

2. 论据

论据是指佐证观点的原理、原则、规律、常识和理由等。要想让结论坚固、牢不可破，就需要说明原因和理由，这就是论据。

在上述例子中，论据包括"X 市场规模不大，增长缓慢""玩家普遍生存状态不好，持续亏损""需投入大量的成本招募服务、运营和销售人员，成本和风险较大"。这些论据为结论提供了逻辑上的支撑，使得结论不仅仅是一个断言，而是一个经过思考的结果。

论据位于三角形的底端，是支撑三角形的一个支柱。

3. 数据

数据是指证实观点的客观统计数据、事实、具体案例等。为了让结论和论据更加令人信服，用数据、事实和案例更能增加信服力，这就是数据。

在上述例子中，提到的"X 市场的总规模大约为 1 亿元""众多玩家的净利润率普遍在 -10% 左右"就是数据。这些具体的数字和事实使结论更加可信，也更有说服力。

数据也位于三角的底端，是支撑三角形的另一个支柱。

4.2.3 用 Why So 和 So What 验证链接关系

逻辑铁三角的三要素必须互相链接和支撑起来，才能形成坚固的、牢不可破的结构。那么，它们三者之间是如何支撑和链接的？

结论位于三角形的顶端，顶端的事物都是需要底端事物支撑的，即底端的论据和数据。没有论据和数据，结论就会轰然倒塌。

同时，底端的论据和数据则互相倚靠，互相支撑。

如何判断它们的链接和支撑关系是否坚固？就是问 Why So 和 So What。它们是麦肯锡大力倡导的组织和诊断逻辑连贯性的思考方式，是链接结论和论据的重要方法，可以保证结论和论据存在严谨的逻辑关系。

1. Why So

翻译成中文就是"为什么呢"。

如果按照逻辑铁三角自上而下进行思考，则链接结论、论据、数据就使用 Why So，意指"为什么会这样"，用于阐述为什么得出这样的结论。

比如，公司处于严峻时刻，要做出组织变革，为什么会这样？

2. So What

翻译成中文就是"所以呢"。

如果按照逻辑铁三角自下而上进行思考，则链接结论、论据、数据的就是 So What，意指"所以会怎样"，用于对论据和数据进行总结并得出结论。

比如，公司现在面临人事、用户、产品和营销等诸多方面的问题，所以呢？会怎样呢？

通过不断问 Why So 和 So What，可以循环验证整个论据和结论的逻辑链条。这个过程就像对一座大厦进行结构测试，确保每个部分都能承受预期的重量。这种方法能发现潜在的逻辑漏洞，并及时进行修正，从而提高结论的稳定性、可靠性和真实性。

4.2.4　逻辑铁三角的倒塌时刻

三角形的结构最为坚固，用结论、论据、数据三要素及其链接关系构建的逻辑思维也是最为坚固的。

但是当三要素有缺失，或者无法用 Why So 和 So What 验证结论和论据、数据之间的关系时，逻辑铁三角就会倒塌。比如：

- 说了很多话，做了大量阐述，但是别人头脑中不断产生疑问"你到底想要表达什么"，多数情况下是由结论不够明确造成的。
- 有时即使结论明确，但仍然让人难以理解和认同，多数是由论据和数据含糊不清、不足以支撑结论造成的。如果支撑结论的论据和数据没有可信性或者模棱两可、牵强无力，那么同样不可能说服他人。这就像用廉价材料做的支架，导致逻辑铁三角的边不够结实，很容易被人一推就倒。

逻辑铁三角的倒塌，意味着思维存在漏洞，不仅很难说服他人，还可能被他人攻击，被动地去接受他人的结论。

在日常生活中，这种逻辑铁三角的倒塌可能只是让人尴尬一下，或者引起一些小争论。但在商业环境中，这可就变成大问题了。比如在做商业提案的时候，如果结论不够坚固，逻辑不够严密，那么客户不仅不会买账，还可能反过来质疑你的专业能力，甚至拿你的弱点来攻击你，那你就完全处于下风了。

所以，不管是在写报告、做演讲还是日常沟通中，都要确保自己的逻辑铁三角坚固。这样不仅能让结论更有说服力,也能在面对质疑和挑战时更有底气。

> **提示** 在所有与分析解决问题有关的脑力作业中,有3个必备的共通能力。
> - 在得出结论之后提出论据和数据。
> - 检查结论和论据有没有正确地链接。
> - 锲而不舍,反复检验假设,这是在第3章中介绍过的。

4.3 四大类型的结论

对生活和工作的问题进行归类,会发现这些问题的结论基本可以归为四种类型:原因型解决方案、纯粹型解决方案、是否可行型结论、优先级型结论,如图4-5所示。

	原因型解决方案	纯粹型解决方案	是否可行型结论	优先级型结论
定义	先找到原因,才能对症下药,解决问题	某个问题该如何解决,单纯地寻求方案,不需要探寻原因	已经有某个方案,需要判断其是否可行,是否要去做	有很多选择,不知道应该优先选择哪些,最后选择哪些
生活案例	最近一直头晕,该怎么办	如何实现财富自由	想去美国读MBA,不知道是否要去读	手里有很多事情,不知道该先做哪些
商业案例	最近公司收入异常下降,该如何解决	如何提升公司的收入和市场占有率	W公司开拓X业务,是否可行	公司想对一些客户做扶持策略,不知道选择哪些客户
输出的结果	原因:M 解决方案:N	解决方案:F	可行或不可行	优先发展:AB 次优发展:CDE 淘汰:XYZ

图4-5 四大类型的结论

4.3.1 原因型解决方案

原因型解决方案,通常是遇到问题了,但是不知道问题发生的原因是什么。而要解决这个问题,必须找到原因。

针对这类问题,得出的结论就是先找到原因,再针对原因提出解决方案。比如:

- 手机坏了,要修好手机,必须先找到原因,再进行维修。
- 最近一直头晕,要恢复健康,必须先去医院找到头晕的原因,再对症下药。
- 最近长胖了,要控制体重,必须先找到长胖的原因,再制订减肥计划。
- 网页打不开,要恢复正常,必须先找到网页打不开的原因,再去修复相应的问题。

- 最近公司收入异常下降了，要恢复正常，必须先找到下降的原因，再制定增长的方案。

4.3.2 纯粹型解决方案

纯粹型解决方案，通常是探讨某个问题该如何解决，就是单纯地寻求方案，不需要探寻原因。

针对这类问题，得出的结论就是解决方案。比如：

- 如何实现财富自由？
- 今年的晋升季如何实现升职加薪？
- 如何开展副业？
- 如何降本增效？
- 如何提升公司的收入和市场占有率？
- 如何提升公司的DAU？

4.3.3 是否可行型结论

是否可行型结论，通常是打算做某件事，大脑中已经有了初步的方案，但还在犹豫中，不知道这个方案是否可行，是否应该去执行。

针对这类问题，得出的结论就是方案可行或者不可行。比如：

- 接到一家公司的offer，不知道是否要接受这个offer。
- 想去美国读MBA，不知道是否要去读。
- 公司想开拓某项业务，不知道是否可行。

4.3.4 优先级型结论

优先级型结论，通常是手头有很多事情，或者有很多选择，不知道应该优先选择哪些，最后选择哪些。

针对这类问题，得出的结论就是优先选择哪件或哪些事情。比如：

- 不知道去哪个城市读大学。
- 手里有很多事情，不知道应该先做哪些。
- 想投资一些项目，不知道应该选择哪些项目。
- 公司想去不同的城市开拓业务，不知道应该选择哪些城市。
- 公司想对一些客户做扶持策略，不知道应该选择哪些客户。

4.4 九种方法推导结论

通常来说，推导这四种类型的结论有九种方法，分别是演绎法、归纳法、顺序法、决策矩阵法、关键要素评估法、排序法、矩阵法、假设验证法和5Why分析法，如图4-6所示。

	演绎法	归纳法	顺序法	决策矩阵法	关键要素评估法	排序法	矩阵法	假设验证法	5Why分析法
原因型解决方案	✓	✓						✓	✓
纯粹型解决方案	✓	✓	✓	✓					
是否可行型结论	✓	✓			✓				
优先级型结论	✓	✓				✓	✓		

图 4-6 九种方法推导四种结论

- 演绎法和归纳法是最基础的分析方法，在输出任何类型的结论时都需要使用它们。
- 顺序法和决策矩阵法主要用于输出纯粹型解决方案。
- 关键要素评估法主要用于输出是否可行型结论。
- 排序法和矩阵法主要用于输出优先级型结论。
- 假设验证法和5Why分析法主要用于输出原因型解决方案。这两种方法我们在前面已经介绍过，这里不再详述。

4.4.1 演绎法基础

演绎法是根据已经存在或掌握的"规律"，结合一个发生的"现象"，进行分析并得出结论的方法。它是一种从整体到部分、从全体到个体的分析方法。使用演绎法，必须知道三个关键要素。

1. 规律

规律通常是已经存在的，或者是自然界的规律，或者是社会经济运行的规律，或者是被大家公认的现象，或者是经过历史数据分析得出来的规律等。

比如，"天下乌鸦一般黑"就是一个被大家公认的规律。

2. 现象

现象是通过对现状的观察、分析等而发现的事实。

比如，抬头观察天空，发现一只乌鸦。这就是观察得出来的事实。

3. 结论

结论是通过对规律和现象的综合分析总结出来的。

比如，观察到一只乌鸦，通过规律"天下乌鸦一般黑"，得出"这只乌鸦是黑色的"这个结论。

> **提示** 演绎法得出的结论是否正确，关键在于"规律"是否正确。如果规律存在错误，就可能会得出错误的结论。

演绎法在日常的分析工作中无处不在。有人会说："我怎么就很少使用演绎法？"其实，大部分人已经将其融入潜意识里，只是不知道这是演绎法在起作用。

那么，工作中是如何使用演绎法的？如果仔细回想我们做分析的流程，就会发现，演绎法的使用通常按以下4步进行。

（1）确定规律。通常有两种方法，一是分析历史业务数据得出规律；二是直接使用已经存在的规律。

（2）对现状进行观察和分析，明确观察到的现象。这一步通常也是通过分析业务数据得出来的。

（3）结合规律和现象，得出结论。

（4）根据得出的结论，制定解决方案。

4.4.2 【演绎法案例】分析师提升用户购买转化率

举个例子，J公司是一家电商公司，其中台部门的一名数据分析师接到一个任务，需要他寻找提升用户购买转化率的方法。该分析师如何用演绎法解决这个问题？

1. 确定规律

分析师通过分析历史用户数据发现规律：用户在平台上的停留时间越长，购买转化率越高。

2. 分析现状，明确现象

分析师分析了目前J公司的用户平均停留时长，并与竞争对手A和行业的平均停留时长进行了对比，结果发现：J公司的用户平均停留时长同时低于竞争对手A和行业水平。

3. 得出结论

根据规律和观察到的现象，用演绎法推导出结论：可能是平均停留时长不足影响了购买转化率。因此提高J公司的用户平均停留时长，可能会提升用户的购买转化率。

演绎法推导结论的过程如图4-7所示。

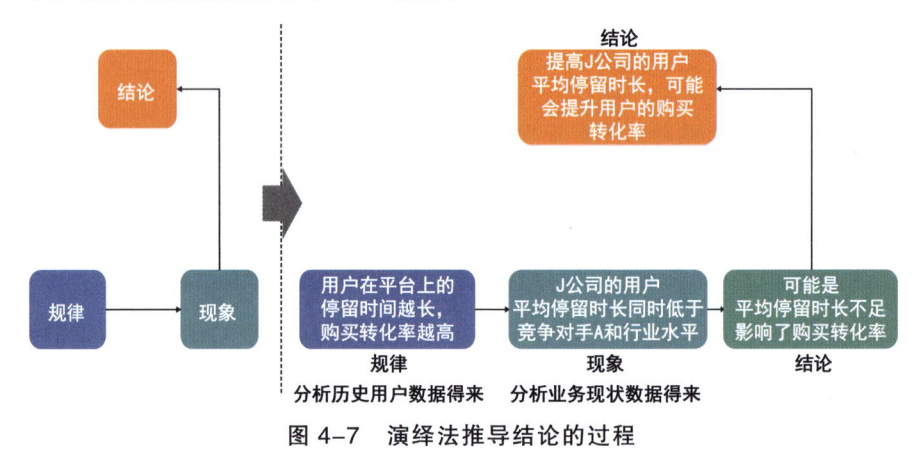

图4-7 演绎法推导结论的过程

4. 制定解决方案

根据结论，制定解决方案，也就是如何提高用户的停留时长。比如，优化网站导航、丰富产品描述、新建内容社区、激励用户评价等，通过这些方式提高用户的停留时长和互动率，从而提升用户的购买转化率。

4.4.3 归纳法基础

归纳法是通过观察和分析多种"现象"，总结出一般"规律"的方法。它是一种从部分到整体、从个体到全体的分析方法。

与演绎法不同，使用归纳法，必须知道两个关键要素。

1. 现象

现象就是已经存在的资料、数据、事实和信息等，它可能是观察到的，也可能是听到的，还可能是通过数据分析出来的。

比如，在上班路上看见第一只乌鸦是黑色的；在公园里看见第二只乌鸦是黑色的；在小区里看见第三只乌鸦是黑色的。

2. 规律/结论

规律就是对一定数量的现象进行反复观察和分析得出来的结论。这里的规律就是结论。

比如，观察了三次乌鸦，总结出规律和结论：天下乌鸦一般黑。

具体来说，归纳法通常需要在经过种种观察、收集大量资料、汇总共同点后，推导出结论。

> **提示** 归纳法得出的结论是否正确，关键在于观察到的"现象"样本数量是否足够多，或是否存在偏颇。
> 如果样本数量不足，或者以偏颇的样本开展分析，则会对结论的准确性和说服力带来很大的负面影响。

这里要注意的是，很多人将归纳和概括等同来看，其实它们是有区别的，二者不能混为一谈。

- 概括是对多种现象的梳理、总结、浓缩和提炼，本质上是对原来信息的精简式重复。
- 归纳则是在概括的基础上进行更深层次的思考，得出规律或结论，本质上不是重复，而是洞见。

举个例子，作为上级的 Jack 观察到关于下属 Rose 的 3 个现象。

- Rose 一个月内迟到了两次。
- Rose 一个月内早退了两次。
- Rose 的月报拖延了 3 天还没提交。

根据观察到的这 3 个现象，分别用概括和归纳得出结论，如图 4-8 所示。

- 概括得出的结论：Rose 这个月经常迟到、早退和拖延。
- 归纳得出的结论：Rose 本月开始工作不认真，可能有离职的风险。

同演绎法一样，归纳法在日常工作中也无处不在。在使用归纳法时，通常按以下 3 步开展。

（1）观察现象，收集足够多的信息和事实。

（2）对现象、信息和事实进行概括和分析，总结规律，得出结论。

（3）根据得出的结论，制定解决方案。

[概括]
- Rose一个月内迟到了两次
- Rose一个月内早退了两次
- Rose的月报拖延了3天还没提交

→ Rose这个月经常迟到、早退和拖延

[归纳]
→ Rose本月开始工作不认真，可能有离职的风险

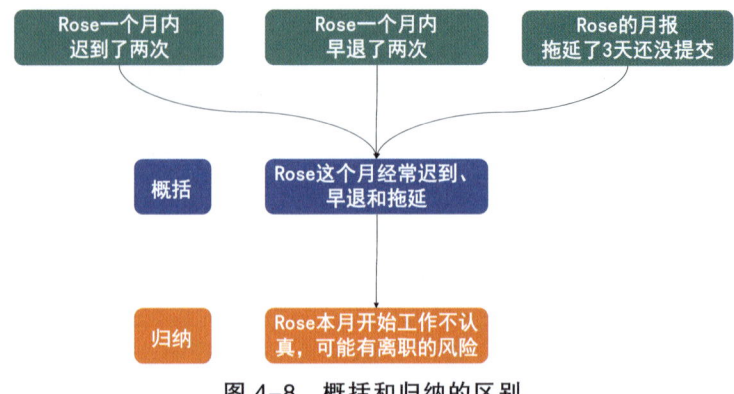

图 4-8　概括和归纳的区别

4.4.4 【归纳法案例】库存管理经理预测销售和库存

举个例子，A 公司是一家工业零部件生产商，Jack 担任库存管理经理的职务，负责监控经济和市场趋势，并提供库存管理建议。

1. 收集数据，观察现象

Jack 每个月都会收集销售、库存、PMI 指数、原材料价格等内部及外部数据。经过 12 个月的数据观察和分析，Jack 发现 PMI 指数与销售额存在明显的相关关系。当 PMI 指数上涨至 52% 以上时，销售额在接下来的一个季度平均增长了 15%；当 PMI 指数下降至 50% 以下时，销售额在随后的一个季度平均下降了 10%。

2. 总结规律，得出结论

基于 12 个月的样本数据观察和分析，Jack 得出了结论：PMI 指数可以作为预测销售和库存变化的一个有效指标。

3. 提出解决方案

根据以上结论，Jack 建议公司使用 PMI 指数建立销售和库存预警系统。当 PMI 指数上涨显示经济可能上行时，公司可以据此增加生产和库存，以应对预期的需求增长。相反，当 PMI 指数下降显示经济可能下行时，公司可以减少生产，避免出现库存过剩的现象。

4.4.5 顺序法基础

纯粹型解决方案有以下两种类型。

第一种有明确的先后顺序，方案是一步一步进行的，分先后步骤和流程完成，只

有完成了前一步，才能进行后一步。输出这种类型的解决方案使用的方法是顺序法。

第二种没有明确的先后顺序，方法和步骤可以并行，也可以串行。输出这种类型的解决方案使用的方法是决策矩阵法。

如何使用顺序法？它的使用方法非常简单。首先明确解决问题需要哪些步骤或流程，然后梳理好它们的先后关系即可。

4.4.6 【顺序法案例】运营人员制定补量策略

在本书的开头提到过 W 公司的案例，W 公司的客户因为首次投放广告效果不理想，所以在投放了广告之后便离开了。这导致客户流失率提升，W 公司收入下降。由此，当时提出了"补量"的结论和策略，但并没有介绍该策略的具体内容，这里将详细介绍该策略的具体内容和流程。

所谓补量策略，就是针对部分符合条件的客户，当他们投放广告的效果达不到 W 公司设置的标准时，W 公司就会选择为他们补发流量。

补量策略的实施是具备先后顺序的，因此可以采用顺序法，具体分以下 5 步实施，如图 4-9 所示。

1. 设置白名单	明确什么体量的客户可以成为补量客户
2. 设置预警指标	明确用什么指标确定客户的投放效果不理想
3. 设定指标的阈值	当指标的数值达到什么标准时，代表客户投放效果不达标
4. 开展监控预警	每日由数据团队监控指标的数据表现，通过看板和机器人发送数据到工作群，通知产品和运营团队相关人员
5. 实施补量策略	运营团队核实数据后，对符合标准的客户实施补量策略

图 4-9 顺序法制定补量策略

1. 设置白名单

W 公司并不是给所有的客户都补量，只有达到一定体量和规模的客户才能享受这个策略，因此第 1 步就是设置白名单。白名单的目的是明确什么体量的客户可以成为补量客户。比如，设置规模在 5000 万元以上的客户才能进入白名单。

2. 设置预警指标

补量策略针对的是那些投放效果不好的客户，那么问题来了，怎么判断投放效果不好？什么指标能反映投放效果不好？因此，第 2 步就是设置反映投放效果的预警指标，目的是明确用什么指标确定客户的投放效果不理想。比如设置 CPM 或 CTR 作为预警指标。

3. 设定指标的阈值

光有指标还不行，指标达到什么标准才能补量？因此，第 3 步就是设定指标的阈值，目的是给预警指标设置一条红线，当指标的数值触碰到这条红线时，代表客户的投放效果不达标，W 公司就应该给客户补量。比如当 CPM＞30 时，代表客户投放广告的价格过高，投放效果不理想，就应该给客户补量。

4. 开展监控预警

通过以上 3 步，我们明确了给哪些客户、在指标达到什么标准时补量。那么，问题又来了，谁来监控客户的这些指标？谁来发出预警？通知哪些人？因此，第 4 步就是开展监控预警，目的就是明确什么时候监控预警指标、谁来监控、以什么形式监控、监控数据通知谁。比如，每天由数据分析团队对白名单内的客户进行指标监控，更新看板数据，以机器人通知的形式将投放效果数据自动发送到工作群，通知运营和产品团队的相关人员。

5. 实施补量策略

数据团队每天将监控预警数据通知运营和产品团队，运营团队的相关人员核实数据后，对符合标准的客户实施补量策略。

4.4.7　决策矩阵法基础

决策矩阵法主要用来输出纯粹型解决方案。通常，我们提出的解决方案中包含若干行动方案，它们之间没有明显的先后顺序。这些行动方案对解决问题都有帮助，但是帮助有大有小。因此，在提出行动方案后，还需要判断每个行动方案的重要度。这就是决策矩阵法。

总结来说，决策矩阵法就是先输出行动方案，再设置 4 个要素，包括可行性、收益性、紧急性、未来性，对每个行动方案进行打分，根据得分判断它们的重要度。

- 可行性：是指每个行动方案是否具备实际落地的能力。
- 收益性：是指每个行动方案带来的收益。
- 紧急性：是指每个行动方案实施的紧急度，是否需要立即执行。

- 未来性：是指每个行动方案为公司未来发展带来的价值大小。

如何使用决策矩阵法？通常按以下 3 步开展。

（1）针对问题，输出若干可能的行动方案。

（2）设置可行性、收益性、紧急性和未来性四个要素的重要度系数。

（3）针对每个行动方案，对可行性、收益性、紧急性和未来性进行打分，并计算每个行动方案的总分，根据总分就可以判断每个行动方案的重要度了。

> **提示** 如何计算总分？
> 先将 4 个要素的得分分别乘以重要度系数，然后将分数加和。
> 其计算公式为：总分=可行性得分×可行性的重要度系数+收益性得分×收益性的重要度系数+紧急性得分×紧急性的重要度系数+未来性得分×未来性的重要度系数。

4.4.8 【决策矩阵法案例】酒店经理提升入住率

这里以 2.3.2 节中提到的 W 酒店为例，现在 W 酒店的酒店经理想要提升入住率，如何使用决策矩阵法帮助他制定解决方案？

1. 输出可能的行动方案

从 W 酒店内部来说，影响入住率的主要因素包括价格、会员、服务、硬件设施、营销、渠道 6 个方面。从这 6 个方面入手，可以制定出 10 个提升入住率的行动方案，具体见表 4-1。

（1）价格：降低住宿价格。

（2）会员：建立会员积分体系，为不同等级的会员提供不同的权益和服务。

（3）服务：①提供免费早餐；②采取差异化服务模式，针对不同人群，提供房+餐+车、房+景、房+餐+景+车等差异化服务。

（4）硬件设施：①升级房间硬件设施；②更新升级游泳池。

（5）营销：①加大线上推广力度，提升广告费用；②开展营销活动，推出套餐服务。

（6）渠道：①与旅行团开展合作；②拓展企业客户。

2. 设置重要度系数

判断可行性、收益性、紧急性和未来性的重要度，为它们分别设置重要度系数。

先选出认为重要度最低的要素，比如，可行性的重要度最低，则将可行性的重要度系数设为1。收益性的重要度是可行性的2倍，则系数为2。紧急性的重要度和可行性相同，则系数为1。未来性的重要度是可行性的2倍，则系数为2，具体见表4-1的第2行。

3. 打分，判断重要度

为第1步制定的10个行动方案在可行性、收益性、紧急性和未来性上打分，用得分乘以重要度系数，加和计算出总分。

以"降低住宿价格"这个行动方案为例，其计算分数的方式如下：

- 在可行性方面，"降低住宿价格"执行难度并不高，可行性较高，因此打8分（总分为10分）。
- 在收益性方面，经过测算，降低住宿价格带来的收益提升并不明显，因此打3分（总分为10分）。
- 在紧急性方面，价格战并不是目前最紧急的任务，因此打4分（总分为10分）。
- 在未来性方面，降低价格对酒店的长期良性发展并不是很有利，因此打3分（总分为10分）。

总分=8×1+3×2+4×1+3×2=24。以此类推，可以计算出其他9个执行方案的总分，具体见表4-1。

表4-1 决策矩阵法制定提升酒店入住率的解决方案

	执行方案	可行性 ×1	收益性 ×2	紧急性 ×1	未来性 ×2	总分
价格	降低住宿价格	8	3	4	3	24
会员	建立会员积分体系，为不同等级的会员提供不同的权益和服务	7	6	5	8	40
服务	提供免费早餐	8	4	4	3	26
	采取差异化服务模式，针对不同人群，提供房+餐、房+景、房+餐+景、房+餐+景+车等差异化服务	7	6	8	7	41
硬件设施	升级房间硬件设施	6	5	3	8	35
	更新升级游泳池	5	4	3	7	30
营销	加大线上推广力度，提升广告费用	7	5	7	6	36
	开展营销活动，推出套餐服务	8	7	8	7	44
渠道	与旅行团开展合作	6	8	6	8	44
	拓展企业客户	5	8	6	8	43

4.4.9 关键要素评估法基础

关键要素评估法主要用来输出是否可行型结论。

判断某个方案是否可行，关键要判断影响该方案的关键要素是否在预期之内，或者是否在设定的标准之内。比如：

- 是否要进入老年人为主导的银发市场，关键要判断银发市场规模和市场前景等关键要素是否能达到我们的期望或者设定的标准。
- 是否要接受某个 offer，关键要判断薪酬、职位、行业等关键要素是否达到了我们的期望。

由此可知，关键要素评估法就是找到影响问题的关键要素，对关键要素的实际表现和预期标准进行评估和打分，从而判断是否可行的方法。

如何使用关键要素评估法？通常需要按以下 3 步开展。

（1）将影响可行性的关键要素罗列出来，并设置每个要素的权重。之所以要设置权重，是因为每个要素对问题的影响程度和重要度是不一样的。

（2）对比关键要素的期望和实际，判断实际情况是否达到了预期，并给出得分。

（3）计算总分，做出"是或否"的决策。

4.4.10 【关键要素评估法案例】求职者是否接受抛来的 offer

举个例子，Rose 最近收到了来自 A 公司的 offer，她不知道是否要接受该 offer。如何用关键要素评估法帮她做出判断？

1. 列出关键要素，设置权重

将影响 offer 的关键要素罗列出来，Rose 将这些关键要素分为 5 大类，分别为薪酬福利、行业、公司、岗位和上级，每个大类下又分为 19 个小类。

由于对每个关键要素的重视程度不一样，Rose 对每个关键要素都设置了不同的权重，薪酬福利、行业、公司、岗位和上级的权重分别为 30%、20%、20%、20%、10%。19 个小类的权重，具体见表 4-2 的"权重"一列。

2. 对比期望和实际，打分

Rose 将对每个关键要素的期望标准和 offer 的实际情况罗列出来，并进行对比，根据差距给每个关键要素打分，具体见表 4-2 的"得分"一列。

比如，对于基本薪资，Rose 期望的是每月 5 万元，offer 里给到的实际薪资为 4 万元，那么对基本薪资这个关键要素的打分为 80 分（总分 100 分）。

3. 计算总分，做出决策

将每个关键要素的得分与权重相乘后，得到每个关键要素的加权分数。再将 19 个关键要素的加权分数相加，得到总分，根据总分判断是否接受 offer，具体见表 4-2。

Rose 计算的总分为 58.6 分（总分 100 分），因此她决定放弃这个 offer。

表 4-2 关键要素评估法评估 offer

	关键要素	权重	期望	实际	得分	加权分数
薪酬福利 30%	基本薪资	12%	50,000 元/月	40,000 元/月	80	9.6
	绩效奖金	8%	4 个月薪资	2 个月薪资	50	4.0
	股票期权	7%	100,000（4 年）	无	0	0.0
	房补	1%	2,000 元/月	无	0	0.0
	交通费	1%	报销	报销	100	1.0
	餐补	1%	午餐	无	0	0.0
行业 20%	行业规模	10%	千亿元以上	千亿元左右	100	10.0
	行业前景	10%	增速 5% 以上	增速 1% 左右	20	2.0
公司 20%	公司规模	2%	行业前 5	行业 10 位以后	0	0.0
	公司利润	8%	稳定盈利	稳定盈利	100	8.0
	公司口碑	5%	较好	较好	100	5.0
	公司发展速度	5%	稳定或快速发展	稳定	100	5.0
职位 20%	职位是否能提升	5%	是	是	100	5.0
	是否为核心岗位	5%	是	否	0	0.0
	是否带团队	5%	是	否	0	0.0
	是否与未来规划匹配	5%	是	否	0	0.0
上级 10%	工作经验	3%	10 年以上	11 年	100	3.0
	专业度	3%	8 分以上	6 分	80	2.4
	行业影响力	4%	7 分以上	6 分	90	3.6
总分		100%	—	—	—	58.6

4.4.11 排序法基础

排序法主要用来输出优先级型结论。

排序法，通过设置若干评估标准，对多个解决方案或选项进行打分，根据总分，对解决方案和选项进行排序，从而判断优先发展哪些选项、次优发展哪些选项，以及淘汰哪些选项。通常可以用如下表格实现评估，具体见表 4-3。

表 4-3 排序法评估表

	评估标准 1		评估标准 2		评估标准 3		总分	排序
	得分	权重	得分	权重	得分	权重		
选项 1								
选项 2								
选项 3								
选项 4								
选项 5								

那么，如何使用排序法？通常要遵循以下 3 个步骤。

（1）将解决方案或选项罗列出来。

（2）确定评估这些解决方案或选项的标准，根据每个评估标准的重要度，为其分配不同的权重，所有的权重加和要等于 1。

> **提示** 标准的选择和数量要根据具体的业务场景确定，比如：
> - 评估不同业务线的优先级，可以选择业务的规模、业务的增速等标准。
> - 评估产品功能开发的优先级，可以选择用户使用人数、用户使用频率、开发难易程度等标准。
> - 评估工作和任务的优先级，可以选择重要性、紧急性、收益性等标准。

（3）为每个评估标准打分，将不同评估标准的得分乘以权重后加和，即可计算出每个解决方案或选项的总分。根据总分对所有解决方案或选项进行排序，总分越高，优先级越高。

4.4.12 【排序法案例】产品经理评估产品功能优先级

Y 公司是一家云笔记公司，其产品经理从用户运营部门收集了产品需求的相关反馈，希望产品新增加 14 个功能。作为产品经理，如何通过排序法判断这些产品功能开发的优先级？

1. 罗列产品功能

14 个产品功能如下所示，我们要做的就是对这 14 个产品功能开发的优先级进行排序。

（1）同步登录。

（2）文档扫描。

（3）上传文件。

（4）搜索云笔记。

（5）手写云笔记。

（6）模板库。

（7）签到。

（8）多人协作。

（9）锁定应用。

（10）回收站。

（11）链接收藏。

（12）新增脑图。

（13）PDF 转 Word。

（14）语音速记。

2. 确定评估标准，分配权重

产品功能开发的优先级取决于其创造的用户价值、功能的重要紧急度、功能的开发难度和见效速度。我们把它们设置为评价产品功能优先级的 3 个标准，分别命名为"用户价值""重要紧急度""开发难度和效率"。

> **提示** 产品功能开发的优先级评估不一定必须使用这 3 个标准。在实际业务场景中，可以使用 3 个以上的标准，也可以使用其他标准。比如，使用 KANO 模型和 Better-Worse 系数进行评估，我们将在 4.4.14 节详细介绍该方法。

产品经理经过分析讨论，认为这 3 个标准同等重要，因此为每个标准各设置 1/3 的权重。

3. 打分排序，明确优先级

产品经理对这 14 个产品功能的"用户价值""重要紧急度""开发难度和效率"进行分析和打分。

（1）如何为"用户价值"打分？

"用户价值"是影响产品功能开发的第一个重要因素。产品功能带来的用户价值越大，开发的优先级就越高。如何判断和衡量用户价值？其价值主要体现在两个方面：第一个是有多少人使用该功能；第二个是有多少人重复使用该功能。前者用"用户数量"这个指标表示，后者用"使用频率"这个指标表示。

因此，我们用"用户数量"和"使用频率"两个指标判断"用户价值"，并给出不同的得分。这里使用 4 分制，最高分为 4 分，代表产品功能带来的用户价值最大，开发的优先级最高。具体评分见表 4-4。

表 4-4 "用户价值"评分表

用户数量	使用频率	得分
多	高	4
多	低	3
少	高	2
少	低	1

- 如果一个产品功能的用户数量多，且使用频率也高，那么得分为 4 分。
- 如果一个产品功能的用户数量多，但使用频率低，那么得分为 3 分。
- 如果一个产品功能的用户数量少，但使用频率高，那么得分为 2 分。
- 如果一个产品功能的用户数量少，且使用频率也低，那么得分为 1 分。

（2）如何为"重要紧急度"打分？

"重要紧急度"是影响产品功能开发的第二个重要因素。产品功能的重要紧急度越高，开发的优先级就越高。

我们用"重要度"和"紧急度"两个指标进行判断，并给出不同的得分。这里仍然使用 4 分制，最高分为 4 分，代表产品功能的重要紧急度最高，开发的优先级最高。具体评分见表 4-5。

表 4-5 "重要紧急度"评分表

重要度	紧急度	得分
高	高	4
高	低	3
低	高	2
低	低	1

- 如果一个产品功能的重要度高，且紧急度高，那么得分为 4 分。
- 如果一个产品功能的重要度高，但紧急度低，那么得分为 3 分。
- 如果一个产品功能的重要度低，但紧急度高，那么得分为 2 分。
- 如果一个产品功能的重要度低，且紧急度低，那么得分为 1 分。

（3）如何为"开发难度和效率"打分？

"开发难度和效率"是影响产品功能开发的第三个重要因素。产品功能的开发难度越小、效率越高，开发的优先级就越高。

我们用"开发难度"和"见效速度"两个指标进行判断，并给出不同的得分。这里仍然使用 4 分制，最高分为 4 分，代表产品功能开发难度小、见效速度快，开发的优先级最高。具体评分见表 4-6。

表 4-6 "开发难度和效率"评分表

开发难度	见效速度	得分
小	快	4
大	快	3
小	慢	2
大	慢	1

- 如果一个产品功能的开发难度小,且见效速度快,那么得分为 4 分。
- 如果一个产品功能的开发难度大,但见效速度快,那么得分为 3 分。
- 如果一个产品功能的开发难度小,但见效速度慢,那么得分为 2 分。
- 如果一个产品功能的开发难度大,且见效速度慢,那么得分为 1 分。

(4)如何计算总分?

将每个功能在"用户价值""重要紧急度""开发难度和效率"3个标准维度的得分乘以权重后相加,即可计算出每个功能的总分。具体结果见表 4-7。

表 4-7 排序法评估产品功能优先级

产品功能	用户价值(权重 1/3)			重要紧急度(权重 1/3)			开发难度和效率(权重 1/3)			总分	优先级
	用户人数	使用频率	得分	重要度	紧急度	得分	开发难度	见效速度	得分		
同步登录	多	高	4	高	高	4	小	快	4	12	P0
文档扫描	多	高	4	高	低	3	小	快	4	11	P0
回收站	多	低	3	高	高	4	小	快	4	11	P0
上传文件	多	高	4	高	低	3	大	快	3	10	P1
新增脑图	多	高	4	高	低	3	大	快	3	10	P1
PDF 转 Word	少	高	2	高	高	4	大	快	3	9	P1
搜索云笔记	多	低	3	高	低	3	小	慢	2	8	P1
模板库	少	高	2	高	高	4	大	慢	1	7	P1
链接收藏	少	高	2	低	低	1	小	快	4	7	P1
多人协作	少	低	1	高	低	3	大	快	3	7	P1
手写云笔记	少	高	2	高	低	3	大	慢	1	6	P2
语音速记	少	低	1	低	低	1	大	快	3	5	P2
签到	少	低	1	低	高	2	大	慢	1	4	P3
锁定应用	少	低	1	低	低	1	大	慢	1	3	P3

根据总分,对每个产品功能进行排序。总分越高,排序越靠前,优先级越高。

通过表 4-7 可以发现,"同步登录""文档扫描""回收站"的优先级最高,是需要最优先开发的 3 个产品功能。

4.4.13 矩阵法基础

矩阵法主要也用来输出优先级型结论。

矩阵，就是用一个指标或要素代表横轴，用另一个指标或要素代表纵轴，将每条坐标轴根据一定的标准一分为二，也可以一分为三或一分为四，就可以将研究的问题或业务划分为若干类型。

如果横轴和纵轴均一分为二，就能将研究的问题或业务划分为四种类型，通常称为四象限矩阵。如果横轴和纵轴均一分为三，就能划分为九种类型，通常称为九宫格矩阵。如果其中一个轴一分为二，另一个轴一分为三，就能划分为六种类型。

借助矩阵，可以将复杂的问题和信息简化，非常简洁、清楚地对象限中的问题或业务进行分类，区分不同问题或业务的重要度和优先级，输出优先级型结论。

1. 四象限矩阵

在商业分析中，四象限矩阵（典型代表波士顿矩阵）、九宫格矩阵（典型代表 GE 矩阵）使用较多。其中四象限矩阵比九宫格矩阵更简单，更容易上手，因而更受欢迎。为什么？

因为人类的大脑一次能够理解的思想或概念的数量是有限的，一次只能记忆不超过 7 个思想、概念或项目。

著名心理学家米勒在《神奇的数字 7±2》中提出数字 7 这个概念，他认为大脑的短期记忆无法一次容纳 7 个以上的记忆项目。大脑比较容易记住的是 3 个项目，当大脑发现需要处理的项目超过 4 个或 5 个时，就会开始将其归类到不同的逻辑范畴中，以便记忆。

麦肯锡提出的金字塔理论中，也提到支撑中心结论的论据为 3~5 个最佳，少了，论据会显得不充分；多了，不仅凌乱还难以记忆。

所以，四象限矩阵因为简洁、便于理解和记忆而受到追捧，被广泛传播和使用。

根据横轴和纵轴是否可以量化，四象限矩阵又可以分为两类：定量矩阵和定性矩阵。

（1）定量矩阵。

横轴和纵轴都可以用明确数据表现出来的，就是定量矩阵。大家非常熟悉的波士顿矩阵就是一个定量四象限矩阵。它以"销售增长率"为纵轴，以"市场占有率"为横轴，每个轴上用一条线将坐标轴划分为两个部分，这样就可以将事业单元、产品或业务划分为四种类型，针对不同类型制定不同的应对策略，如图 4-10 所示。

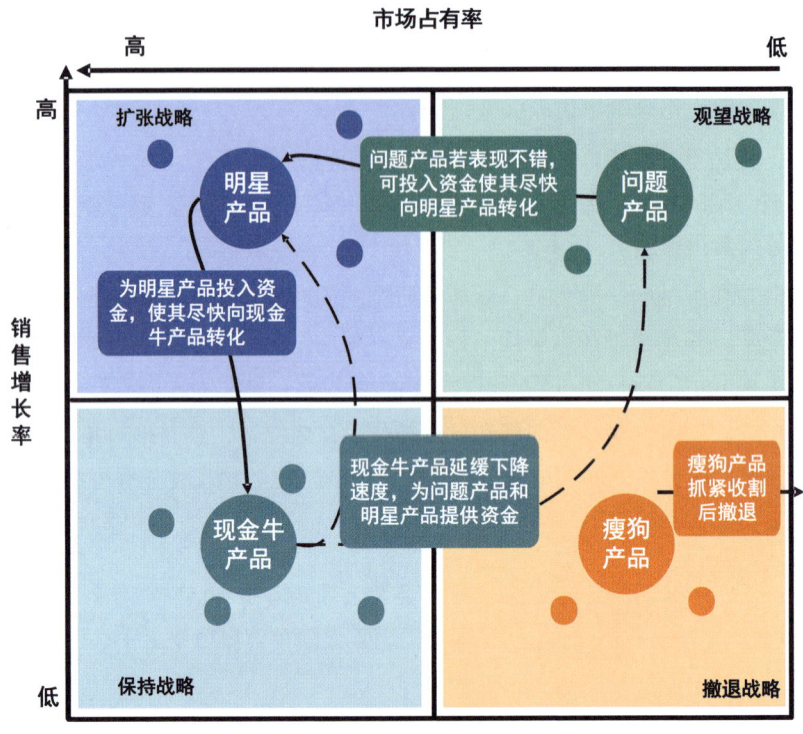

图 4-10 波士顿矩阵

- 现金牛产品：市场占有率高、销售增长率低的产品，适宜采取"保持战略"，不宜投入过多资金拓展，需延缓下降速度，主要为明星产品和问题产品提供资金。
- 明星产品：市场占有率和销售增长率均高的产品，适宜采取"扩张战略"，需要投入资金，扩大市场规模，让其尽快转化为现金牛产品。
- 瘦狗产品：市场占有率和销售增长率均低的产品，较低的销售增长率和市场占有率无法为企业带来收益，适宜采取"撤退战略"，抓紧收割完利益后赶紧撤离。
- 问题产品：市场占有率低，但销售增长率高的产品，面临"扩张战略"还是"撤退战略"的两难选择，可采取"观望战略"。若表现不错，需投入资金使其尽快向明星产品转化；若表现不理想，则及时撤退。

（2）定性矩阵。

横轴和纵轴无法用明确的数据表现出来，只能定性描述的，就是定性矩阵。

比如，大家熟知的安索夫矩阵就是典型的定性矩阵。其以"现有产品"和"新产品"代表横轴，以"现有市场"和"新市场"代表纵轴，划分为四种产品和市场组合，并提出四种相对应的策略，如图 4-11 所示。目前已成为应用最广泛的市场分析工具之一，主要用来帮助企业评估市场方向，制定细分市场的发展策略。

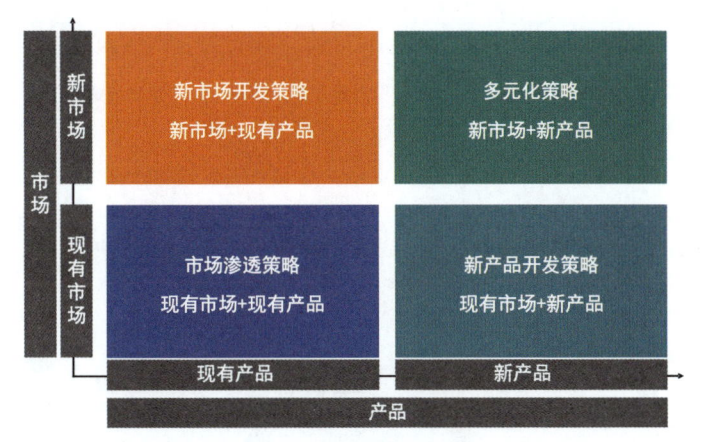

图 4-11　安索夫矩阵

> **提示**　对于安索夫矩阵的四个象限，有以下分析。
> ①左下角：现有市场+现有产品组合，采用"市场渗透策略"，即在公司现有的市场上，增加现有产品的营销力度。
> ②右下角：现有市场+新产品组合，采用"新产品开发策略"，即开发新产品，来更好地满足现有市场的需求。
> ③左上角：新市场+现有产品组合，采用"新市场开发策略"，即用现有产品去满足新市场的需求。
> ④右上角：新市场+新产品组合，采用"多元化策略"，即用新产品去满足新市场的需求。

2. 九宫格矩阵

九宫格矩阵也可以像四象限矩阵一样，划分为定性九宫格矩阵和定量九宫格矩阵，这里我们不做过多介绍。重点介绍另一种划分方法：简单的九宫格矩阵和组合的九宫格矩阵。

（1）简单的九宫格矩阵。

我们非常熟悉的 GE 矩阵，就是一个简单的九宫格矩阵。它以"市场吸引力"为纵轴，以"竞争实力"为横轴，每个轴上用两条线将坐标轴划分为三部分，这样就将事业单元、产品或业务划分为九种类型，如图 4-12 所示。

- 左上角三个标五角星的格子，代表市场吸引力和竞争实力均较高的业务，总体上可以采取"发展战略"。
- 中间三个标圆形的格子，代表市场吸引力和竞争实力均一般的业务，总体上可以采取"保持战略"。
- 右下角三个标三角形的格子，代表市场吸引力和竞争实力都较弱的业务，总体上可以采取"撤退战略"。

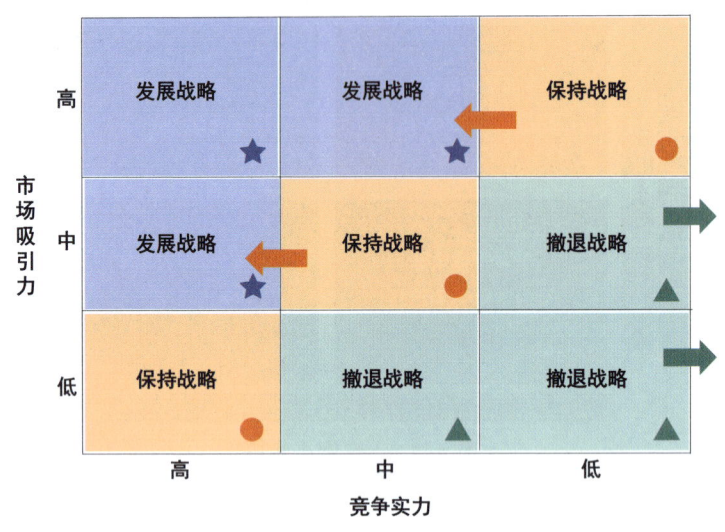

图 4-12　简单的九宫格矩阵

（2）组合的九宫格矩阵。

如果想在九宫格中读取更多的信息，则可以在每个格子里添加更多的元素或图形，如饼状图、柱状图、折线图和面积图等。这些图形和九宫格组合，就形成了组合的九宫格矩阵，可以展示更多的数据和信息。

比如，针对上面的 GE 矩阵，为了更加形象地看到不同业务的市场规模和市场份额，可以在每个格子中添加一个饼状图。其中圆的大小代表市场规模的大小，阴影面积代表市场份额，如图 4-13 所示。

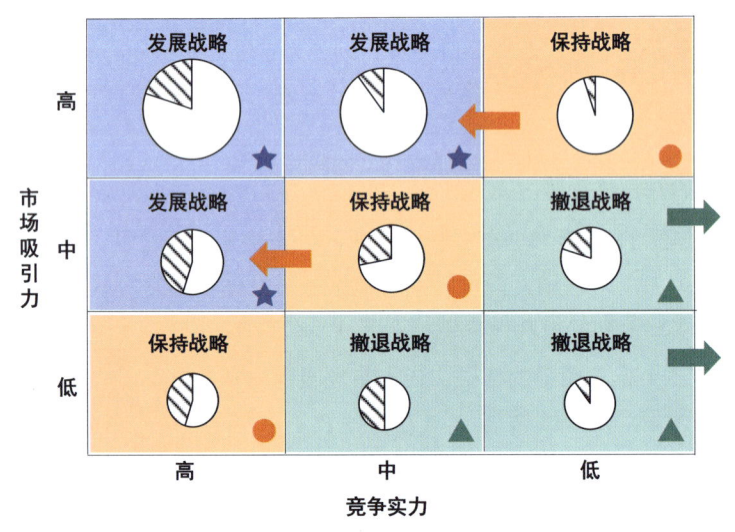

图 4-13　组合的九宫格矩阵

那么，如何使用矩阵法？通常要遵循以下 4 个步骤。

（1）明确问题。比如，确定不同产品功能的优先级、确定不同业务线的优先级、确定不同客户的优先级等。

（2）设置合适的评估指标。比如，波士顿矩阵采用"销售增长率"和"市场占有率"两个指标评估产品。在进行其他评估时，这两个指标可能就不太适用，需要设置其他更贴合实际业务的指标。

（3）确定指标的标准线。横坐标轴和纵坐标轴上均有一条或两条标准线，将每个轴都划分为两个或三个区域。这个标准线其实是没有统一标准的，需要根据实际情况自己设定。

（4）判断优先级，制定策略。根据不同问题或业务在矩阵中的位置，判断优先级，并制定不同的策略。

4.4.14 【矩阵法案例】产品经理评估需求功能优先级

这里仍以 4.4.12 节的云笔记公司 Y 为例，其产品经理从用户运营部门收集了产品需求的相关反馈，希望产品新增加 14 个功能。如何用矩阵法帮助产品经理判断这些产品功能开发的优先级？

判断产品功能开发的优先级最常用的矩阵就是 Better-Worse 系数矩阵。Better-Worse 系数矩阵，就是计算每个产品功能的 Better 系数和 Worse 系数，以 Better 系数为纵轴，以 Worse 系数为横轴，构建矩阵，可以将 14 个产品功能划分在四个象限中，不同象限中产品功能开发的优先级也是不同的。

- Better 系数：就是增加某个功能后用户的满意系数。它的数值通常为正值，代表产品提供某种功能，用户满意度就会提升。正值越接近 1，用户满意度提升得越快。它的计算公式为：Better 系数=（A 占比+O 占比）/(A 占比+O 占比+M 占比+I 占比)。
- Worse 系数：就是删除某个功能后用户的不满意系数。它的数值通常为负，代表产品不提供某种功能，用户的满意度就会降低。负值越接近-1，用户满意度降低得越快。它的计算公式为：Worse 系数= -1×（O 占比+M 占比）/(A 占比+O 占比+M 占比+I 占比)。

> **提示** M：必备需求；O：期望需求；A：魅力需求；I：无差异需求；R：反向需求；Q：可疑结果。

那么，如何使用Better-Worse系数矩阵？首先，需要熟悉KANO模型；其次，需要设计调研问卷，收集用户数据；然后，计算Better系数和Worse系数；最后，画出Better-Worse系数矩阵。

1. 熟悉KANO模型

KANO模型主要用来帮助产品经理根据用户满意度评估产品需求的优先级。它以"功能具备的程度"为横轴，以"用户满意度"为纵轴，将用户对产品的需求划分成五种类型，如图4-14所示。

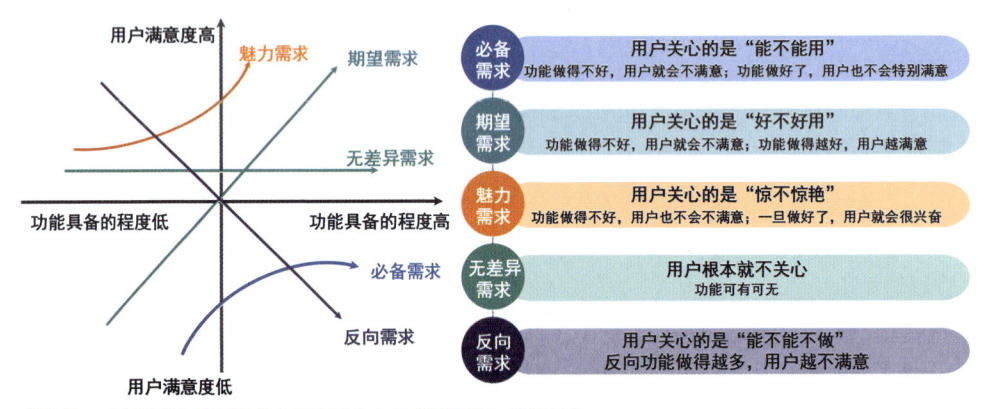

图4-14 KANO模型

（1）必备需求（M）。

必备需求用英文表示为Must-be Quality，简写为M。这些是用户期望产品必须有的基本功能。如果这些功能做得不好，那么用户满意度会大大降低；但即便做好了，用户也不会因此感到特别满意。

（2）期望需求（O）。

期望需求用英文表示为One-dimensional Quality，简写为O。这类功能做得越好，用户满意度就会越高；反之，如果做得不好，则用户满意度就会降低。

（3）魅力需求（A）。

魅力需求用英文表示为Attractive Quality，简写为A。这些功能超出了用户的期望，如果产品提供了这些功能，则会让用户感到非常惊喜和满意；但如果没有提供这些功能，用户也不会太失望。

（4）无差异需求（I）。

无差异需求用英文表示为Indifferent Quality，简写为I。这些功能对用户满意度几乎没有影响，用户对它们不太在意。

(5)反向需求(R)。

反向需求用英文表示为 Reverse Quality,简写为 R。用户对这些功能根本没有需求,提供这些功能后,用户满意度反而下降。

2. 设计调研问卷,收集用户数据

通过为用户发放调研问卷,收集用户对产品功能的满意度反馈数据,具体分 4 步实现。

(1)设计并发放调研问卷。

如何设计问卷?针对每个产品功能都要设计正向和反向两个问题。以"同步登录"功能为例,其正向和反向问题见表 4-8。

表 4-8 "同步登录"功能的正向和反向问题

正向问题:如果在云笔记中提供"同步登录"功能,您对此功能的态度是什么?				
非常喜欢	理应如此	无所谓	勉强接受	很不喜欢
反向问题:如果在云笔记中不提供"同步登录"功能,您对此功能的态度是什么?				
非常喜欢	理应如此	无所谓	勉强接受	很不喜欢

该案例中有 14 个产品功能,因此要设置 14 个类似的问题。问题设计好之后,要将问卷发放给符合条件的用户,让其回答问题并填写问卷。

(2)回收问卷,整理清洗数据。

问卷回收之后,如何整理数据?针对每个产品功能,按表 4-9 的形式整理数据。

以"同步登录"功能为例,假设某用户对正向问题选择了"理应如此",对反向问题选择了"很不喜欢",则意味着提供"同步登录"功能,用户会觉得是应该的,但不提供"同步登录"功能,用户满意度会大大降低。因此,"同步登录"功能属于"必备需求"。那么该用户在"同步登录"这个功能上就属于 M 类用户,并在表中对应位置标记 M。

表 4-9 用户需求归类

		不提供某项功能				
		非常喜欢	理应如此	无所谓	勉强接受	很不喜欢
提供某项功能	非常喜欢	Q	A	A	A	O
	理应如此	R	I	I	I	M
	无所谓	R	I	I	I	M
	勉强接受	R	I	I	I	M
	很不喜欢	R	R	R	R	Q

提示 此处的 Q 代表可疑结果，也就是实际情况中不应该出现的，但却出现了这种结果。通常由用户填写错误导致，被判为无效数据。

（3）统计数据。

假设回收了 100 份问卷，计算每个产品功能的不同需求用户占比。以"同步登录"功能为例，其统计结果见表 4-10。

表 4-10 "同步登录"功能的不同需求用户占比

同步登录功能		不提供某项功能				
^		非常喜欢	理应如此	无所谓	勉强接受	很不喜欢
提供某项功能	非常喜欢	2%	5%	3%	2%	15%
^	理应如此	0%	2%	0%	0%	56%
^	无所谓	0%	1%	5%	0%	2%
^	勉强接受	0%	0%	1%	1%	2%
^	很不喜欢	0%	0%	0%	0%	3%

（4）计算 A 占比、O 占比、M 占比、I 占比。

对表 4-10 中的数据进行加和，计算不同需求占比。以"同步登录"功能为例，经过加和计算得到的数据见表 4-11。

表 4-11 "同步登录"功能不同需求占比

M 占比	O 占比	A 占比	I 占比	Q 占比	R 占比
60%	15%	10%	10%	5%	0%

其中，M 占比 60%，代表有 60% 的用户认为"同步登录"为必备需求；O 占比 15%，代表有 15% 的用户认为"同步登录"为期望需求；A 占比 10%，代表有 10% 的用户认为"同步登录"为魅力需求；I 占比 10%，代表有 10% 的用户认为"同步登录"为无差异需求。M 占比最多，因此"同步登录"功能为必备需求。

3. 计算 Better 系数和 Worse 系数

根据表 4-11 的数据，计算"同步登录"功能的 Better 系数和 Worse 系数。

- Better 系数=（A 占比+O 占比）/(A 占比+O 占比+M 占比+I 占比)=（10%+15%）/（10%+15%+60%+10%）=0.27。
- Worse 系数=-1×（O 占比+M 占比）/(A 占比+O 占比+M 占比+I 占比）=-1×（15%+60%）/（10%+15%+60%+10%）=-0.79。

以此类推，计算其他 13 个产品功能的 Better 系数和 Worse 系数，结果见表 4-12。

表 4-12 Better 系数和 Worse 系数

产品功能	Better 系数	Worse 系数
同步登录	0.27	−0.79
文档扫描	0.32	−0.81
上传文件	0.56	−0.68
搜索云笔记	0.78	−0.93
手写云笔记	0.87	−0.34
模板库	0.76	−0.67
签到	0.22	−0.23
多人协作	0.68	−0.57
锁定应用	0.12	−0.21
回收站	0.12	−0.97
链接收藏	0.84	−0.79
新增脑图	0.91	−0.82
PDF 转 Word	0.95	−0.76
语音速记	0.87	−0.43

4. 画出 Better-Worse 系数矩阵

以 Better 系数为纵轴，以 Worse 系数的绝对值为横轴，构建矩阵，据此可以判断产品功能开发的优先级，如图 4-15 所示。

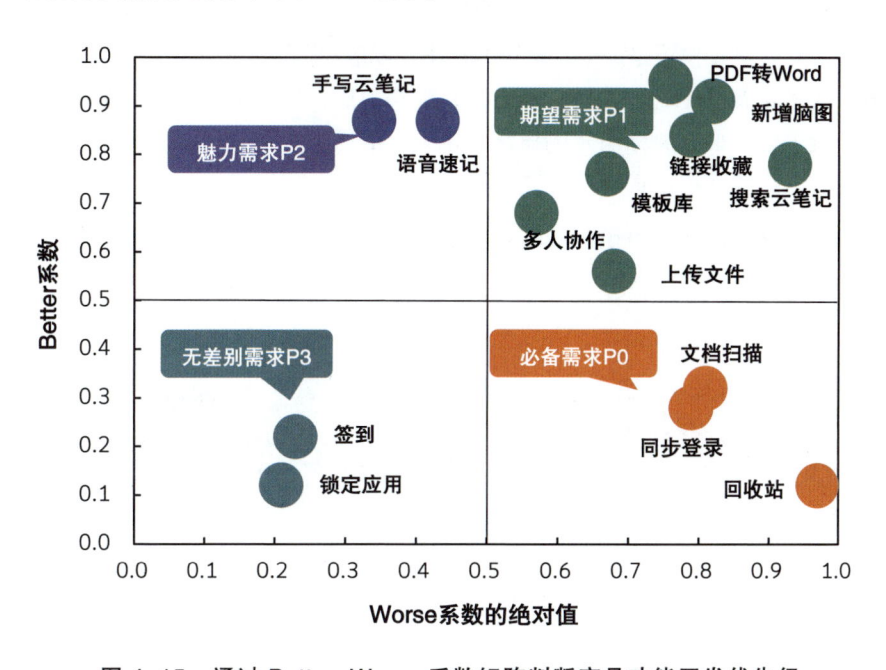

图 4-15 通过 Better-Worse 系数矩阵判断产品功能开发优先级

- 落在第四象限的产品功能：代表提供这些功能后，用户满意度并无明显提升；而不提供这些功能，用户满意度快速降低。因此，属于必备需求，优先级最高。
- 落在第一象限的产品功能：代表提供这些功能后，用户满意度快速提升；而不提供这些功能，用户满意度快速降低。因此，属于期望需求，优先级次之。
- 落在第二象限的产品功能：代表提供这些功能后，用户满意度快速提升；不提供这些功能，用户满意度也无明显降低。因此，属于魅力需求，优先级再次之。
- 落在第三象限的产品功能：代表提供这些功能后，用户满意度并无明显提升；不提供这些功能，用户满意度也无明显降低。因此，属于无差别需求，优先级最低。

4.5 发散和聚合，一放一收，收放自如地思考

到此为止，我们已经介绍了拆解问题、深度分析问题、得出结论，如果深度理解了这些环节和过程，你就学到了一个非常有用的思维方式，就是发散和聚合思维。

如果将思绪拉回童年，再深度比喻一下，那么"发散-聚合"与我们小时候被教育的"多挖井-深挖井"是不是一个道理？从小我们就被教育要在一个地方深挖，挖出深井来。而不是到处挖，挖的都是一些浅浅的小坑。可是没有人告诉我们，应该在哪个地方挖才能挖出深井来。万一选了一个没有水的地方挖，挖得再深也是挖不出井的。

其实，到底是多挖还是深挖，解决方法跟"发散-聚合"是一个道理。刚开始时需要发散，要多选择几个地方，做初步研究，观察地形，挖几个坑，分析泥土和岩石的成分、干湿度等方面，判断有水的概率有多大。最后则需要聚合，选择一个或几个概率大的地方，继续深挖，直到挖出深井来。

在分析解决问题时，拆解问题就是"发散"的过程，得出结论就是"聚合"的过程，它们是完全相反的过程，一放一收，就能做到收放自如地思考，具体如图 4-16 所示。

> **提示** 发散和聚合不是一次发散一次聚合的单向过程，而是不断地重复，直到解决问题。可能经历一轮的发散聚合，就可以解决问题；也可能需要经历很多轮的发散聚合才能解决问题。重复几轮不是关键，关键在于解决问题。

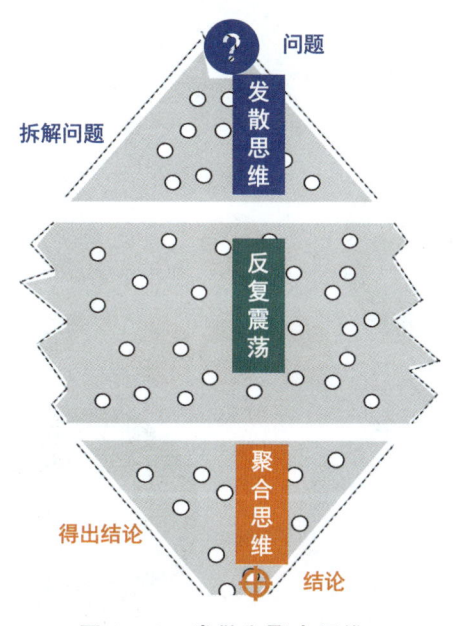

图 4-16　发散和聚合思维

4.5.1　发散思维，放出去

发散思维就是"化整为零"，把问题拆解、放大，形成容易解决的小模块和小任务，将子问题和影响因素考虑全面。

在思考问题的解决方案时，关键是把自己的思维放出去，拓展和扩大问题的广度，寻求多种可能性和选择，以便全面地理解和把握问题，保证思考的完整度。

发散通常在分析问题的"起点"时使用，注重联想和分类，主要用于搭建思考框架。

那如何将问题发散出去？使用的方法就是我们在第 2 章拆解问题时介绍的 5 种方法，它们分别是流程法、公式法、要素法、逻辑法和模型法，如图 4-17 所示。

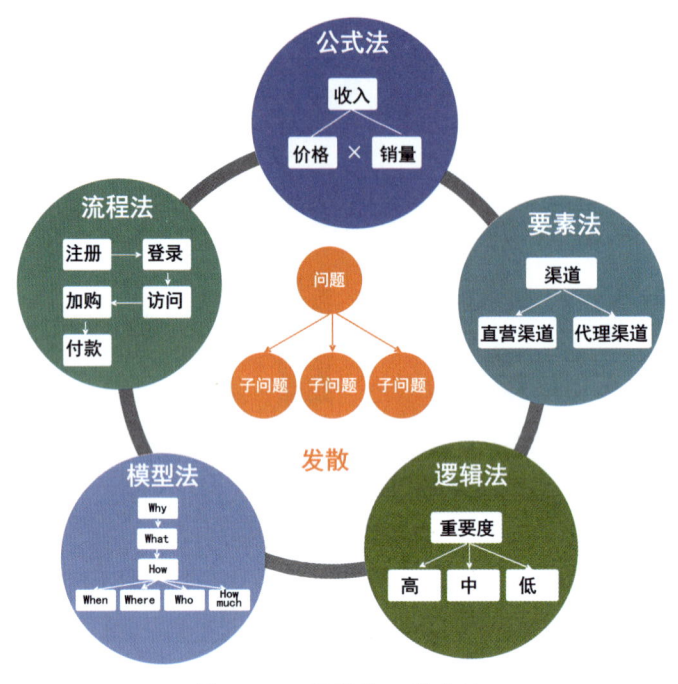

图 4-17　发散的 5 种方法

4.5.2　聚合思维，收回来

聚合思维就是"化零为整"，把各个小任务和小问题的结论聚焦收敛，形成最终的核心结论。

在对发散的各个问题进行深入分析之后，关键在于能够有效地将它们聚焦，将思维收回来，将众多分散的观点整合，最终形成一个稳固的结论。这个过程类似于将一系列看似独立的论据串联起来，形成一个逻辑严密的结论。每个论据都像一个支撑点，共同支撑起整个结论的稳定性。

聚合通常在分析问题的"终点"使用，注重归纳和演绎，主要用于得出最终的结论和观点，找到解决方案。

那如何将问题聚合回来？使用的方法也就是我们在本章介绍的 9 种方法，它们分别是演绎法、归纳法、顺序法、决策矩阵法、关键要素评估法、排序法、矩阵法、假设验证法和 5Why 分析法，如图 4-18 所示。

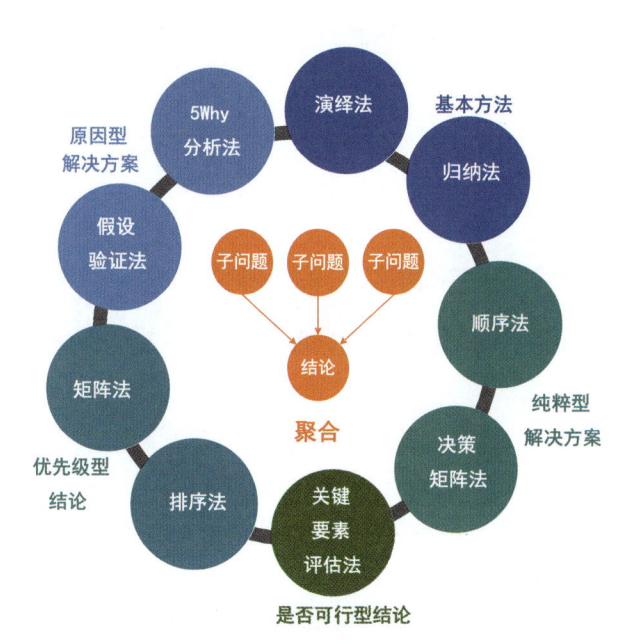

图 4-18 聚合的 9 种方法

> **提示** 通过发散思维和聚合思维可以有效提升思考能力。
> - 发散思维可以进行信息收集、灵感收集、构建思考框架。
> - 聚合思维可以对收集的信息进行加工，将发散的内容聚焦收敛起来。

第 5 章

步骤五——说：结构化汇报/沟通

在职场中，解决问题与绩效紧密相关。把问题解决不是为了自我感动，而是需要向上级、客户和合作伙伴汇报结果。

一个问题，从定义、拆解、归因到提出解决方案，中间需要经历很多大大小小、或难或易的工作，这些工作往往是隐性的、不容易被上级和别人看到的。而容易被上级看到的、显性的工作便是汇报/沟通。

汇报/沟通是解决问题最后的临门一脚。有些人，日常的、前期的工作做得很好，却因为没有掌握汇报/沟通的要领，功败垂成，被打上"能力不行"的标签，就算前期工作做得再出色，恐怕也难以挽回颓势。有些人，前期工作或许没有那么出色，但是由于擅长汇报/沟通，却总是能突出自己的优势，放大工作成果，成为最终的赢家。

汇报/沟通涉及的环节、流程繁多，要准备、演练的事项庞杂，只有把控好每个环节，安排好各个事项，才能在台上"一鸣惊人"，而这就需要结构化汇报/沟通的能力。

因此，在第 5 章，我们将介绍如何结构化汇报/沟通，包括如何在任务初期明确好任务，管理好上级期望，让汇报目的更清晰；如何深度思考分析，让汇报内容更浅显易懂；如何组织观点，让结论更加坚固；如何在会前列好三张清单，让准备更加充分；如何在汇报时灵活使用不同的策略，让自己在现场更加自信；如何让话术通俗易懂，令人如沐春风；如何应对现场提问，让回答更灵活自如；如何记好 To do 事项，让后续跟进更加顺畅。

5.1 汇报/沟通的标准化和结构化

之所以汇报不理想，沟通不顺畅，主要是因为工作中存在混乱和烦琐的事情。越是混乱和烦琐的事情，越需要标准化和结构化。

5.1.1 为什么和下属沟通时上级很不耐烦

和下属沟通时，为什么很多上级很不耐烦？抛开上级的个人情绪不说，主要原因就是下属说话没有逻辑，啰哩啰唆，思维混乱，抓不住重点，说了很长时间也不知道他要表达什么。你不引导，是很难明白他要干什么的。

举个例子，上级和下属沟通会议取消的场景，就能够明白为什么上级会不耐烦。

1. 非结构化沟通模式

- 秘书：老板，我和你说个事儿。
- 老板：好的。
- 秘书：客户昨天内部开了一个会，会议的主题是组织架构调整，客户所在的部门会有一个新老板上任，原来的老板转到其他部门去了。
- 老板：我知道了，还有什么事吗？
- 秘书：明天新老板上任，因此之前安排的和客户的会议取消了。
- 老板：取消了？那我们之前安排的事情如何推进？会议还要不要开？
- 秘书：这个我不太清楚，呃呃呃，我再和客户确认一下。

这位秘书和老板总共说了 4 句话，句句都有错误，可以看出他的思维真的非常混乱。

这里对他们的对话进行剖析，找出存在的错误和问题，如图 5-1 所示。

秘书：老板，<u>我和你说个事儿。</u>	没有时间概念，没有直接说明沟通目的
老板：好的。	
秘书：<u>客户昨天内部开了一个会，会议的主题是组织架构调整，客户所在的部门会有一个新老板上任，原来的老板转到其他部门去了。</u>	阐述原因时逻辑混乱，缺乏层次和因果关系，不够简洁，非常啰唆
老板：我知道了，还有什么事吗？	
秘书：<u>明天新老板上任，因此之前安排的和客户的会议取消了。</u>	沟通次序错误，要先说核心结论（客户取消了会议），接着再说取消原因（架构调整，新官上任）
老板：取消了？那我们之前安排的事情如何推进？会议还要不要开？	
秘书：<u>这个我不太清楚，呃呃呃，我再和客户确认一下。</u>	缺乏解决方案和后续安排

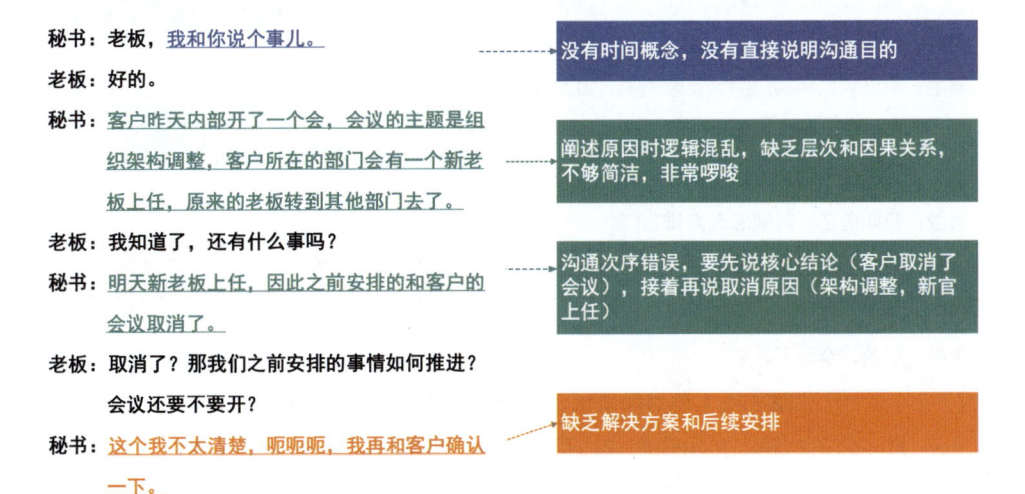

图 5-1　秘书和老板沟通会议取消-非结构化沟通模式

- 第一句话：错误在于没有时间概念，没有直接说明沟通目的。通常第一句话就要直击要害、开门见山，尤其是对来去匆匆、时间非常宝贵的上级和管理者。

- 第二句和第三句话：有两个错误。第一个错误是阐述原因时逻辑混乱，缺乏层次和因果关系，不够简洁，非常啰唆。第二个错误是沟通次序错误，要先说核心结论（客户取消了会议），再说取消原因（架构调整，新官上任）。
- 最后一句话：错误在于缺乏解决方案和后续安排。

2. 结构化沟通模式

如果用结构化的思路重新组织一下他们的对话，该如何说？

- 秘书：老板，我能耽误您五分钟时间沟通一下客户会议的事情吗？
- 老板：好的。
- 秘书：明天我们和客户的会议取消了。因为客户内部组织架构调整，他们新老板要明天上任和大家见面。
- 老板：我知道了，后续怎么安排？
- 秘书：我和客户沟通过了，会议重新安排在下周一，我会把会议相关信息发给您。
- 老板：好的，辛苦了。

对他们的对话再次进行剖析，找出存在的可取之处和值得学习的地方，如图 5-2 所示。

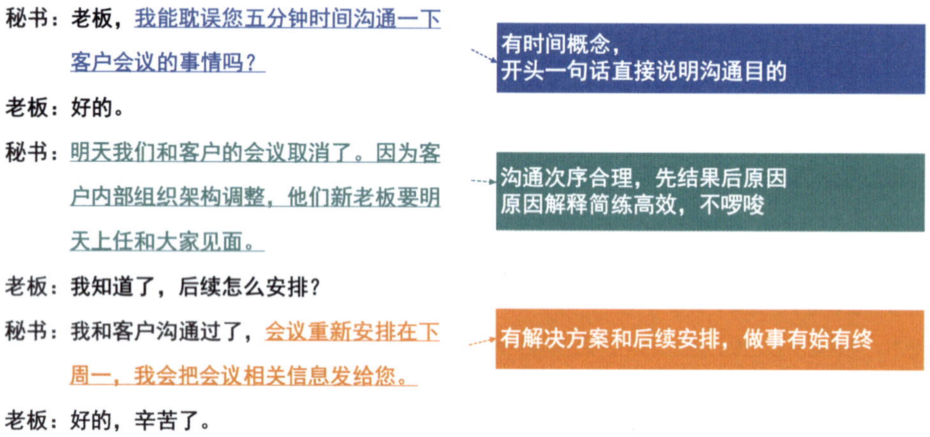

秘书：老板，我能耽误您五分钟时间沟通一下客户会议的事情吗？ —— 有时间概念，开头一句话直接说明沟通目的

老板：好的。

秘书：明天我们和客户的会议取消了。因为客户内部组织架构调整，他们新老板要明天上任和大家见面。 —— 沟通次序合理，先结果后原因 原因解释简练高效，不啰唆

老板：我知道了，后续怎么安排？

秘书：我和客户沟通过了，会议重新安排在下周一，我会把会议相关信息发给您。 —— 有解决方案和后续安排，做事有始有终

老板：好的，辛苦了。

图 5-2 秘书和老板沟通会议取消–结构化沟通模式

- 第一句话：开门见山说明沟通目的，即沟通客户会议取消的事情。
- 第二句话：表达问题和原因时，先说客户取消会议，再说原因。这样沟通次序就合理了：先结果后原因，先重要后次要，重要的事情先说，表达简练高效，明确传达了信息。
- 最后一句话：有明确的解决方案，明确了后续安排，做事有始有终。

5.1.2 为什么汇报/沟通需要结构化

做一件事情的次数超过 3 次时，一定要想办法把这件事情流程化或标准化。为什么？

这跟生产制造流程标准化是一个道理。生产流水线标准化的基本原理就是把一个重复的生产过程分解为若干子过程，前一个子过程为下一个子过程创造执行条件，每一个子过程都可以与其他子过程同时进行。简而言之，就是功能分解，空间上按顺序依次进行，时间上重叠并行。通过标准化，不仅能够提高效率，还能提升品质，更重要的是降低人工失误和成本。

沟通、汇报、开会之类的工作，大部分人会觉得是件很艺术化的事情，并不需要标准化。

但是仔细想想，汇报/沟通就是带着 PPT 在现场讲的那 15~30 分钟吗？当然不是，现场讲解只是一个结果，或者说只是其中的一个环节。在前期要做很多准备工作，正所谓"台上十分钟，台下十年功"。同时，在汇报后，还要跟踪结果，仍然有很多工作要做。整个流程涉及的人员、事项、环节非常多，恰恰是最需要结构化和标准化的。

5.1.3 结构化汇报/沟通的七个要素

结构化汇报/沟通的流程，可以分为汇报前、汇报中、汇报后的七个要素。

居安思危，方可安享未来。早有准备，方能应对不时之需。做任何事情都要有万全的准备，汇报更是如此。

在"汇报前"环节，要明确任务，准备资料，组织观点，做到万事俱备。主要包含以下四个要素。

- 明确汇报的主题，也就是在接受任务的时候，学会管理上级的期望，明确任务，让汇报的目的更加清晰。
- 做好"分析"和"汇报"的分开管理，让思考分析更深入，让汇报内容更浅显易懂。
- 组织好观点，创建好论据，让结论更坚固可信。
- 列好三张清单，让汇报前的准备更充分。

在"汇报中"环节，要有汇报策略，话术要得当，语言要艺术。主要包含以下两个要素。

- 使用好五种汇报策略，让现场汇报更加胸有成竹。
- 掌握好四个语言技巧，让汇报时的话术更通俗易懂，令人如沐春风。

在"汇报后"环节,要灵活应对答疑,及时跟进后续。主要包含以下一个要素。

- 使用好四种方法,应对现场提问,让答疑更加灵活自如。记录好一个清单,处理好 To do 事项,让后续跟进更加顺利。

5.2 汇报/沟通要素一:让目的更清晰——管理期望,明确任务

在职场、商务场合中,如何才能获得上级和客户的信赖?如何才能赢得下一次合作机会?是把工作做好吗?是和领导搞好关系吗?都不是!答案是"超越对方的期望值!"超越期望值就是提升上级或客户的满意度,它等于交付成果减去上级或客户的期望,如图 5-3 所示。

图 5-3 上级或客户的满意度公式

所谓的商业合作和职场晋升本质上就是不断地超越对方的期望值,让对方满意。把握客户和上级期望,管理好他们的期望,交付超越期望值的成果,最终提升对方的满意度,这就是商业和职场。

所以,要想超越对方的期望值,提升对方的满意度,要从两个方向入手:一是交付更好的结果,二是管理好对方的期望。大部分人的关注重点集中在交付结果上,而往往忽略了管理好对方的期望。

而实际上,管理好对方的期望也非常重要,因为只有我们知道了对方的期望,才能知道什么样的结果是符合期望的结果,什么样的结果是超出期望的结果,以及什么样的结果是低于期望的结果。

那么,如何管理上级或客户的期望?最重要的就是在接受任务和工作时,准确理解上级的期望和要求,明确任务,让目的更加清晰,绝不偏离。这包括 3 个关键点:①明确交付的结果和内容;②明确交付质量;③明确交付时间和优先级,如图 5-4 所示。

图 5-4　管理上级或客户期望的 3 个关键点

5.2.1　明确交付的结果和内容

很多职场人都会抱怨:"上级每次布置的任务都太模糊、太宏观,根本不知道他想要什么,更不知道如何去做,上级压根儿没想清楚就让我去当小白鼠!"但是工作时间长了就会发现,很少有上级会给你一个具体明确的任务,在大部分情况下,他们给出的都是一些模糊且宏观的问题。比如,上级说:"你去研究一下某某竞争对手""你去研究一下某某行业""你去研究一下我们的收入有什么问题""你去研究一下我们开展新业务是否可行",诸如此类的问题,几乎缠绕着每个人。

面对这些宏大的、模糊的、令人摸不着头脑的问题,如果仍然按照模糊的指示去做,就只能在心里默默地猜测上级的意图。一旦问题定义得模糊,那么解决问题的目的也会模糊,最终交付的结果也是模糊的、不能聚焦的,大概率无法解决问题。

所以,遇到上级给出模糊、宏观的指示时,不要抱怨和吐槽,不要反驳,也不要满口应允。而是通过有技巧地询问,先明确交付的结果和内容是什么。要知道,应对模糊的、不确定的问题是职场中非常核心的一项能力,它代表着我们能够准确识别上级的意图,领会上级的意思,过不了多久,就会成为上级倚仗的人。

举个例子,上级说:"你去研究一下竞争对手 X。"不同的员工给出的回复不同。

- A 员工说:"好的,我马上就去研究。"
- B 员工说:"为什么呢?"
- C 员工说:"研究哪些方面呢?"

这些回答都是错误的询问方式,并且会被上级打上不同的标签,如图 5-5 所示。

- A 员工会被上级打上"唯唯诺诺,唯命是从"的标签,长久下去,会成为被上级拿捏的那个人。
- B 员工会被上级打上"藐视权威,不服管教"的标签,长久下去,会成为上级的眼中钉、肉中刺。

- C员工会被上级打上"没有能力，不推就不走"的标签，长久下去，会成为被上级忽视、让别人指挥你干活儿的那个人。

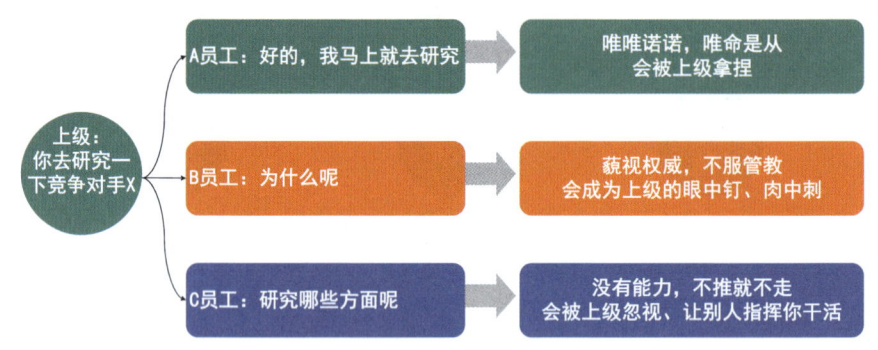

图 5-5　上级给员工"打标签"

遇到这种模糊的问题，到底该如何明确上级的期望？如何明确交付什么样的结果？无非就是掌握两个技巧：会问问题，会做沟通。秉承两个原则：既要体现对上级的尊重和服从，又要显示良好的专业素养。

具体的解决方法就是在第 4 章中提到的发散聚合思考方式，先把问题发散放大，再收敛聚合。

首先，发散问题，把问题拆开，列出自己的思路，给上级提供选项，让他做"选择题"，而不是做"填空题"。接着，从上级的反馈中聚焦核心期望，明确核心交付结果。最后，如果还是不够明确，继续发散，继续聚合，具体如图 5-6 所示。

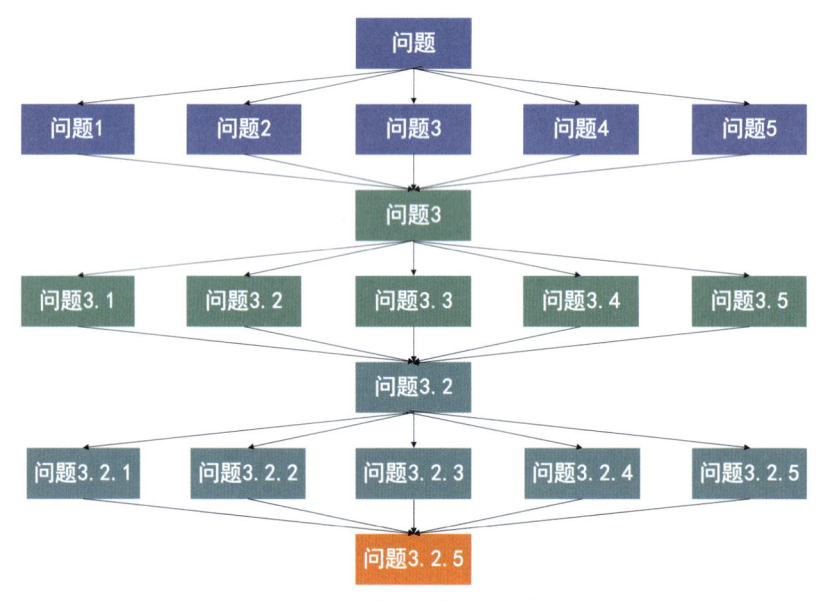

图 5-6　将模糊的问题具体化

1. 如何发散问题

面对上文提到的"你去研究一下竞争对手 X"这类问题，如何发散？通常需要这样说："好的，我之前了解过竞争对手 X，他们有 5 方面在行业里做得比较好：战略设计、产品打造、价格体系、供给体系和营销策略。我从这 5 方面入手分析，您看是否有偏差？"

这样通过发散，就把"研究竞争对手 X"这个宏大的问题拆解为 5 个小问题，不仅展现了对问题的专业理解，也给上级提供了选项。

2. 如何聚焦问题

这时候，上级就会给出反馈："昨天我和张总、产品部李总监、市场部王总监开了个会。张总在做下半年的规划，李总监提出竞争对手 X 开发了一个新产品，他向张总提议我们也开发类似产品。所以，我们做这个研究的目的，是调研竞争对手 X 的新产品功能及营销推广策略，当然还需要知道其总体战略规划，以及新产品 X 在整体战略中发挥着什么样的作用。"

通过上级的回答，就可以把问题聚焦在"战略""产品""营销"3 个方向上了。

> **提示** 通过提问与沟通，可以一步步地挖掘出上级的核心期望在哪里。这个核心期望就是交付结果的底线，我们交付的结果中必须包含这些内容，达到这些要求。

5.2.2 明确交付质量

光明确了交付的结果和内容还不够，结果和内容应该做到什么程度才算好？是做到 80 分？还是做到 60 分？这就是明确交付质量。

什么是交付质量？就是分析的深度，需要研究到多深才能达到上级的期望。研究和分析的深度是一个很难衡量的内容，这时候如果直接询问上级："需要研究多深呢"，往往是一个无效的问题，无法得出想要的答案。

因此，明确交付质量有两种方法：询问数量、询问用处。据此推测上级对质量的要求有多高，应该研究到什么深度。

1. 询问数量

询问数量可以帮助我们确定上级对交付质量的预期和要求。如何询问？仍以上文"研究竞争对手 X"为例。

可以接着上文上级的回答继续问："我明白了您的意思，接下来我会开展这三方面的研究。首先，研究竞争对手 X 的战略规划、新产品规划，以及新产品在整个战略中发挥的作用。接着，研究新产品的功能，分析如何开发这些功能。最后，研究新产品的市场推广策略，分析如何他们是如何推广新产品的。每方面的研究我将用 3~5 页 PPT 来展示，一共 9~15 页 PPT 可以吗？"

这时候上级回答道："研究的方向没有错。但是每方面只有 3 页 PPT 太少，深度不够，我们需要对三方面都研究透彻，最好每方面有 5~10 页 PPT，需要有精练的总结。"

通过数量的询问和反馈，基本上就知道了上级对交付质量和分析深度的期望和要求了。

2. 询问用处

询问用处也可以帮助我们确定上级对交付质量的预期和要求。如何询问？仍以上文"研究竞争对手 X"为例。

可以继续追问："我们的研究结果是直接发给他们做参考？还是在这周的经营分析例会上使用？还是需要单独组会进行汇报？"

上级反馈道："这周的经营例会还有 3 天，赶不上了。我们需要单独组会，到时候还需要拉上财务部的廖总和人力资源部的任总一起，我们来汇报，参会的人一起讨论。"

这时候，基本上就知道了这是一个需要决策的会议，参会的人都是各个部门的老大，这是一个非常重要的汇报。

到此为止，对上级的核心期望把握基本到位，对交付质量的要求也更清晰了。

5.2.3 明确交付时间和优先级

明确交付时间和优先级对能否实现上级的期望也非常重要。

1. 明确交付时间

明确交付时间，指要明确两个关键点，一是明确在多长时间内交付结果，二是明确截止日期。

明确在多长时间内交付结果，是 1 天之内？还是 2 天之内？还是一星期之内？是花费 3 天时间做到 100 分？还是花费 3 小时做到 60 分？这些如果没有事先确认好，就很难满足上级的要求和期望。

明确截止日期，就是明确截止日期是否为绝对的：是过了截止日期交付的结果就完全没用了，还是截止日期只是完成工作的参考期限？

2. 明确优先级

如果手头还有其他工作并行，尤其同时接到来自不同部门的需求时，还要判断工作和任务的优先级。如果无法判断，就要请上级给出指示、做出协调，不能自作主张、擅自安排工作的优先顺序。

了解了上级的期望之后，准确把握上级对交付结果和内容、交付质量、交付时间和优先级的期望值，绝不偏离这个期望值。并且拿出 120%的结果，这样就可以交付超出期望的结果；久而久之，满意度和信任度就建立起来了。

5.3 汇报/沟通要素二：让内容更浅显易懂——深度思考，浅显汇报

有的人，分析工作做得非常严谨、踏实和出色，但由于不善言辞，汇报时抓不住重点，语无伦次，给上级留下的印象并不好，因此每次绩效考评都不理想。而有的人，分析工作做得中规中矩，但是由于汇报/沟通能力突出，却常常得到上级青睐和赏识，因此每次绩效考评都很亮眼。

为什么会出现这样的结果？因为很多人把工作过程"一刀切"，认为所有的工作都遵循相同的思维和方法，只要按照同一套思维和流程做下来就可以了。殊不知，工作也是分不同模块和流程的，不同的流程采用的方法、遵循的套路和章法也是不同的。

5.3.1 分析思考和汇报/沟通是两套不同的逻辑

分析思考和汇报/沟通，是两个不同的模块，是两套完全不同的逻辑。对待它们不应该"一刀切"，而应该因地制宜，采取不同的打法和策略。

分析思考的逻辑，是与自己纠缠，"死磕"自己；汇报/沟通的逻辑，是与他人博弈，"取悦"他人，具体如图 5-7 所示。

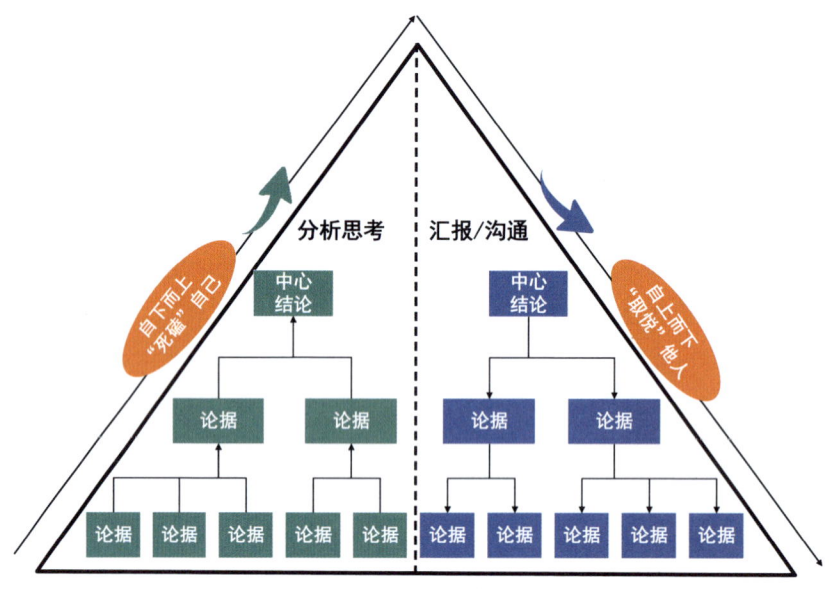

图 5-7　分析思考与汇报/沟通的逻辑和流程

1. 分析思考的逻辑：与自己纠缠，"死磕"自己

分析思考的过程就是第 4 章介绍的"得出结论"的过程。先从各处收集论据，思考总结，分组归类，梳理逻辑，演绎归纳，最终得出中心结论。论据越充分完整，结论越牢不可破。

整个过程荆棘丛生、耗时耗力，如打怪升级般从金字塔底端向顶端步步攀爬，是一个自下而上的过程。

所以，分析思考一定是"死磕"自己，让自己想透、理清，把痛苦和艰难留给自己，才能深入本质，触及深处，产出干货，才能守得云开见月明！

2. 汇报/沟通的逻辑：与他人博弈，"取悦"他人

汇报/沟通是通过一定的逻辑和顺序，把分析思考的内容传递给他人。往往需要先汇报中心结论，再汇报支撑的论据。

整个过程自然舒服、心旷神怡，如行云流水般从金字塔顶端向底端丝滑下行，是一个自上而下的过程。

所以，汇报/沟通一定是"取悦"他人，让他人听懂、听尽兴、听舒服，把愉悦和舒服留给他人，他人才会觉得你说明白了。你言之有物，才会认同赞赏你。

> **提示** 分析思考其实就是升维的过程，把零散的结论升维成统一的、深度的中心结论。汇报/沟通其实是降维的过程，把深度的、专业的中心结论降维成简单的、浅显的、大部分人能理解的观点。

5.3.2 四种类型的汇报者，做深入浅出型

有些人擅长分析思考，有些人擅长汇报/沟通，有些人兼而得之。

如果用横轴代表分析思考，右边代表深入本质，左边代表浮于表面；用纵轴代表汇报/沟通，上边代表通俗易懂，下边代表晦涩难懂，这样职场人就被划分成四种类型，如图5-8所示。

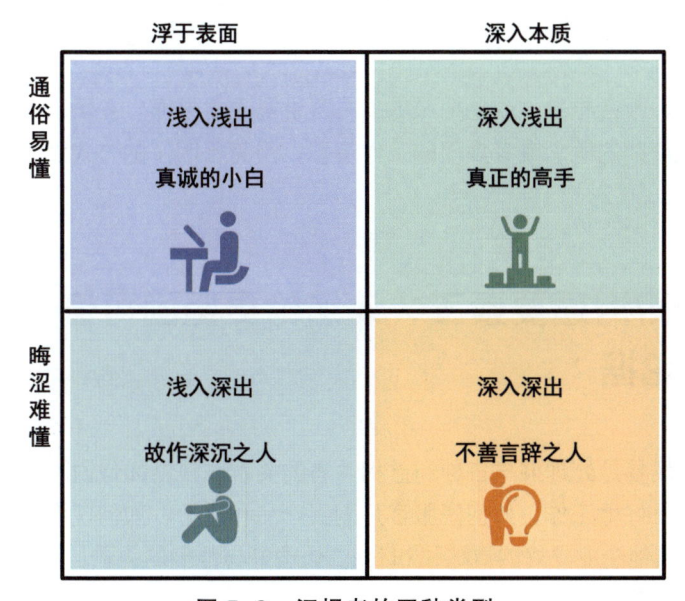

图 5-8 汇报者的四种类型

1. 浅入浅出型

左上角的人，分析思考浮于表面，汇报/沟通通俗易懂，不"死磕"自己，但"取悦"他人。虽然分析不够严谨、结论不够深刻，但是通俗易懂地表达出来了，坦诚真实，不做作，这些人是职场中"真诚的小白"。

2. 浅入深出型

左下角的人，分析思考浮于表面，汇报/沟通晦涩难懂，不"死磕"自己，更不"取悦"他人。分析缺乏深度，但却喜欢将简单的道理复杂化，有装腔作势、故弄玄虚之嫌，这些人是职场中"故作深沉之人"。

3. 深入深出型

右下角的人，分析思考能深入本质，汇报/沟通却晦涩难懂，"死磕"自己，但不"取悦"他人。观点和结论深刻有意义，但表达的内容却不是所有人都能听明白的，这些人是职场中"不善言辞之人"。

4. 深入浅出型

右上角的人，分析思考能深入本质，汇报/沟通也能通俗易懂，既"死磕"自己，又"取悦"他人。观点和结论深刻、有意义、有价值，即使复杂的道理也能简明化，让他人听得懂、记得住、有启发，这些人是职场中"真正的高手"。

身处职场，每天都要与各种人打交道，包括客户、消费者、投资人、政府等人员和团队。这些人形形色色、认知度不一、受教育水平不同，所以，在表达观点、汇报/沟通时，最高的境界就是"深入浅出"。

深入浅出，顾名思义，就是把深奥的内容讲得浅显易懂。在职场上，这意味着能把专业知识、复杂的概念或者烦琐的工作流程，用简单明了的方式表达出来，让其他人更容易理解。

5.4 汇报/沟通要素三：让结论更坚固可信——组织观点，创建论据

其实，职场就是处理好与各种利益相关者的关系，包括如何说服上级获取资源，如何激励下级更好地工作，如何说服客户购买产品和服务，如何说服外部同行认可自己，如何获取其他企业更好的青睐和offer。处理好与他们的关系，就是表达自己，说服别人，获取资源和成果，达成目标。

而说服别人的本质，就是用论据和数据支撑结论，让结论更加可信，让它们的关系更加稳固，不会被轻易撼动。

如何让结论更加可信？资料、数据、信息等的客观、真实、丰富和可靠是关键！具体来说，包括以下三点。

- 基于客观事实说话；而不是感性用事，仅凭个人的主观判断发声。
- 定量数据和定性资料相偎相依，相互佐证；用定量数据揭示事实，用定性资料挖掘内核。
- 一手资料和二手资料配合使用，平衡好获取难度和说服力度的关系。

5.4.1 多用客观事实,而非主观判断

学会区分客观事实与主观判断。想要说服别人赞同自己的主观判断,需要使用客观事实作为支撑。主观判断大概率会被不同的人否定,但客观事实很难被人否定。因此,用客观事实支撑主观判断,能极大地提升说服别人的力度,提升汇报/沟通的效果。

5.4.1.1 客观事实和主观判断的区别

客观事实就是客观存在的,无人能否定的。比如,今天气温 28℃。对于客观事实,假设有 100 个人,这 100 个人全部认定的才能被称为客观事实。

主观判断是个人的主观想法,是一个人凭借过去的经验或先入的观点而得出的结论。它是以事实为基础,加上经验和成见的思维形式。比如今天的雨下得很大。对于主观判断,100 个人会有 100 个想法。可能一个人认为是对的,但另外一个人却认为是错的。

客观事实和主观判断的区别如图 5-9 所示。

图 5-9 客观事实和主观判断的区别

(1)描述一个人穿着一条裙子。

- 如果是客观事实,通常会这样描述:"她穿着一条裙子。"
- 如果是主观判断,通常会这样描述:"她应该是个学生。"这明显加入了个人的主观判断。

(2)描述 A 公司的营业收入。

- 如果是客观事实,通常会这样描述:"A 公司的营业收入为 200 万元。"
- 如果是主观判断,通常会这样描述:"A 公司的营业收入很少。"

(3)描述一个行业。

- 如果是客观事实,通常会这样描述:"广告行业处于转型期。"
- 如果是主观判断,通常会这样描述:"广告行业不景气,快不行了。"

(4)描述一次广告投放的效果。

- 如果是客观事实,通常会这样描述:"这次广告投放效果提升了10%。"
- 如果是主观判断,通常会这样描述:"这次广告投放效果非常好。"

所以,在汇报/沟通、说服他人时,要能区分客观事实和主观判断。要尽可能多地收集和引用事实,用客观事实进行表达,这样能排除很大一部分模糊的、不靠谱的、不准确的表达,让自己的结论更加真实,更加令人信服。

5.4.1.2 【案例】向上级汇报 ChatGPT 的发展情况

举个例子,向上级汇报 ChatGPT 的发展情况,如图 5-10 所示。

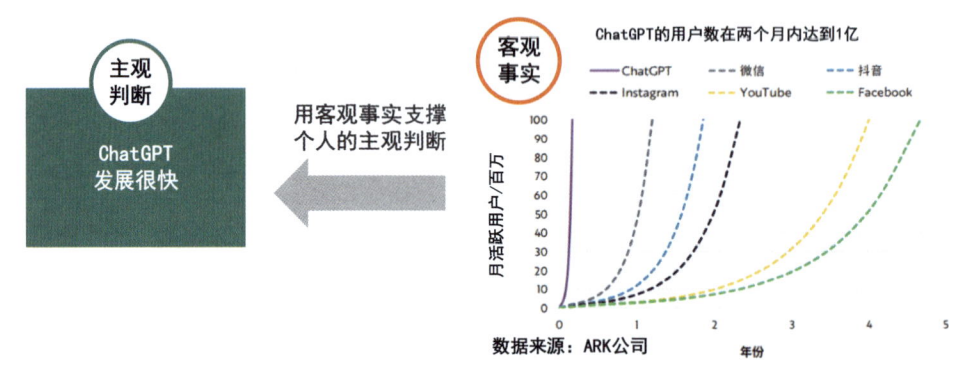

图 5-10 向上级汇报 ChatGPT 的发展情况

(1)第1种汇报:用主观判断汇报。

"ChatGPT 发展很快。"

这种汇报就是典型的用自己的主观判断说服上级。上级会觉得这仅仅是你个人的主观判断,没有任何依据,很可能认为这是在胡扯。

(2)第2种汇报:用客观事实汇报。

"根据 ARK 公司的数据,发现 ChatGPT 发展很快。ChatGPT 的用户数在两个月内就达到了1亿。而达到用户数破1亿,微信用了一年的时间,抖音用了接近两年的时间,Instagram 用了两年多的时间,YouTube 用了接近 4 年的时间,Facebook 用了 4 年多的时间。这充分说明 ChatGPT 的发展速度非常快,超越了大部分互联网科技公司的发展速度。"

这种汇报就是典型的用客观事实说服别人。就事论事,没有加入个人的主观感情色彩,很容易赢得上级的信赖。

5.4.2 定量数据和定性资料相互佐证

在说服他人时，定量数据和定性资料缺一不可，二者具有同等重要的价值，结合起来使用会更具信服力。

5.4.2.1 定量数据和定性资料的区别

定量数据能让结论更加客观，能够提供精确的量化数据，可以用明确的数值或数据呈现，主要用来展现事实和依据。

定性资料能够深入挖掘现象背后的意义、原因和来龙去脉，一般无法通过数字表达，主要用来表达目的、原因、意义和脉络等。

5.4.2.2 【案例】向上级汇报竞争对手的销售额正在快速增长

举个例子，向上级汇报竞争对手的销售额正在快速增长。用定量和定性方式如何汇报？具体如图 5-11 所示。

图 5-11　向上级汇报竞争对手的销售额正在快速增长

（1）第 1 种汇报：用定量表达。

"竞争对手的销售额每月增长 2000 万元。"

其中包含的数字能让表达更加准确，真实性更高。

（2）第 2 种汇报：用定性表达。

"竞争对手的销售额之所以增长这么快，是因为他们研发出了新的低价产品，在经济下行的环境下，备受下沉消费者的喜欢。"

定性表达揭示了竞争对手销售额每月增长 2000 万元背后的原因，这是定量数据无法阐明的。

因此把定量数据和定性资料相结合，不仅能够客观科学地揭示事实，还能够进一步挖掘事实背后的原因，使表达有理由有根据，有结果又有原因。

5.4.3　一手资料和二手资料结合使用

在说服他人时，一手资料和二手资料结合使用，既能保证资料的易得性，又能保证资料的真实性和说服力。

5.4.3.1　一手资料和二手资料的区别

一手资料就是没有经过加工的第一手资料，往往需要通过专家访谈或者现场实地调研等方式获取。一手资料获取难度比较大，获取成本也高，但是资料的真实性却是很高的，价值也是最大的。

二手资料通常是经过别人加工处理的资料，比如各种研究报告、新闻资讯等，依靠搜索和看书等研究收集而来的资料都是二手资料。二手资料比较容易获取，但是信息参差不齐，时效性也不强。二手资料往往经过很多人的加工，失真的概率很高，准确性和真实性不能保证。

5.4.3.2　【案例】向上级汇报产品销售火爆的情况

一手资料和二手资料如何结合使用？

举个例子，向上级汇报X产品目前销售非常火爆，说服他学习竞争对手打造同样的产品，具体如图5-12所示。

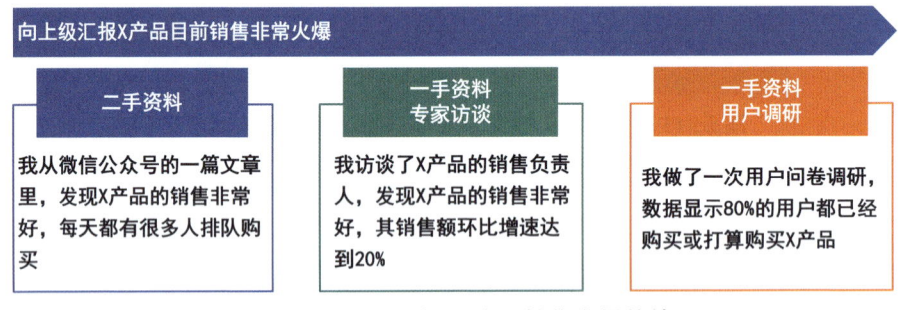

图5-12　向上级汇报X产品销售火爆的情况

（1）第1种汇报：用二手资料汇报。

"我从微信公众号的一篇文章里，发现X产品的销售非常好，每天都有很多人排队购买。"

对于这种说服方式，虽然收集资料非常容易，但是真实性和说服力都大打折扣。

（2）第2种汇报：用专家访谈获取的一手资料汇报。

"我访谈了X产品的销售负责人，发现X产品的销售非常好，其销售额环比增速达到20%。"

对于这种说服方式，收集资料的成本和难度非常高。首先，找到 X 产品的销售负责人是一个难点；其次，他愿不愿意接受访谈也是一个难点；最后，他接受访谈之后的费用还是一个难点。但是资料的真实性提升了，结论也更加坚固和可信了。

（3）第 3 种汇报：用用户调研获取的一手资料汇报。

"我做了一次用户问卷调研，数据显示 80%的用户都已经购买或打算购买 X 产品。"

对于这种说服方式，收集资料的难度和成本也比较高，而且时间较长，但是资料的真实性较高，也更具说服力。

二手资料容易获取，但说服力度不够；一手资料不容易获取，但价值大，真实性高。因此，一手资料和二手资料结合使用，可以有效平衡"获取难度"和"说服力度"的问题。

5.4.4 用金字塔原理组织汇报顺序

前面我们提到，金字塔原理既可以用来"得出结论"，也可以用来"汇报/沟通"。在第 4 章，得出结论时，使用的是自下而上的倒金字塔。在本章，我们主要介绍汇报/沟通，因此使用的是自上而下的正金字塔。

1. 序

在汇报/沟通阶段，使用金字塔时往往在中心结论之前还要增加一个环节，那就是"序"，如图 5-13 所示。

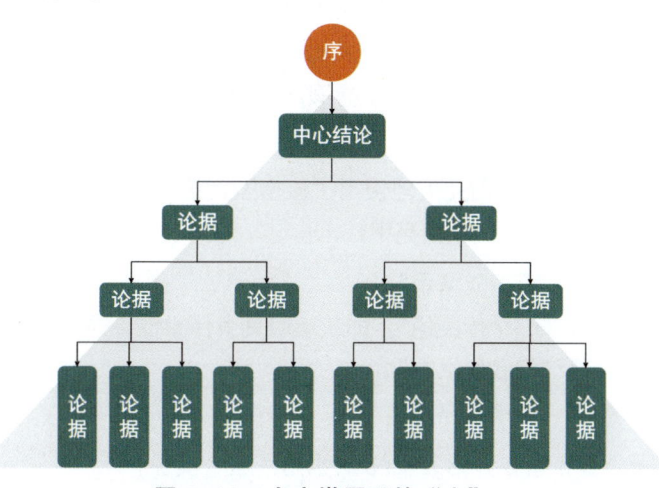

图 5-13　金字塔原理的"序"

"序"即汇报问题的背景。不管是接受上级委派的工作、给下属安排工作，还是和别人进行沟通，介绍事情的背景是必需的。为什么？这能够让所有参与者都掌握共同的信息，确保大家对问题的理解到位，更好地参与讨论和决策过程，避免因信息不对称带来理解偏差，导致团队的工作不在一个方向上。

"序"的内容如何汇报/沟通？结构化表达和阐述"序"的工具就是SCQA模型。SCQA是四个字母的缩写，分别代表Situation（情景）、Complication（冲突）、Question（问题）、Answer（答案），如图5-14所示。

Situation 情景	Complication 冲突	Question 问题	Answer 答案
讲述一个大家都熟悉的场景或事实	讲述在这个场景中出现的矛盾或冲突	讲述矛盾或冲突引发的问题	讲述问题的回答或解决方案
越来越多玩家进入市场	由于竞争激烈，我们的收入不断被蚕食	我们该如何维持收入	我们要逐渐退出这个市场，进入另一个市场
得了灰指甲	一个传染俩	问我怎么办	快来用亮甲
市场上有很多其他品牌的手机	但对你来说，它们都不好用	那我们该怎么办呢	iPhone告诉你

图 5-14　SCQA 模型

- S-情景：就是讲述一个大家都熟悉的场景或事实。比如，越来越多玩家进入市场。
- C-冲突：就是讲述在这个场景中出现的矛盾或冲突。比如，由于竞争激烈，我们的收入不断被蚕食。
- Q-问题：就是讲述矛盾或冲突引发的问题。比如，我们该如何维持收入？
- A-答案：讲述问题的回答或解决方案。比如，我们要逐渐退出这个市场，进入另一个市场。

有一个知名的广告语可谓完美地使用了该模型，这句广告语就是：得了灰指甲，一个传染俩。问我怎么办？快来用亮甲！

- S-情景：就是"得了灰指甲"。
- C-冲突：就是"一个传染俩"，即灰指甲具有传染性，很容易传染给别人。
- Q-问题：就是"问我怎么办"。
- A-答案：就是"快来用亮甲"。

再举个例子，乔布斯在介绍iPhone时也用了这个模型。

- S-情景：市场上有很多其他品牌的手机。
- C-冲突：但对你来说，它们都不好用。

- Q-问题：那我们该怎么办呢？
- A-答案：iPhone 告诉你！

提示 SCQA 模型是一个柔韧度和灵活度很高的模型，可以根据汇报场景的不同按需要调整顺序。比如开门见山的 ASC、突出矛盾的 CSA、抛出问题的 QSCA 等，这些变形可以帮助我们在不同的场合下更有效地传达信息。

我们将在 5.6 节详细介绍这些模型。

2. 中心结论和论据

用 SCQA 模型介绍完问题的背景之后，对于后续的中心结论和论据，如何安排汇报的顺序？

（1）从闲聊开始，介绍问题的背景。

（2）自然而然地带出问题的中心结论。

（3）阐述三个左右支撑中心结论的论据，再以数据来证明它们的正当性。

（4）根据实际情况加入几个实例，更容易引发听者的好感和想象。

5.4.5 【案例】调研团队汇报出海 H 国的情况

M 公司计划出海，去 H 国开展业务，上级让调研团队对 H 国的经商环境开展研究，判断出海 H 国是否是一个好的选择。

调研团队的 Rose 经过前期大量的调研工作，在会议上汇报了以下内容。

（1）H 国经济增长速度很快。

（2）H 国的人口基数相对较大，且增长较快。

（3）H 国的交通物流正在逐步完善。

（4）H 国的网络和通信设施建设不错。

（5）中资企业在 H 国市场的盈利能力显著增强，增长势头较好。

（6）H 国的商业用地充足。

（7）H 国政治环境稳定，社会秩序良好，法律制度非常完善。

（8）H 国政府提供了多种税收优惠政策。

（9）H 国政府正在积极实施对外招商引资计划。

（10）H 国消费者的就业稳定，有较好的消费能力。

很明显，Rose 的汇报内容非常混乱，缺乏逻辑，缺乏结构，主要体现在三方面。

- 汇报没有背景和结论。
- 论据太散，缺乏逻辑和结构，没有形成合力。
- 缺乏数据支撑。

那么，如何运用金字塔原理对 Rose 的汇报内容进行重新组织？

1. 组织结论和论据

用金字塔原理对以上 10 个观点进行分类和总结，可分为以下 5 类。

- 将"H 国经济增长速度很快""H 国的人口基数相对较大，且增长较快""H 国消费者的就业稳定，有较好的消费能力"归为一类，命名为"从经济方面看，H 国有较大的市场潜力"。
- 将"H 国的交通物流正在逐步完善""H 国的网络和通信设施建设不错"归为一类，命名为"从基础设施看，H 国有相对完善的基础设施"。
- 将"H 国政治环境稳定，社会秩序良好，法律制度非常完善"归为一类，命名为"从风险方面看，进入 H 国面临的投资风险比较低"。
- 将"中资企业在 H 国市场的盈利能力显著增强，增长势头较好""H 国的商业用地充足"归为一类，命名为"从商业环境看，H 国有相对较好的商业环境"。
- 将"H 国政府提供了多种税收优惠政策""H 国政府正在积极实施对外招商引资计划"归为一类，命名为"从政策方面看，H 国有积极友好的外资政策"。

对总结的 5 类观点"H 国有较大的市场潜力""H 国有相对完善的基础设施""进入 H 国面临的投资风险比较低""H 国有相对较好的商业环境""H 国有积极友好的外资政策"询问"所以呢"，得出结论"H 国是一个值得进入的海外市场"，具体如图 5-15 所示。

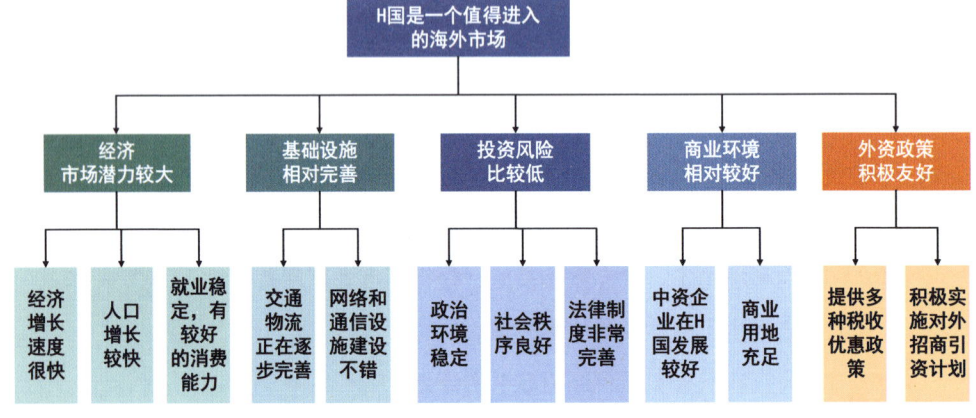

图 5-15 用金字塔原理组织结论和论据

2. 补充事实和数据

Rose 汇报的 10 个观点显得苍白无力，因为它们多为主观判断和定性描述，而非客观事实和定量数据。因此，要想让这 10 个观点更加坚固可信，更具说服力，必须补充事实和数据，让事实和数据把它们牢牢支撑起来。补充的事实和数据见表 5-1。

表 5-1 补充的事实和数据

结论	大论据	小论据	事实和数据
H 国是一个值得进入的海外市场	从经济方面看，H 国有较大的市场潜力	H 国经济增长速度很快	2023 年 H 国实际 GDP 同比增长 5.1%，反映出 H 国经济在全球和区域性挑战的背景下，依然保持稳健的增长势头和经济活力
		H 国的人口基数相对较大，且增长较快	2023 年人口总量约为 2000 万，同比增长率为 1.35%
		H 国消费者的就业稳定，有较好的消费能力	H 国的就业率一直保持在 96% 左右的水平，职工月平均工资约为 695 美元，高于其他周边国家的水平
	从基础设施看，H 国有相对完善的基础设施	H 国的交通物流正在逐步完善	H 国批准的《2020—2025 年国家规划》中，计划建设、改造、维修共计 2.1 万千米的国家级公路，实施 112 个基础建设项目，建设 13 座新机场
		H 国的网络和通信设施建设不错	H 国的互联网普及率达 99.3%，国家正进行 5G 网络的测试和推广，计划建设更加现代化的数字通信网络
	从风险方面看，进入 H 国面临的投资风险比较低	H 国政治环境稳定，社会秩序良好，法律制度非常完善	H 国目前政局稳定，总统执政后大力发展经济，受到各界的高度评价，其核心法律（如《投资法》《企业法》《税法》）支撑了对投资者财产的保护
	从商业环境看，H 国有相对较好的商业环境	中资企业在 H 国市场的盈利能力显著增强，增长势头较好	2023 年，中资企业在 H 国的营业收入达到 1000 亿美元，同比上一年增长 20%
		H 国的商业用地充足	H 国设立了多个特别经济区和工业园区，为投资者提供特定优惠，这些区域提供了高效的生产和出口基地。截至 2023 年，H 国共设立了 13 个经济特区
	从政策方面看，H 国有积极友好的外资政策	H 国政府提供了多种税收优惠政策	包括但不限于企业所得税减免、增值税和关税豁免等
		H 国政府正在积极实施对外招商引资计划	至 2022 年年初，H 国吸收的外资存量已达到 2446 亿美元，新增和潜在的投资项目超过 700 个，总额达 550 亿美元

3. 组织汇报顺序

将结论和论据用金字塔原理组织好之后，继续用金字塔原理组织汇报顺序。

首先，按照 SCQA 模型汇报背景，汇报内容如下。

> **提示**
> - 情景（S）：公司明年的销售额计划增长5%。
> - 冲突（C）：但国内市场增长基本停滞。
> - 问题（Q）：公司如何找到新的增长点，实现增长5%的目标？
> - 答案（A）：可以尝试出海H国市场。

其次，汇报中心结论，汇报内容如下。

经过前期的市场调查，我们发现H国是一个值得进入的海外市场。

最后，汇报支撑结论的论据，汇报内容如下。

> **提示** 为什么H国值得进入？有5方面原因。
> - 从经济方面看，H国有较大的市场潜力。首先，H国经济增长速度很快。2023年H国实际GDP同比增长5.1%，反映出H国经济在全球和区域性挑战的背景下，依然保持稳健的增长势头和经济活力。其次，H国的人口基数相对较大，且增长较快。其2023年人口总量约为2000万，同比增长率为1.35%。最后，H国消费者的就业稳定，有较好的消费能力。H国的就业率一直保持在96%左右的水平，职工月平均工资约为695美元，高于其他周边国家的水平。
> - 从基础设施看，H国有相对完善的基础设施保障，体现在两方面。第一，H国的交通物流正在逐步完善。其批准的《2020—2025年国家规划》中，计划建设、改造、维修共计2.1万千米的国家级公路，实施112个基础建设项目，建设13座新机场。第二，H国的网络和通信设施建设不错。其互联网普及率达99.3%，而且国家正进行5G网络的测试和推广，计划建设更加现代化的数字通信网络。
> - 从风险方面看，进入H国面临的投资风险比较低。因为H国有稳定的政治环境，良好的社会秩序和完善的法律制度。该国目前政局稳定，总统执政后大力发展经济，受到各界的高度评价。其核心法律（如《投资法》《企业法》《税法》）颁布了明确的规则和保障措施，旨在创造一个稳定可靠的投资环境，支撑对投资者财产的保护。
> - 从商业环境看，H国有相对较好的商业环境，主要体现在两方面。第一，中资企业在H国市场的盈利能力显著增强，增长势头较好。2023年，中资企业在H国的营业收入达到1000亿美元，同比上一年增长20%。第二，H国的商业用地充足。其设立了多个特别经济区和工业园区，为投资者提供特定优惠，这些区域提供了高效的生产和出口基地。截至2023年，H国共设立了13个经济特区。
> - 从政策方面看，H国有积极友好的外资政策。首先，H国政府提供了多种税收优惠政策，包括但不限于企业所得税减免、增值税和关税豁免等。其次，H国政府正在积极实施对外招商引资计划。至2022年年初，H国吸收的外资存量已达到2446亿美元，新增和潜在的投资项目超过700个，总额达550亿美元。

5.5 汇报/沟通要素四：让准备更充分——列好三张事项清单

当理解了上级的期望，经过分析思考，组织好自己的观点后，就要正式汇报/沟通了。但是在汇报前，还有一个准备环节，要确认参会人员、确定会议时长、准备汇报材料等，此时最重要的事情就是做到万事俱备。

每个环节要准备和关注的事项都非常多，如何有条不紊地安排这些事项，这时候清单思维就派上用场了。

> **提示** 职场中那些高效的人，做事都遵循一套原则。在准备阶段，他们往往遵循两个重要的原则。
> - 凡事项，必列清单。针对手头的工作和事项，一定是先做好 To do list，再去做事。而且清单不是光凭脑子记，还要用手写下来，或者用电子表格打印出来。
> - 凡会议，必做准备。对于重要的会议和汇报，绝不打无准备之仗，即兴的发挥赶不上精心的准备。

用三张清单就可以避免遗漏重要事项，避免忽略关键要素，避免出错和疏忽，降低失误率，提升汇报成功率。这三张清单分别是人员清单、资料清单和提问清单，如图 5-16 所示。

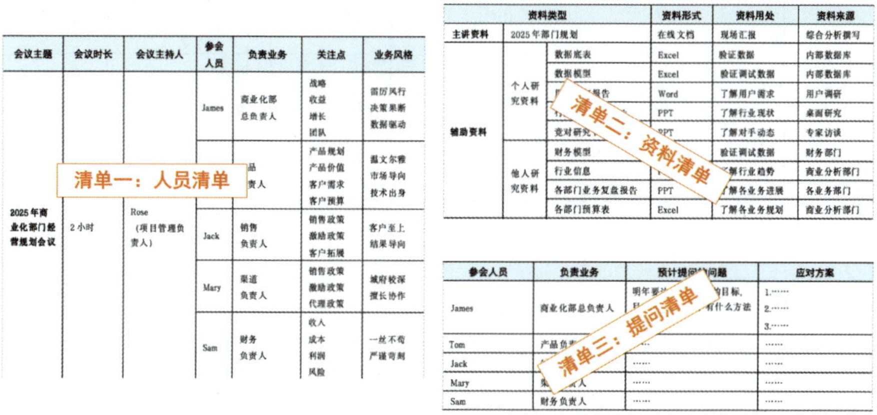

图 5-16 三张清单

5.5.1 人员清单

人员清单主要用来熟悉会议是什么档次的会议，主要参与人是谁，他们在公司担任什么职务、负责什么业务、关注点是什么、有什么样的业务风格等。

在大型互联网公司，通过 Lark、Kim 等沟通软件，就可以查询到参会人的相关信息。但是参会人的风格和关注点等信息并不容易获得，这需要在平常的会议和接触中，做有心人，多观察、多记录、多积累。

人员清单主要有两个作用：一是用于准备汇报的内容、汇报的次序、每个内容的汇报时长，以及汇报时使用的话术。二是用于准备汇报中可能被提问的问题。

人员清单的具体内容见表 5-2。

表 5-2　人员清单

会议主题	会议时长	会议主持人	参会人员	负责业务	关注点	业务风格
2025 年商业化部门经营规划会议	2 小时	Rose（项目管理负责人）	James	商业化部总负责人	战略 收益 增长 团队	雷厉风行 决策果断 数据驱动
			Tom	产品负责人	产品规划 产品价值 客户需求 客户预算	温文尔雅 市场导向 技术出身
			Jack	销售负责人	销售政策 激励政策 客户拓展	客户至上 结果导向
			Mary	渠道负责人	销售政策 激励政策 代理政策	城府较深 擅长协作
			Sam	财务负责人	收入 成本 利润 风险	一丝不苟 严谨苛刻

5.5.2　资料清单

资料清单主要用来进行汇报、演讲和沟通，分为主讲资料和辅助资料。

主讲资料是用来展示和汇报的东西，可能是 PPT、文档、Excel、Word 等。在字节跳动、快手等互联网公司，通常都使用在线文档汇报，方便共享、编辑和评论。

辅助资料包括数据底表、数据模型、调研报告，以及各种 Factbook 等，主要用于应对汇报中的提问、质疑和问题的深入讨论。在大型互联网公司，常以链接的形式将辅助资料附在主讲资料的关联位置。

资料清单的具体内容见表 5-3。

表 5-3 资料清单

资料类型		资料形式	资料用处	资料来源
主讲资料	2025 年部门规划	在线文档	现场汇报	综合分析撰写
辅助资料	个人研究资料 — 数据底表	Excel	验证数据	内部数据库
	个人研究资料 — 数据模型	Excel	验证调试数据	内部数据库
	个人研究资料 — 用户研究报告	Word	了解用户需求	用户调研
	个人研究资料 — 行业研究 Factbook	PPT	了解行业现状	桌面研究
	个人研究资料 — 竞对研究 Factbook	PPT	了解对手动态	专家访谈
	他人研究资料 — 财务模型	Excel	验证调试数据	财务部门
	他人研究资料 — 行业信息	PDF	了解行业趋势	商业分析部门
	他人研究资料 — 各部门业务复盘报告	PPT	了解各业务进展	各业务部门
	他人研究资料 — 各部门预算表	Excel	了解各业务规划	商业分析部门

5.5.3　提问清单

提问清单主要是预估参会人员会提问哪些问题，提前思考该如何回答这些问题。提问清单的具体内容见表 5-4。

表 5-4 提问清单

参会人员	负责业务	预计提问的问题	应对方案
James	商业化部总负责人	明年要达成 40 亿元的目标，目前有多大差距，有什么方法弥补差距	1.…… 2.…… 3.……
Tom	产品负责人	……	……
Jack	销售负责人	……	……
Mary	渠道负责人	……	……
Sam	财务负责人	……	……

5.6　汇报/沟通要素五：让汇报更胸有成竹——使用五种汇报策略

在职场中，必须学会不同场合的汇报策略和表达技巧。那么到底有哪些场合？一般来说，分为两种。

- 对内沟通，主要是公司内部的汇报/沟通。我们绝不能认为是对内沟通就掉以轻心，胡乱说话，尤其是跨部门协作、对上级汇报、与下级沟通的时候。

- 对外沟通，主要是面向公司外部的汇报/沟通，包括客户、同行、面试官等。最常见的就是产品推介会、向客户汇报方案、向面试官阐述项目等。

在不同的场合，面对的听众是不同的，听众关注的内容也是不同的。因此汇报的目的也是不同的，表达的次序和重点也是不同的，采取的策略和使用的方法技巧也是不同的，如图5-17所示。

场合	汇报对象		汇报目的	汇报策略	汇报方法
对内	团队内部	上级	说明自己的工作进展、展示工作成果，描述工作中的困难，寻求上级的支持和帮助	言简意赅、开门见山和请求支持	ASC模型 答案-情景-冲突
		下级	激发团队成员的兴趣和信心，启发团队成员深度思考，建言献策	抛出问题、激发兴趣和启发思考	QSCA模型 问题-情景-冲突-答案
	跨部门		说服他人，协调资源，争取其他部门的支持，提高工作效率	激发忧虑、突出矛盾	CSA模型 冲突-情景-答案
				强调利益	RIDE模型 风险-利益-差异-影响
对外	客户		介绍和推广公司的产品或服务，引起客户注意，激发客户的购买欲望，促成最终成交	抛出情景、冲突和问题，突出解决方案和优势	SCQA模型 情景-冲突-问题-答案
				突出利益、激发兴趣、刺激欲望	FABE模型 特征-优点-利益-证据
	面试企业		向用人单位展示能力，赢得用人单位的认可和青睐，获得入职新公司的机会	强调困难、凸显难度、展示价值	STAR法则 情景-任务-行动-结果

图 5-17 不同场合的汇报策略和方法

对内沟通分为团队内部沟通和跨部门沟通。其中，团队内部沟通又分为向上级汇报和与下级沟通。

5.6.1 向上级汇报：开门见山，用 ASC 模型

向上级汇报工作的主要目的是说明自己的工作进展、展示工作成果，描述工作中的困难，寻求上级的支持和帮助。

在单独向上级汇报时，采取的整体策略就是"言简意赅、开门见山和请求支持"，主要使用 ASC 模型。

ASC，是 Answer、Situation、Complication 的缩写，中文翻译为"答案、情景、冲突"，即开门见山、言简意赅地说明意图和目的，请求上级给予工作支持和帮助，如图 5-18 的第 3 个模型所示。

图 5-18 SCQA 模型的演变

举个例子，目前进展的项目缺人手，要寻求上级给予人手上的帮助。如何使用 ASC 模型？
- A-答案：我希望领导能给我们的新项目加派一名数据产品经理。
- S-情景：新项目要求 1 个月内完成交付，现在因为数据指标混乱导致工作量增加，时间严重滞后。
- C-冲突：目前团队内的成员在埋点、数据指标和数据产品方面都没有经验，如果没有专业的数据产品经理加入，很可能时间要推迟。

5.6.2 与下级沟通：抛出问题，用 QSCA 模型

与下级沟通，大多数情景是向团队成员分配任务，主要目的是激发团队成员的兴趣和信心，启发团队成员深度思考，建言献策。

在与下级沟通时，采取的整体策略就是"抛出问题、激发兴趣和启发思考"，主要使用 QSCA 模型。

QSCA，是 Question、Situation、Complication、Answer 的缩写，中文翻译为"问题、情景、冲突、答案"，即通过抛出问题，引发团队成员的兴趣，通过对情景和冲突的描述启发大家的深度思考，找出问题的答案，如图 5-18 的第 4 个模型所示。

举个例子，激发团队争取公司第 1 名。如何使用 QSCA 模型？
- Q-问题：我们怎样才能争取公司第 1 名？这样团队每个成员将在年底涨薪 20%。
- S-情景：目前我们团队的业绩在公司排名第 4。
- C-冲突：主要是由于 W 业务落后，没有达成预期导致的。
- A-答案：下一步主攻 W 业务，开发 10 个新客户，争取尽快达成目标。

5.6.3 跨部门沟通：突出矛盾和利益，用 CSA 模型和 RIDE 模型

跨部门沟通的目的主要是说服他人，协调资源，争取其他部门的支持，提高工作效率。

在跨部门沟通时，采取的整体策略就是"激发忧虑、突出矛盾和强调利益"。这时候，主要使用 CSA 和 RIDE 两种模型。

5.6.3.1 突出矛盾：用 CSA 模型

CSA，是 Complication、Situation、Answer 的缩写，中文翻译为"冲突、情景、答案"，即强调冲突，通过冲突引发其他部门对情景的关注，并激发对解决方案的兴趣，如图 5-18 的第 2 个模型所示。

> 举个例子，产品部门向数据分析部门提出需求，需要开发数据看板。如何使用 CSA 模型？
> - C-冲突：产品功能在一个月内出现了 2 次问题，导致用户不能访问，进而导致销售额比去年同期下降了一半。
> - S-情景：公司今年要求我们比去年同期增长 20%。
> - A-答案：我们需要一起分工合作，设计产品数据看板，搭建预警系统，这样一旦功能出现问题，就能够及时监测和修复问题，不至于影响公司的销售额和目标。

5.6.3.2 强调利益：用 RIDE 模型

RIDE，是 Risk、Interest、Difference、Effect 的缩写，中文翻译为"风险、利益、差异、影响"，即通过强调共同利益，说服对方或其他部门接受自己观点和建议。

如何使用 RIDE 模型？

- R-风险：讲述其他部门不采纳你的建议会带来什么风险。从心理学上来说，就是人在失去时比获得时更敏感。
- I-利益：讲述其他部门采纳了你的建议会获得什么利益。从心理学上来说，前一步的风险降低了人的心理预期，此时通过利益和风险的对比，给对方一颗红枣，让对方更容易接受。
- D-差异：讲述你的建议和别人的差异点在哪里。从心理学上来说，人人都不喜欢千篇一律的东西，独特的东西更能引起关注。
- E-影响：讲述你的建议存在的小弊端。从心理学上来说，太完美的东西不真实，有点小缺点但瑕不掩瑜。

> 举个例子，在一次紧急的产品优化项目中，要说服上级将用户调研环节外包给专业的调研公司去执行。如何使用 RIDE 模型？

- R-风险：我们的项目时间非常紧急，涉及的工作任务非常多，尤其是用户调研环节耗时间、耗人力。如果不外包，由我们自己执行，那么不仅需要加派人手，还很可能导致项目无法按时交付。
- I-利益：如果交给专业的调研公司去完成，他们在用户调研方面经验更为丰富，执行效率更高，那么我们就能把更多的时间和精力放在更重要的工作上，这样用现有的人手就能按时按质交付项目。
- D-差异：在可选的几家调研公司里，有两家能马上派团队进驻到公司，配合我们立即开启项目，而且费用比别人低5%。
- E-影响：当然了，我们只需要把发放问卷、回收问卷和清洗数据这些执行层的、相对不重要的、耗时间的工作交给调研公司完成，而问卷设计和数据分析洞察这些重要的环节则由我们自己完成，这样就可以保证项目的质量不受影响。

5.6.4 与客户沟通：刺激欲望，用SCQA模型和FABE模型

对外沟通分为与客户沟通和与面试企业沟通两种情况。

与客户沟通的主要目的是介绍和推广公司的产品或服务，以便引起客户对产品的注意，激发客户的购买欲望，促成最终成交。

在与客户沟通时，采取的整体策略就是"突出利益、激发兴趣、刺激欲望"。这时候，主要使用SCQA和FABE两种模型。

5.6.4.1 标准式：用SCQA模型

SCQA，是Situation、Complication、Question、Answer的缩写，中文翻译为"情景、冲突、问题、答案"，即用情景带出冲突和问题，突出自身公司的解决方案和优势，如图5-18的第1个模型所示。

举个例子，某短视频公司推广新开发的广告产品。如何使用SCQA模型？
- S-情景：互联网进入下半场，流量增长红利消失。
- C-冲突：付费转化率越来越低，获客成本越来越高，获客越来越难。
- Q-问题：如何提升获客效果，降低获客成本？
- A-答案：我们开发了灵犀产品，能够准确描绘用户画像，精准识别用户意图，定向投放广告，缩短转化链路，高效促进用户转化和购买，有效提升ROI。

5.6.4.2 强调利益：用FABE模型

FABE，是Feature、Advantage、Benefit、Evidence的缩写，中文翻译为"特征、优点、利益、证据"，即以展示利益和证据获取客户的信赖，赢取销售机会。如何使用FABE模型，如图5-19所示。

特征 Feature	优点 Advantage	利益 Benefit	证据 Evidence
找出客户最感兴趣的特征	分析这一特征的优点	找出优点带给客户的利益	提供相关的证据和案例
用特征诱发兴趣	用优点刺激欲望	用利益引起注意	用证据促成购买

图 5-19　FABE 模型

> 举个例子，我在《商业分析方法论与实践指南》一书中提到"去寺庙卖梳子"的案例，这里假设一名销售员要在寺庙里向顾客推销梳子。如何使用 FABE 模型？
> - F-特征：因为这把梳子被高僧开过光。
> - A-优点：所以它不仅可以梳头，还能保平安和好运。
> - B-利益：对您而言，从这里带一把有意义的梳子回家，不仅能帮您梳走霉运和烦恼，还能给家里人尤其是孩子带去智慧。
> - E-证据：您看，来这里祈福的客户，基本上每人都会求几把梳子，不仅为自己带一把回去，而且还会为亲友带几把，把好运和智慧带给自己，也传递给身边的亲友。

从"销售员在寺庙里向顾客推销梳子"这个案例，可以总结出使用 FABE 模型的标准句式，如图 5-20 所示。如果对该模型不熟练，可以按以下标准句式表达。

- 因为……（特征）。
- 所以……（优点）。
- 对您而言……（利益）。
- 您看……（证据）。

FABE模型	标准句式	案例 销售员在寺庙里向顾客推销梳子
F-特征	因为……（特征）。	因为这把梳子被高僧开过光。
A-优点	所以……（优点）。	所以它不仅可以梳头，还能保平安和好运。
B-利益	对您而言……（利益）。	对您而言，从这里带一把有意义的梳子回家，不仅能帮您梳走霉运和烦恼，还能给家里人尤其是孩子带去智慧。
E-证据	您看……（证据）。	您看，来这里祈福的客户，基本上每人都会求几把梳子，不仅为自己带一把回去，而且还会为亲友带几把，把好运和智慧带给自己，也传递给身边的亲友。

图 5-20　FABE 模型的标准句式和案例

5.6.5 与面试企业沟通：展示价值，用 STAR 模型

与面试企业沟通的主要目的是向用人单位和面试官展示自己的能力，赢得用人单位的认可和青睐，获取入职新公司的机会。

在面试时，必不可少的、也是最关键的一个环节就是向面试官讲述一个项目。如何讲述？采取的整体策略就是"强调困难、凸显难度、展示价值"，主要使用 STAR 模型。

STAR，是 Situation、Task、Action、Result 的缩写，中文翻译为"情景、任务、行动、结果"，即以展示工作价值、解决问题和困难的能力赢得用人单位的信赖和机会。如何使用 STAR 模型，如图 5-21 所示。

情景 Situation	任务 Task	行动 Action	结果 Result
描述项目情景和要解决的问题	表达你承担的任务或目标	阐述你采取了哪些具体行动来解决问题，以及如何应对困难和挑战	说明你取得了什么成果，创造了哪些工作亮点
• 为什么做这个项目 • 为了解决什么问题	• 项目的目标是什么 • 为什么设定这样的目标	• 在项目中做了哪些具体工作 • 遇到什么难题 • 是如何解决难题的	• 项目是否达成目标 • 取得了什么成果 • 有哪些工作亮点

图 5-21　STAR 模型

使用 STAR 模型，在表达时能够呈现清晰的结构和思路，层次分明地展示自己，讲述工作成果时有重点、有亮点、有难点，像讲故事一样，情节跌宕起伏，引人入胜，能让别人更加信服自己的工作成果，认可自己的工作价值。

> 举个例子，Rose 正在面试某公司的活动运营岗位，面试官让她讲一个在公司做过的项目。Rose 如何利用 STAR 模型讲述这个项目？
> - S-情景：我们公司为了提升平台用户的生命周期价值和增加用户黏性，推出了 A 业务。但目前 A 业务用户的购买频次过低，GMV 也没有达到预期。
> - T-任务：我的任务是通过设置优惠券活动，在保证 ROI>2 的情况下，提升 A 业务用户的购买频次和 GMV。
> - A-行动：为了达成目标，我将整个活动分 4 个阶段展开。第 1 个阶段，圈选参加活动的人群。第 2 个阶段，制定活动规则，明确活动参与时间、优惠券发放标准，以及优惠券的发放金额。第 3 个阶段，预估优惠券活动的成本、产出和 ROI。第 4 个阶段，申请活动预算，正式执行活动。
> 在这个过程中，我遇到的一个挑战是人群的圈选问题。因为人群圈选不当，很容易导致 ROI 不达标。为此我观察分析了大量的历史数据，最终发现：目前在 A 业

务购买频次较高的用户都是公司平台的活跃核心用户。因此，我设置的圈选条件是：30 天内在公司平台活跃，半年内在公司平台消费超过 500 元，3 个月内在 A 业务也活跃，但是购买频次低于均值的用户。

- R-结果：优惠券发放后，优惠券的领取率达 75%，其中有 70% 的用户进行了优惠券的核销，使用了优惠券。活动期间，GMV 增加了 200 万元，贡献了当月 A 业务 10% 的 GMV，ROI 达到了 3.5。

到此为止，本节我们已经介绍了汇报/沟通的七大模型，它们分别是 ASC 模型、QSCA 模型、CSA 模型、RIDE 模型、SCQA 模型、FABE 模型、STAR 模型。这里对它们做一个总结和对比，具体见表 5-5。

表 5-5 七大模型的总结和对比

	ASC	QSCA	CSA	RIDE	SCQA	FABE	STAR
场景	向上级汇报	对下级沟通	跨部门沟通	跨部门沟通	与客户沟通	与客户沟通	与面试企业沟通
策略	言简意赅 开门见山 请求支持	抛出问题 激发兴趣 启发思考	激发忧虑 突出矛盾	强调利益	突出利益 激发兴趣 刺激欲望	突出利益 激发兴趣 刺激欲望	强调困难 凸显难度 展示价值
使用方法	答案 情景 冲突 —	问题 情景 冲突 答案	冲突 情景 答案 —	风险 利益 差异 影响	情景 冲突 问题 答案	特征 优点 利益 证据	情景 任务 行动 结果

5.7 汇报/沟通要素六：让语言更通俗易懂——掌握四种话术技巧

一次成功的汇报/沟通，离不开好的汇报话术。好的话术能够打破障碍，让复杂的概念变得简单易懂，让枯燥的数据变得生动有趣。汇报人能够把自己的想法表达得清清楚楚、充分彻底、畅快淋漓。而听汇报的人不仅仅是在听，也是在接收、理解和共鸣，轻轻松松就能理解汇报的内容，受益匪浅，令人如沐春风。这就是话术的力量。

那么，在汇报/沟通时，如何使用话术？有 4 个关键点：①避免使用专业术语，学会做"翻译官"；②避免单纯说数字；③多用比喻和类比；④避免使用缩写。

5.7.1 避免使用专业术语，学会做"翻译官"

专业术语虽然听起来可能显得很专业、很有水平，但如果用得太多，反而会让人摸不着头脑，影响信息的传递和理解，降低别人的理解度和接受度。

听汇报的人，可能拥有不同的背景，甚至和自己的背景完全不一样。在这种情况下，使用专业术语，就像在双方之间筑起了一道墙，会加深双方之间的鸿沟，他们可能理解不了汇报人表达的内容。一旦理解不了，他们就会认为这个汇报没做好，没有达到预期的效果，是失败的。

所以好的汇报人，一定是一个"翻译官"，能够将专业术语翻译成大家都能理解的通俗语言；也能将通俗语言翻译成专业术语，实现二者之间的无缝衔接。

举个例子，一名医生向病人解释检查结果。医生对病人说道：

"根据您提供的病历和最近的影像学检查结果，我们发现您的冠状动脉存在多处狭窄。因此，我们建议进行经皮冠状动脉介入治疗（PCI），这是一种通过血管内途径，使用球囊和支架来恢复血流的微创手术。"

这段话中包含了很多专业术语，如"冠状动脉狭窄""经皮冠状动脉介入治疗（PCI）"等，对于非医学背景的病人来说很难理解。可以想象，病人听到这样的描述，心里会是怎样的五味杂陈。

如果医生能够将这些术语转变成病人能听懂的语言，做好"翻译官"，那不仅有助于病人更好地理解病情和治疗方案，还能减少他们的焦虑和不确定感，也能增加医患之间的信任和沟通。比如，下面这种沟通方式：

"我来看看您的检查结果。您的心脏血管，也就是负责给心脏输送血液的管道，有几条似乎不太通畅，这就像水管里积累了一些堵塞物，导致水流不顺畅。为了让心脏能够得到足够的血液供应，需要做一个小手术，这个手术叫作血管疏通手术。

"在手术过程中，我们会先通过皮肤插入一根非常细的管子，一直到达堵塞的地方。然后我们会用一个很小的气球把堵塞物推开，再放一个像小架子一样的东西，保持血管的通畅。这样，血液就能顺利流过，您的心脏也能得到足够的血液供应了。"

5.7.2 避免单纯说数字

数据是个好东西，它能让论据更具说服力。但如果使用不当，也会带来不好的后果。因此，在汇报数据的时候，一定不要单纯说数字，说了数字之后，要紧跟数字背后揭示的业务含义。

比如，向上级汇报："我们用户的流失率是10%。"

这种汇报就有问题，10%到底是多是少？是好是坏？上级是没有任何概念的。所以可以这样说：

"用户流失率目前已经由原来的 15%降到了 10%。但是与竞争对手相比，我们的用户流失率还是很高的，所以下一步我们的动作仍然需要降低用户流失率。"

5.7.3　多用比喻和类比

比喻和类比就是把难懂的事用另一件通俗易懂的事进行关联和迁移，最终让人茅塞顿开。

比喻和类比的过程，首先需要对某一个复杂的事物有足够深刻的认识和理解；其次需要从大脑的存量知识库里搜索相似的、简单的东西；接着将简单的东西与复杂的事物进行关联；如果能关联起来，一个比喻和类比就产生了。

因此，在汇报非常晦涩难懂的东西时，比喻和类比会极大地降低汇报/沟通的成本。要相信一句话："如果能将一个复杂的东西用比喻的形式表达出来，那么你对这个东西的了解已经超越90%的人了！"

我曾经在微信读书上看到一本书的评论，这条评论总共不到 500 字，却获得了近 500 个赞、60 条评论。她评价这本书为"唐僧的袈裟"，我一下子就被这条评论吸引住了，忍不住点进去看。

这位评论者说道：

"作者通晓媒体的前沿热点，文笔才思不错；语而不论，颇有高人气派；金句、警句和奇思妙想比比皆是，读得人酣畅淋漓，点头称是，似曾相识。觉得似曾相识就对了，因为作者广征博引，拼就这件百衲衣/袈裟。

"虽然袈裟宝相庄严，披上讲法估计也能舌灿莲花。但要斩妖除魔、建功立业，还得另请斗战胜佛。

"本书堆砌了金光闪闪的 What，却鲜说 Why，更不提 How。那些金光闪闪的认知补丁固然可以让你嗨，让你成为饭局上引人注目的段子手、社交场合的妙人，却不能转化为你的核心竞争力。"

后面紧跟着另一条评论：

"有文化就是好，我就只能看出是在旁征博引、口吐莲花，你却能看出那不过是一件金光闪闪的袈裟，不得不佩服！"

好的类比真的能让语言大放异彩！

除比喻和类比外，平常我们也会接触到谐音、冷笑话，它们与比喻、类比既有区别也有联系。可以使用两个维度进行区分：哪里相似、两种事物联想的容易程度。

用横轴代表"两种事物联想的容易程度"，右边代表不太容易将两种事物联想在一起，左边代表很容易将两种事物联想在一起；用纵轴代表"哪里相似"，上边代表本质相似，下边代表外表相似。横轴和纵轴交叉形成的矩阵，就可以区分谐音、冷笑话、比喻、低级别类比和高级别类比了，如图 5-22 所示。

图 5-22　两种事物联想的类型

1. 谐音、冷笑话

谐音、冷笑话位于左下角的第三象限，代表两种事物外表相似，且由于谐音，普通人很容易就能将两种事物联想在一起。

比如，为什么电脑经常生病？因为它的窗户（Windows）总是开着的。

2. 比喻

比喻位于右下角的第四象限，代表两种事物外表相似，但是相差较大，不太容易联想在一起。

比如，把月亮比作白玉盘，把眼睛比作星星。

3. 低级别类比

低级别类比位于左上角的第二象限，代表两种事物在本质上相似，很容易就能将它们联想在一起。

比如，把"知识体系"比作"房屋"，把"零散的信息"比作"砖头"；把"静观其变"比作"让子弹飞一会儿"；把"人的生老病死"比作"企业的生命周期"；把"整理房间"比作"梳理思路"等。

4. 高级别类比

高级别类比位于右上角的第一象限，代表两种事物在本质上相似，它们相差较大，普通人很难将两者联想在一起，需要有丰富的经验和高超的智慧方可做出巧妙的、高级别的类比。

比如，刘润老师在《底层逻辑》一书中举了几个非常好的、高级别类比的例子。

第1个例子：如何招人、如何用人？

> 金志国老师的回答："如果你做箱子，就要找樟木；要打口棺材，就要找金丝楠木；要是做门窗，找松木就好了。"

第2个例子：企业在不同生命周期应该如何做？

> 金志国老师的回答："创业初期，你的公司就是草本植物，生命力顽强，给点阳光就灿烂。公司依靠什么？靠创始人。其他员工都是助手。度过了创业期，你的公司就成了灌木，比草高大，发展良好。这时，公司还能只依靠创始人吗？不能了，要靠团队。那公司再发展壮大呢？这时，公司就是乔木，是参天大树了。到了这一时期，公司再也不能靠创始人、靠团队了，而是要靠系统。"

第3个例子：企业的系统结构、战略、市场、产品、品牌有什么关系？

> 金志国老师的回答："企业就像一棵大树，树根就是系统结构，树干就是战略，树冠就是市场，果实就是产品，叶子就是品牌。"

可以说，比喻和类比是触类旁通的钥匙，是融会贯通的锁链，是人类智慧的灵魂，是深入浅出的魔法棒，是万物相通的指明灯。它能让我们从一组关系看到平行空间中另一组类似的关系，能将一个复杂的、抽象的、难以理解的事物用另一个简单的、具体的、容易理解的事物展现出来。

那么，如何提升比喻和类比的能力？

（1）多学习，多实践，丰富自己的存量知识库。

类比本质上比拼的是存量知识库，过去的积累不够，知识存储量不够，知识面不够宽，是很难产生联想的。这就要求我们平时多积累自己的知识库，拓宽自己的知识面，多看、多听、多学、多做，才可能产生精彩的类比。

（2）学会深入分析事物，既会观察表面，又会洞察本质。

事物之间既有内部联系，也有外部联系。"本质"是事物内部的联系，决定了事物的性质和发展趋势；"表面"是事物的外部联系，是本质在各方面的外部表现。因此，分析事物不能停留在表面，只观察现象；而要深入冰山以下，发现事物的本质，才能对事物理解得全面、深刻。对事物理解得深刻了，才可能产生精彩的类比。

（3）学会匹配和联想。

事物之间都是存在关系的，不是孤立存在的。遇到不同的事物，要进行多角度对比，观察它们的相似点和不同点，学会对共同点进行抽象概括。我们经常听人自夸涉猎广泛，知识面广博。但是光有广博和多样的知识面，没有匹配的联想力，只能称之为"杂学博士"；广博和多样的知识面，加上匹配的联想力，才能将知识转变为创意，才可能产生精彩的类比。

> **提示** 为什么很多人不会使用类比和比喻？有3个原因。
> （1）对复杂事物的认知和理解不到家，不够透彻，不够深刻，还停留在表面，没有深入进去。
> （2）过去的知识积累不够，也就是存量知识库贫瘠得可怜。为什么知识库贫瘠？可能是学习不够，也可能是见识不够，又可能是实践不够。
> （3）联想和融会贯通能力弱。看不见事物之间存在的联系，认为事物是孤立存在的，缺乏系统和全局思维。

5.7.4 避免使用缩写

缩写就是把一个词组或者短语，用几个字母来代替。这样做的好处是写起来快，说起来也快。但问题是，不是每个人都能马上理解这些缩写的含义，缩写用得不好，可能会让沟通效果大打折扣，甚至引起误会和混乱。

举几个例子，说明缩写带来的弊端。

（1）案例1：会议通知的缩写。

给团队成员发会议通知，写道："请大家明天下午3点到浣溪沙会议室开会，讨论Q3的计划。"

这里的"Q3"就是一个缩写，代表"第三季度"。但问题是，不是每个人都能马上理解"Q3"的含义。他们可能会误以为是"第三小组"或者"第三个议题"，这样一来，就可能造成误会，影响会议的进行。

（2）案例2：项目报告的缩写。

在项目报告中写道："本项目的目标是提高产品的UX。"

这里的"UX"就是一个缩写，代表"用户体验"。但问题是，不是每个人都熟悉这个缩写。他们可能会误以为是"通用电气"或者"联合执行"，这样一来，就可能造成误解，影响项目的推进。

（3）案例3：商务邮件的缩写。

在给客户发商务邮件时，可能会写："我们很高兴与贵公司合作，期待尽快收到贵公司的PO。"

这里的"PO"就是一个缩写，代表"采购订单"。但问题是，客户可能不知道这个缩写的含义。他们可能会误以为是"个人意见"或者"产品优化"，这样一来，就可能造成误会，影响合作的进行。

所以，在工作场合，需要尽量避免使用缩写，多使用全称、同义词和短语。在不得不使用缩写的时候，备注好缩写代表的含义。

5.8 汇报/沟通要素七：让后续跟进更顺畅——学会五种处理方法

现场或当面汇报结束后，还可能面临两个环节的挑战：一是提问和答疑的环节；二是后续事项跟进的环节。

5.8.1 四种方法，应对提问和答疑

汇报后的提问和答疑环节是对个人综合能力的一次重要考验。这个环节不仅考验个人对汇报内容的掌握程度，还考验应变能力、沟通技巧和专业知识。掌握以下四种方法，可以更好地应对现场提问，如图5-23所示。

1. 提前准备　　　　2. 适当反问
3. 停顿等待，请人回答　　4. 承认不足，事后反馈

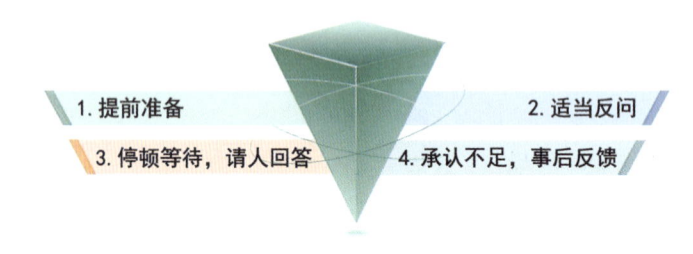

图5-23　应对提问和答疑的四种方法

1. 提前准备

提前准备，不仅能让我们在回答问题时更有自信，还能让我们的回答更有说服力。这就像在舞台上表演，排练得越充分，表演的时候就越从容不迫。所以，不管面对什么样的提问，提前准备总是王道。

要注意的是，不仅要提前准备提问的问题，还要准备相应的解决方法。那些现场

侃侃而谈、应对自如的人，无不是在台后默默准备，下着苦功夫的。要相信"精心的准备胜过即兴的发挥"。

2. 适当反问

有时候，在对话中，不能总是处于被动防守的位置，回答别人的问题，站在被问的角色，而要适时地反问一些问题。

尤其是当对提问人的背景、提问问题的初衷不是很了解的时候，通过反问合适的问题，不但可以了解清楚背景和目的，还可以获取更多信息，这是一个非常有效的策略。

另外，反问也是一种很好的控制对话节奏的方式。它可以让我们有时间思考，也可以给提问者一个重新组织问题的机会。这样，当双方对问题都有了更清晰的认识后，也就能给出一个更加精准和有针对性的回答。

3. 停顿等待，请人回答

当被问到其他业务部门主导的问题时，可以停顿一分钟，不出意外的话，这时候其他部门就会有人出来回答。这样不仅体现了团队合作精神，也尊重了每个部门的专业性。

如果没有人回答，就可以采用"主动提示–鼓励参与–明确邀请"这种循序渐进式的策略请人回答。

- 如果停顿了一分钟没有人回答，就可以主动提示。比如："这是个很好的问题，我们不妨等一下，看看技术部门的同事有什么见解。"
- 如果等待了一会儿，还是没有人发言，就可以主动鼓励相关业务部门的同事参与进来。比如："我们很想听听技术部门对这个问题的看法，他们在这方面有很多专业的见解。"
- 如果仍然没有人回应，就可以更明确地邀请相关人士回答，比如："技术部门的Jack，你对这个问题有什么看法？你的经验对解决这个问题非常有帮助。"

4. 承认不足，事后反馈

面对上级提出的问题，如果没有充分的准备和深入的思考，不知道如何回答，最明智的做法就是坦诚自己的不足，千万不要信口雌黄、胡乱回答。这不仅展现了我们的诚实和责任感，也有助于维护与上级之间的信任关系。

但要注意的是，一定要承诺后续的行动，告知上级将采取什么行动，给出明确的答复时间表。比如："我会尽快对这个问题进行调研和思考，并在一周内和您约时间进行汇报。"

5.8.2 一个清单，记好 To do 事项

汇报之后，上级会对汇报做出点评，对汇报中涉及的内容进行后续的安排。这时候一定要落实好这些 To do 事项。而要落实好，一定要有一个 To do 清单。

To do 清单中应该包含什么？主要包括 To do 事项、事项负责人、负责的具体内容、交付结果，以及交付的时间节点，见表 5-6。

表 5-6 To do 清单

To do 事项	事项负责人	负责的具体内容	交付结果	交付的时间节点
……	……	……	……	……
…●	……	……	……	……
……	……	……	……	……
……	……	……	……	……
……	……	……	……	……

- To do 事项可以明确汇报后具体做什么，而不是让所有人都处于"一头雾水、貌似干也行不干也行"的状态。
- 设定事项负责人是为了明确谁是主要负责人，谁是参与者，避免出现"很多人貌似都有责任但实际却没人负责"的尴尬情况。如果没有事项负责人，就意味着没有人会去跟进这些事项。
- 负责的具体内容是为了划分清楚每个人的工作和职责，避免出现工作分配不清、互相推诿的情况。
- 交付结果是为了明确最终要交付什么产出物，拉齐大家的认知。
- 交付的时间节点是为了明确每个人完成工作的截止期限，避免出现事情被遗忘、被拖拉、被延期的情况。

有了 To do 清单之后，需要把这个清单发送给所有参会人员，并在联络群里告知相关负责人其后续要跟进的事项。这样，相关负责人就知道如何去处理之后的事情，整个项目就能够顺畅地执行下去，形成闭环。之后如果出现相关问题，也能够及时找到相关责任人。

第6章

步骤六——盘：结构化复盘改进

我观察到很多人，他们一旦解决了手头的问题，就好像卸下了千斤重担一般，立马就把问题扔到一边，心里还默默地念叨："谢天谢地，终于搞定了，这种棘手的问题可别再让我碰上了。"但是，问题解决了，真的就意味着一切都结束了吗？真的就可以这么把它丢在一边，再也不去管它了吗？

其实，问题的解决并不是终点，而是一个新的起点。学习是没有尽头的，尤其是在解决问题的过程中，我们能学到的东西是最多的。如果每次解决完问题就急着把它抛到脑后，不想再去触碰，那怎么可能从中积累经验、吸取教训？

回想一下，每次我们遇到难题，不就像在打怪升级吗？解决了一个问题，我们的经验值就涨一点，技能就提升一点。如果只是解决了就完事，那不就像打完怪物却忘记捡装备一样吗？实在是亏本的买卖。

所以，我们应该遵循一个原则：凡事后，必做复盘，把每次解决问题的过程都看作一次学习和成长的机会。解决问题之后，多花时间回顾一下，想想在这个过程中学到了什么，哪些地方做得好，哪些地方还有改进的空间。这样，下次再遇到类似的问题，就能更加从容不迫、游刃有余了。

这个花时间回顾和总结的过程，有一个专业术语，叫作"复盘"。就像比赛后的战术分析、电影拍摄结束后的剪辑回顾，目的就是从成功中汲取经验，从失败中爬起，让下一次做得更好。

很多人在复盘时，常常感到无从下手，因为缺乏一套清晰的框架和方法。其实，复盘也有结构化的套路和流程。不论是个人复盘还是企业经营复盘，都可以借助标准化、结构化的框架和方法开展。本章将重点介绍如何开展结构化复盘改进。

6.1 复盘能带来什么

"复盘"最早起源于围棋。在围棋的世界里,"复盘"是一种传统且至关重要的练习方式。当棋手们结束了一场激烈的对弈后,他们不会立即离开,而是会静下心来,重新审视棋盘上的每一步棋。这个过程不仅是对棋局的简单回顾,更是一次深入的思考和自我反省。

复盘让棋手们有机会重新审视整个棋局的脉络,从开局的谋划布局,到中盘的战斗厮杀,再到收官的细微之处。在这一过程中,棋手们会仔细分析每一步棋的意图和效果,思考在当时的局势下,是否有更优的走法。这种反思不仅仅是对棋局的技术分析,更是对棋手心理状态和战术选择的全面审视。

因此,通过复盘,棋手们能够更清晰地看到自己的长处和弱点。他们可以识别出哪些策略是成功的,哪些走法还需要改进。这种自我分析有助于棋手在未来的比赛中避免出现同样的错误,同时也能够更好地应对不同的对手和棋局。

6.1.1 复盘的双重属性:总结+规划

在职场和工作中,复盘就是对过去的行动和结果进行重新检查、思考评价,挖掘成功的关键因素和失败的根本原因,总结问题的本质与规律,为下一阶段的行为提出优化、改进建议。

因此,复盘具备双重属性,不仅仅是总结过去,更是规划未来。复盘=总结+规划。

- 总结是对过去行动和结果的详细回顾、描述、思考、评价、分析和归纳。它是一个静态的评估过程,因为它关注的是过去发生了什么,以及为什么会发生。总结就像在构建一个时间胶囊,将所有的事件、决策和结果都封存起来,以便可以在未来任何时候回过头来审视。
- 规划是在总结的基础上进行的,不断推演,发现规律,提出优化建议。它是一个持续的动态过程,涉及对未来行动的不断推演和优化,关注的是如何将总结的经验应用到未来的行动中,以及如何调整策略去适应不断变化的市场和挑战。

总结和规划在复盘中是相辅相成的。没有总结,就无法准确地理解过去;没有规划,就无法有效地准备未来。总结提供了规划的基础,而规划则是总结的延伸。它们共同构成了复盘的完整循环,帮助我们从过去的经验中更好地规划未来。

6.1.2 复盘的作用

如果不懂复盘，那么每次解决问题时，都不过是在低水平不断重复，没有教训的总结，没有经验的积累，没有方法论的概括，没有标准流程的沉淀，没有改进优化的空间，只是在原地重复打转，掩盖思维的懒惰。

这会导致在解决问题时陷入一种低效循环，总是在相同的问题上重复同样的错误，没有实质性的进步。就像在跑步机上跑步，无论多么努力，都只是在原地踏步，消耗自身的能量，身体却没有前进半分。

而复盘则是打破这种低效循环的关键，它是一种深度的反思和学习，是站在现在的视角分析过去的问题。就像已经登上了山，站在山顶上，能俯瞰到整座山的布局，哪里的路是直的，哪里的路是弯的，哪里有坑，哪里平坦，都尽收眼底。从山顶的至高点俯瞰来时的路，不仅可以知道哪些路走错了，哪些路走对了，哪里有更好的路线，哪里有更美的风景；还能把正确的路线画成地图，赋能下次的爬山，服务更多的人爬山。

所以通过复盘，可以避免重复出错，从"直觉"变为"理性"，从"蒙着打"变为"瞄着打"，发现新知识、新路线、新创意，形成标准化的方法论和框架地图，由反思自我变为赋能他人，由审视过去变为赋能未来，最终打破低效循环，进入"一次更比一次好"的高效循环。

6.1.3 复盘常见的问题

虽然复盘非常重要，但是很多人却不会复盘。在《复盘》这本书中，我看到过一个有趣的年度复盘案例，充分说明了复盘中普遍存在的问题。

书中的案例是某员工的年度复盘，具体内容如图6-1所示。

图6-1 某员工的年度复盘

大家看后可能都想开怀大笑，这个案例幽默地揭示了复盘过程中存在的形式主义和表面化的问题。但是，仔细想想，在实际工作中，大部分人的复盘何尝不是如此，基本上都存在相似的问题：纯粹为复盘而复盘，浮于表面，缺乏深度思考，看不到问题，转着圈打太极，纸上谈兵，解决不了问题。

6.1.4 复盘的类型

成功的个人和企业往往都具备持续反思和复盘的能力。这种能力是他们实现持续成长和改进的关键因素之一。因此，复盘分个人复盘和企业复盘。

1. 个人复盘

曾子曰："吾日三省吾身。"这是对个人日常生活的复盘。

个人复盘主要是对一个人过去一段时间的学习、生活、工作、财富、健康、家庭等方面做出回顾、反思、评价和规划。

2. 企业复盘

任正非说："华为的每个人都要学会复盘、建模、再复盘、再建模，用这个模型去做第二件事，反复复盘，让模型变大变系统，减少不必要的能耗，就提升了竞争力。"这就是企业复盘。

企业复盘主要是对企业过去一段时间的经营业绩和活动进行回顾、评价和规划。工作中最常见的就是经营复盘，包括周度、月度、季度、半年度和年度复盘等。

6.2 结构化开展企业经营复盘

不知大家发现没有，高手们在各个领域的表现往往都是有条不紊、条理清晰的，这其实是他们对事物深刻理解和精心规划的结果。无论是在语言表达、行动执行还是决策制定上，高手们都遵循一定的模式、章法、结构、套路。这种结构化的思维和方法同样适用于复盘，我们称之为"结构化复盘"。

结构化复盘能帮助我们建立一种"习惯"。当按照一定的流程和步骤进行复盘时，这个动作就会逐渐变成习惯。一旦成为习惯，复盘就不再是一件需要刻意去做的事情，而成为自然而然就会去做的事情。

6.2.1 利用四个步骤和八个工具开展经营复盘

结构化复盘意味着不是随意地回顾过去和规划未来，而是提供一张"地图"，上面标记了去的地方和去的路径。这张"地图"就是复盘的流程、方法和步骤。它告诉我们首先做什么，然后做什么，最后做什么。这样一来，在复盘的时候就不会东一榔头西一棒槌，而是能够有针对性地、有的放矢地复盘。

具体如何开展结构化复盘？先打个最常见的比方，你和女朋友吵架了，如何复盘这次吵架？通常复盘的套路如下。

- 刚才吵什么？
- 吵架解决问题了吗？
- 为什么吵架？
- 如何不吵架？

将男女朋友吵架模式切换为企业经营模式，就会发现它们之间完美的对应关系，如图 6-2 所示。

男女朋友吵架模式（吵架复盘）
- 刚才吵什么？
- 吵架解决问题了吗？
- 为什么吵架？
- 如何不吵架？

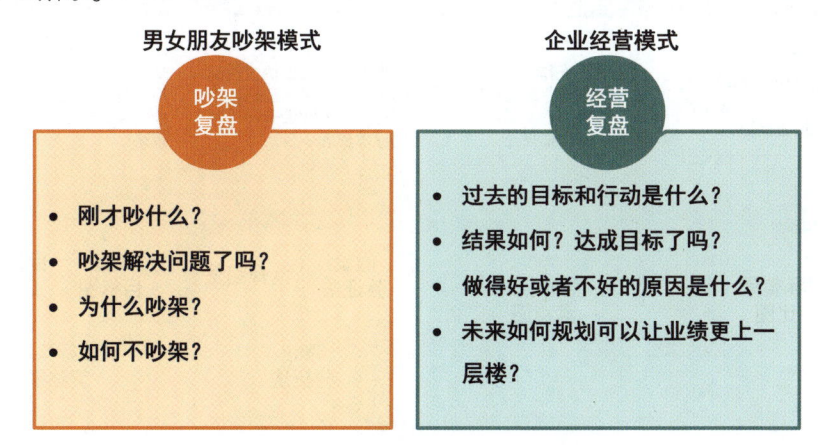

企业经营模式（经营复盘）
- 过去的目标和行动是什么？
- 结果如何？达成目标了吗？
- 做得好或者不好的原因是什么？
- 未来如何规划可以让业绩更上一层楼？

图 6-2　吵架复盘和企业经营复盘

由此，就可以总结出结构化企业经营复盘的套路和结构，由四个步骤构成：①回顾目标；②评估结果；③分析原因；④规划未来，如图 6-3 所示。

在这四个步骤里，每个步骤都可以借助相应的工具辅助实施和完成。在回顾目标阶段，可以使用"目标实际对比图"；在评估结果阶段，可以使用"高光低光盘点图"；在分析原因阶段，可以使用"假设验证法""鱼骨图法""5Why 分析法"；在规划未来阶段，可以使用"关键目标图""目标实现路径图""目标实现策略图"。

这里把四个步骤和八个工具用一张图展现出来，就形成了企业经营复盘画布，如图 6-4 所示。

图 6-3　企业经营复盘的四个步骤

图 6-4　企业经营复盘画布

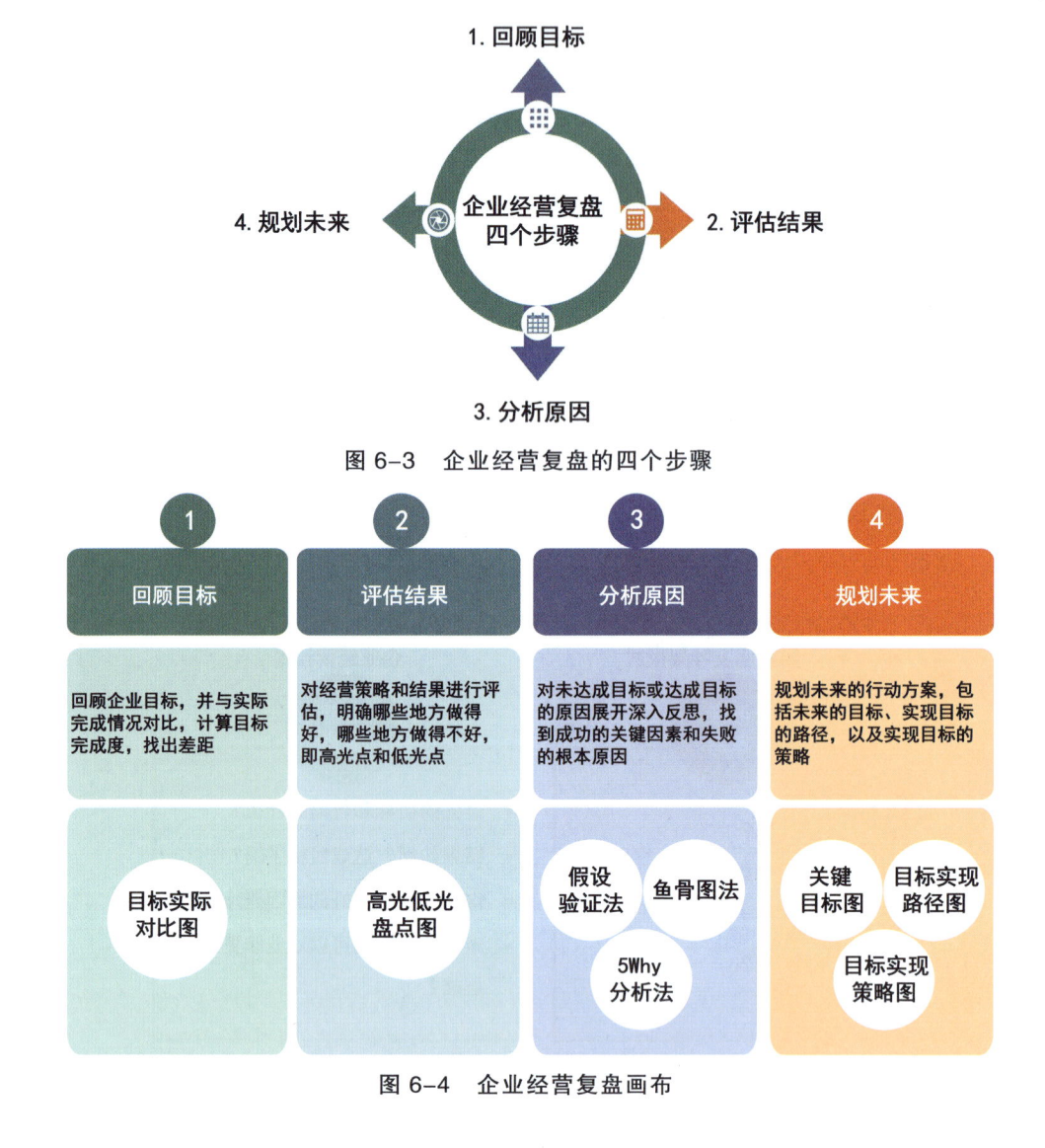

6.2.2　回顾目标：目标实际对比图

回顾目标指的是回顾企业目标，并与实际完成情况对比，计算目标完成度，找出差距。

在这一阶段，可以使用"目标实际对比图"进行分析，如图 6-5 所示。它是一种直观的可视化工具，该图的目的是将设定的目标值与实际值进行对比，以便清晰地看到实际和目标之间的差距。

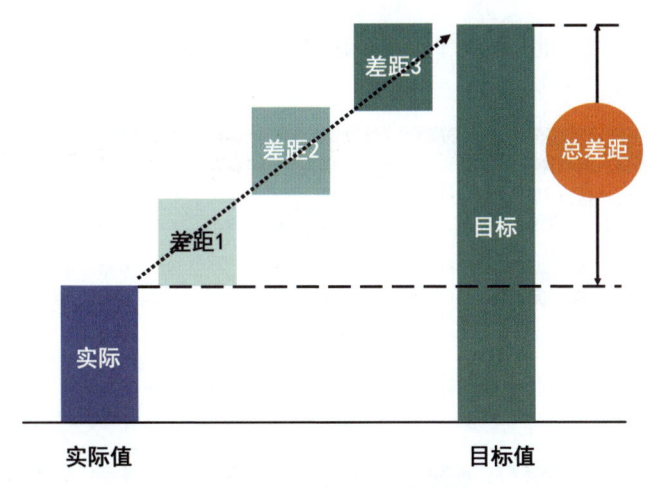

图 6-5　目标实际对比图

那么如何使用"目标实际对比图"？具体流程如下。

（1）明确年初企业设定的目标值是多少。

（2）计算年终企业完成的实际值是多少。

（3）计算目标完成度。

（4）明确实际和目标的总差距有多大。

（5）找到差距主要体现在哪些方面。

6.2.3　评估结果：高光低光盘点图

评估结果主要是对企业的经营策略和结果进行评估，明确哪些地方做得好，哪些地方做得不好，即高光点（Highlight）和低光点（Lowlight）。

在这一阶段，可以使用"高光低光盘点图"进行分析，如图 6-6 所示。它的主要目标是将实现目标的策略和行动罗列出来，从中找出高光点和低光点。

如何使用"高光低光盘点图"？具体流程如下。

（1）将业务拆分，拆分的逻辑可以是业务线、产品线，也可以是城市、区域等，具体取决于公司的实际情况。

（2）针对拆分出来的每个子业务，对比年初目标值和实际完成值，计算目标完成度。

（3）列出为实现目标所采取的策略和行动方案。

（4）找出高光点，也就是做得好的地方，这些高光点对目标的贡献最大。

（5）找出低光点，也就是做得不好的地方，这些低光点是阻碍目标达成的关键因素。

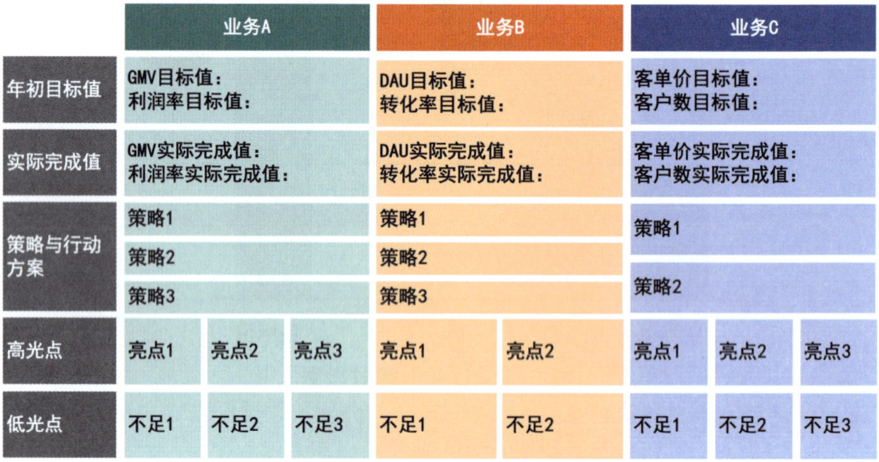

	业务A	业务B	业务C
年初目标值	GMV目标值： 利润率目标值：	DAU目标值： 转化率目标值：	客单价目标值： 客户数目标值：
实际完成值	GMV实际完成值： 利润率实际完成值：	DAU实际完成值： 转化率实际完成值：	客单价实际完成值： 客户数实际完成值：
策略与行动方案	策略1 策略2 策略3	策略1 策略2 策略3	策略1 策略2 策略3
高光点	亮点1　亮点2　亮点3	亮点1　亮点2　亮点3	亮点1　亮点2　亮点3
低光点	不足1　不足2　不足3	不足1　不足2　不足3	不足1　不足2　不足3

图 6-6　高光低光盘点图

6.2.4　分析原因：假设验证法+鱼骨图法+5Why 分析法

分析原因主要是对未达成目标或达成目标的原因展开深入反思，找到成功的关键因素和失败的根本原因。

在这一阶段，可以使用第 3 章介绍的三种方法进行分析，分别是假设验证法、鱼骨图法和 5Why 分析法，详见表 6-1，这里不再做具体介绍。

表 6-1　分析原因的三种方法

分析方法	使用流程	适用场景
假设验证法	先将问题进行拆解，基于拆解的部分，做出假设，然后收集数据和资料验证假设是否正确。当假设被验证正确时，接受假设，也就找到了原因	多为定量分析，适用于需要通过大量数据或实验验证的情况，能够快速挖掘关键原因
鱼骨图法	先将问题写在鱼骨的头上，团队成员讨论可能的原因，将其写在大骨上；继续深度分析原因，将其写在中骨和小骨上	多为定性分析，适合团队协作，让成员共同识别和讨论可能的原因，能够对原因进行较为全面的诊断
5Why 分析法	先定义问题，再通过连续提问来揭示问题背后的深层次原因	多为定性分析，适用于现场诊断情况，不太适合实验验证的情况，能够深入挖掘问题的本质原因

6.2.5　规划未来：目标图+路径图+策略图

复盘过去之后，接下来就是规划未来的行动方案。完整的行动方案包括目标、实现目标的路径和策略，分别对应 3 种工具：关键目标图、目标实现路径图、目标实现策略图。

6.2.5.1　关键目标图

制定未来的行动方案，一定要设定一个关键目标。而关键目标的实现是由一系列小目标支撑的。就像一个人要去一个很远的地方，需要先知道自己要去哪儿，这就是关键目标。但是，到达目的地不是一蹴而就的，需要先找到一条条路、一个个路标，这些路标就像小目标。我们需要到达一个个路标，实现一个个小目标，最终才能到达目的地，实现既定的大目标。

因此，关键目标必须拆解成一个个小目标才具有落地意义。"关键目标图"就是一个很好的工具。

那么，如何使用这个工具？举个例子，F 公司是一家护肤品公司，主要通过电商平台售卖护肤产品，其打算制定 2025 年的目标，如何使用关键目标图？

总 GMV 目标预计由 2024 年的 0.46 亿元提升至 2025 年的 1 亿元，要实现总 GMV 这个关键目标，既需要现有品类发力，也需要拓展新品类，即总 GMV=现有品类 GMV+新品类 GMV。经过测算，现有品类和新品类需要分别完成以下目标才能达成总 GMV 的目标。

（1）现有品类：达成 0.8 亿元 GMV 的目标。

现有品类 GMV=购买人数×客单价×复购频次。经过测算，现有品类的购买人数、客单价和复购频次需要分别完成以下目标才能达成目标。

- 购买人数：达成 12 万人的目标。
- 客单价：达成 117 元的目标。
- 复购频次：达成 5.7 次的目标。

（2）新品类：达成 0.2 亿元 GMV 的目标。

新品类 GMV=购买人数×客单价×复购频次，经过测算，新品类的购买人数、客单价和复购频次需要分别完成以下目标才能达成目标。

- 购买人数：达成 5 万人的目标。
- 客单价：达成 200 元的目标。
- 复购频次：达成 2 次的目标。

最后拆解的关键目标图如图 6-7 所示。

```
                    总GMV   1亿元
                   /        \
        0.8亿元  现有品类         新品类   0.2亿元
                 GMV      +    GMV
               / | \          / | \
         购买人数 × 客单价 × 复购频次   购买人数 × 客单价 × 复购频次
           12万人  117元   5.7次      5万人   200元    2次
```

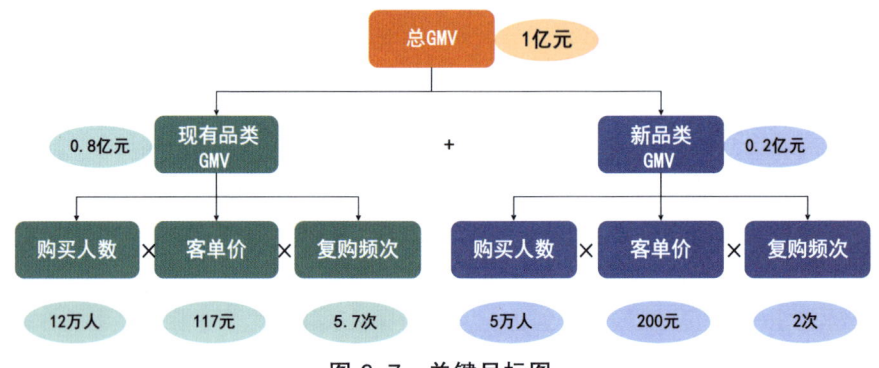

图 6-7　关键目标图

6.2.5.2　目标实现路径图

有了目标之后，由现状到实现目标需要一定的路径，此时就可以通过"目标实现路径图"来规划这些路径。

那么，如何使用这个工具？仍以 F 公司为例。该公司 2024 年的现状业务数据和 2025 年的目标业务数据，分别见表 6-2 和表 6-3。

表 6-2　2024 年 F 公司的现状业务数据

	GMV/亿元	客单价/元	复购频次/次	购买人数/万人
现有品类	0.46	101	4.6	10
新品类	—	—	—	—

表 6-3　2025 年 F 公司的目标业务数据

	GMV/亿元	客单价/元	复购频次/次	购买人数/万人
现有品类	0.8	117	5.7	12
新品类	0.2	200	2.0	5

F 公司 2024 年总 GMV 的实际完成值是 0.46 亿元，中间要经过 4 条路径，才能达成 2025 年总 GMV 1 亿元的目标，如图 6-8 所示。

- 第 1 条路径：提升渗透力，让更多的消费者购买商品，这需要 F 公司的购买人数增长 2 万人。
- 第 2 条路径：提升现有消费者的复购力，让他们的复购频次增加，这需要 F 公司消费者的复购频次增长 1.1 次。
- 第 3 条路径：提升现有消费者的价格力，让他们每次消费更多的金额，这需要 F 公司消费者的客单价提升 16 元。
- 第 4 条路径：提升延展力，拓展新品类，这需要 F 公司新品类的 GMV 增长 0.2 亿元。

经过渗透力、复购力、价格力、延展力 4 条路径，就可以完成总 GMV 由 2024 年 0.46 亿元提升至 2025 年 1 亿元的目标。

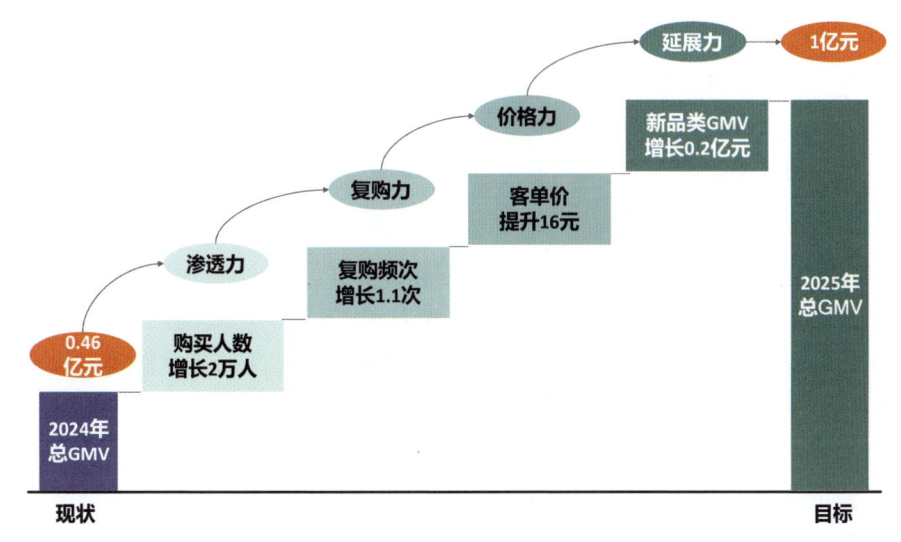

图 6-8 目标实现路径图

6.2.5.3 目标实现策略图

目标实现路径图只是起到向导的作用，通过什么手段才能让购买人数增长 2 万人、复购频次增长 1.1 次、客单价提升 16 元、新品类 GMV 增长 0.2 亿元？这就是实现目标的策略，此时可以使用"目标实现策略图"。

那么如何使用该工具？仍以 F 公司为例，该公司实现 2025 年的目标有 4 条路径，每条路径采取的策略如图 6-9 所示。

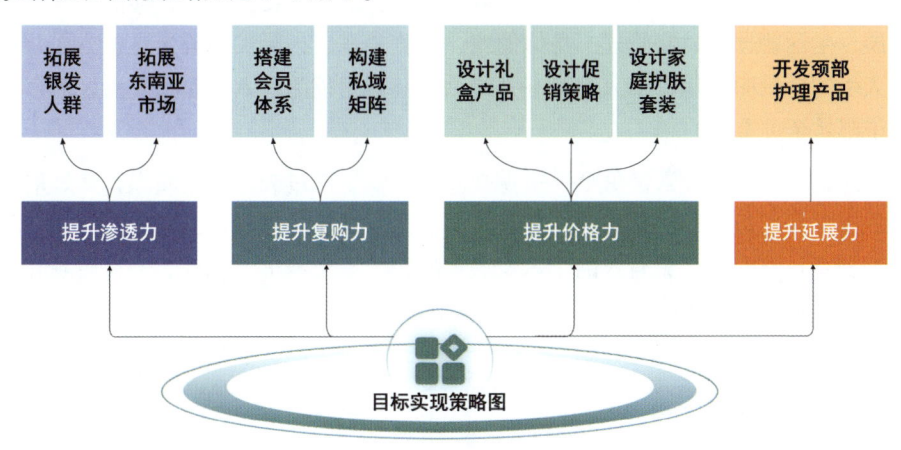

图 6-9 目标实现策略图

（1）通过两个策略提升现有品类的渗透力，让更多消费者购买。

- 拓展银发人群，主要提升抗衰老、滋润型护肤品的渗透力。
- 拓展东南亚市场，主要提升防晒产品的渗透力。

（2）通过两个策略提升现有消费者的复购力。

- 搭建会员体系，设计会员权益，引导用户复购。
- 构建以微信为核心的私域矩阵，利用公众号、视频号、小程序、企业微信等建立私域引流渠道。

（3）通过3个策略提升现有消费者的价格力，让他们愿意支付更高的价格。

- 设计礼盒产品，根据2025年的节假日和营销日，策划并设计礼品套装，比如浪漫七夕礼盒装、新年好运礼盒装、冬季滋润礼盒装、夏季清爽礼盒装等。
- 设计促销策略，比如买二送一、买面霜赠送护手霜、满一定金额赠送礼品等。
- 设计家庭护肤套装，提供孩子、爸爸、妈妈全套护肤产品。

（4）通过1个策略提升延展力，拓展新品类。

- 开发颈部护理产品，比如颈霜、美颈棒等产品，用于淡化颈部细纹。

6.3 结构化开展个人复盘

个人复盘听起来可能不是那么吸引人，有些人也可能觉得它并不重要，因此对待复盘的态度可能比较敷衍，甚至比较随意。然而，事实上，个人复盘在个人成长和发展中扮演着至关重要的角色。

个人复盘的内容并不局限于单一领域，其包含的内容更为广阔，涵盖了学习、职业发展、生活管理、财富管理、身体健康、家庭关系、人际关系等。这些方面共同构成了人生的全景图，是每个人都离不开的话题。对它们的深入反思和复盘，对于每个人来说都是至关重要的。

因此，个人复盘应当被每个人所重视。它不仅是对过去经验的回顾，更是对未来行动的规划和准备。通过认真对待复盘，个人可以更好地理解自己的行为模式，识别优势和弱点，从而制定更有效的个人发展策略，实现自我提升和成长，在职场和个人生活中取得更大的成就。

6.3.1 利用六个步骤和八个工具开展个人复盘

个人复盘的过程并不随意，相反可以变得非常条理化、系统化和结构化，并且可以通过一系列套路和工具更有效地进行反思和总结。这里将其归纳总结成六个步骤和八个工具。

（1）复盘和评价过去，可以使用个人目标复盘表和 KISS 复盘图两个工具。

（2）制订未来规划，可以使用个人目标规划表和曼陀罗九宫格两个工具。

（3）设立榜样激励自己，可以使用标杆人物画布分析对手，认清差距，激励自己。

（4）规划时间节点，可以使用时间进度表明确每个任务的时间安排。

（5）区分事情的轻重缓急，可以使用艾森豪威尔矩阵判断每件事情的轻重缓急。

（6）落实每日行动不拖延，可以使用 1-3-5 每日待办清单培养行动力，让自己快速行动起来。

这里把六个步骤和八个工具用一张图展现出来，就形成了个人复盘画布，如图 6-10 所示。

图 6-10　个人复盘画布

6.3.2　复盘和评价过去：个人目标复盘表+KISS 复盘图

复盘和评价过去主要就是判断过去的目标是否完成，过去的行动是否有效、是否要继续。复盘的目的不是否定自己，而是客观地认识自己、了解自己。认识和了解自己的最终目的是为未来规划方向、铺平道路。

那么如何复盘和评价过去？可以借助个人目标复盘表和 KISS 复盘图两个结构化工具进行分析。

6.3.2.1　个人目标复盘表

个人目标复盘表主要是对个人过去一段时间的学习、生活、工作、财富、健康、家庭等的目标进行回顾,并对比实际完成的结果,进行个人反思和评价,发现差距,总结原因和经验。

如何使用个人目标复盘表?这里以 Rose 回顾 2024 年个人目标为例,具体流程如下。

(1)梳理好个人在 2024 年年初制定的关键事项和目标。

(2)在 2024 年结束后,评价各目标实际完成的结果,计算目标完成度。

(3)分析目标未完成或者超额完成的原因。

最终 Rose 的"2024 年个人目标复盘表"见表 6-4。

表 6-4 2024 年个人目标复盘表

目标开始时间	2024/1/1	年度目标数量		24	年度目标平均完成率	80%★
目标结束时间	2024/12/31	年度完成目标数量		12	年度结果评分	80%★
关键事项	序号	目标		目标完成度	做得好/不好的原因	
身体健康	1	年度体检各项指标正常		100%	**************	
	2	每周锻炼 4 小时		10%	**************	
	3	体重保持在 50kg 左右		100%	**************	
家庭关系	4	每月花 4 天时间陪家人		40%	**************	
	5	陪父母全身体检		100%	**************	
	6	和全家人一起旅游		10%	**************	
工作	7	薪资提升 10%		50%	**************	
	8	职位晋升到部门经理		80%	**************	
	9	团队规模扩大到 20 人		10%	**************	
理财	10	存款利息收益 3 万元		100%	**************	
	11	股票基金收益 1 万元		0%	**************	
	12	外汇投资收益 1 万元		80%	**************	
	13	其他投资收益 1 万元		100%	**************	
副业	14	业务模式跑通		100%	**************	
	15	收入达到 10 万元		100%	**************	
	16	付费用户规模达到 200 人		90%	**************	
自我提升	17	学会公司经营流程		100%	**************	
	18	学会自媒体运营		100%	**************	
	19	学会视频剪辑		80%	**************	
	20	学会运营店铺		95%	**************	
个人 IP 打造	21	出版一本图书		100%	**************	
	22	参加 2 次行业会议		60%	**************	
	23	进行 2 次企业授课培训		100%	**************	
	24	直播讲座 5 次		85%	**************	

6.3.2.2 KISS 复盘图

KISS 复盘图主要是分析过去一段时间内的行动效果，结合未来的规划，判断在接下来的时间里，是该保持、改进、开始还是停止这些行动和事项，如图 6-11 所示。

图 6-11　KISS 复盘图

KISS 代表的是四个英文字母。

- K 即 Keep，代表保持。过去做得比较好的，或者结果特别满意的，未来仍然在计划范围之内的行动或事项，需要继续保持。
- I 即 Improve，代表改进。过去有些行动或者策略做得不好，或者结果不太满意的，但是未来仍然需要做这些事，需要在原有的行动或事项上进行改进之后，再继续行动。
- 第一个 S 即 Start，代表开始。过去一年打算做、但是一直没有做、对个人发展又非常有利的行动或事项，需要开始行动起来。
- 第二个 S 即 Stop，代表停止。过去经过实践发现效果不好或者不满意的、对个人发展也不重要的行动或事项，需要停止做下去。

6.3.3　制订未来规划：个人目标规划表+曼陀罗九宫格

复盘并不是最终目的，所有的复盘最终都是为了未来的规划和行动。因此，对过去的行为进行复盘和评价之后，知道了自己的不足和优势，明确了原因，还需要制订未来的规划。

在这一阶段，可以使用个人目标规划表和曼陀罗九宫格两种工具。

6.3.3.1　个人目标规划表

个人目标规划表主要用来规划一段时间内要达成的 OKR，即明确要达成什么目标、采取什么行动、交付什么结果、在什么时间交付，以及为达成这些目标要克服哪些困难、提升哪些技能、寻求哪些人的帮助。

那么具体如何使用"个人目标规划表"？以 Rose 规划 2025 年个人目标为例，具体流程如下。

- 根据 2024 年的复盘，梳理 2025 年个人的关键事项有哪些。不同的人有不同的事项，需要根据个人的具体情况而定。
- 为每一个关键事项都设定目标，即确定 O（Objective）。
- 明确实现目标的关键行动和结果是什么，即确定 KR（Key Result）。
- 确定每一个关键结果都在什么时间完成交付。
- 预估在达成目标的过程中，会遇到的障碍和难点有哪些。
- 为克服障碍和困难，需要提升哪些技能。
- 为克服困难和提升技能，需要向哪些人求助。
- 确定每个关键行动的重要度并排序，按重要度开展行动，分配资源和精力。

最终 Rose 制作的"2025 年个人目标规划表"见表 6-5。

表 6-5 2025 年个人目标规划表

目标开始时间	2025/1/1	年度目标数量	22				
目标结束时间	2025/12/31	年度完成目标数量					

关键事项	Objective	KR: Key Result		完成时间	障碍和难点	提升哪些技能	寻求哪些人帮助	重要度排序
身体	规律锻炼，保持健康和自律	KR1	年度体检各项指标正常	2025/12/15	*********	*********	*********	2
		KR2	每周锻炼 4 小时	2025 年每周末	*********	*********	*********	14
		KR3	体重保持在 50kg 左右	2025 年每月	*********	*********	*********	22
家庭	家人健康、花时间陪伴家人	KR4	每月花 4 天时间陪家人	2025/12/31 每月	*********	*********	*********	9
		KR5	陪父母全身体检	2025/5/1	*********	*********	*********	1
		KR6	和全家人一起旅游	2025/10/1	*********	*********	*********	18
工作	升职加薪参与重要项目团队赋能	KR7	争取参与 2 个公司级重大项目	2025/12/31	*********	*********	*********	5
		KR8	为团队每月进行一次培训	2025 年每月	*********	*********	*********	12
		KR9	薪资提升 10%	2025/12/31	*********	*********	*********	3
		KR10	职位晋升到部门总监	2025/12/31	*********	*********	*********	4
理财	年收益达到 10 万元	KR11	存款利息收益 4 万元	2025/12/31	*********	*********	*********	19
		KR13	外汇投资收益 3 万元	2025/12/31	*********	*********	*********	20
		KR14	其他投资收益 3 万元	2025/12/31	*********	*********	*********	21
副业	成立公司，年营业额达到 20 万元	KR15	完成公司注册，获取营业执照	2025/2/28	*********	*********	*********	6
		KR16	年收入达到 20 万元	2025/12/31	*********	*********	*********	7
		KR17	付费用户规模达到 500 人	2025/12/31	*********	*********	*********	8

续表

关键事项	Objective	KR: Key Result		完成时间	障碍和难点	提升哪些技能	寻求哪些人帮助	重要度排序
自我提升	提升2个技能	KR18	系统学习团队管理知识	2025/2/29	*********	*********	*********	16
		KR19	系统学习社群运营和私域运营	2025/10/31	*********	*********	*********	17
个人IP打造	在自媒体平台和业内有一定知名度，粉丝50万人	KR20	参加2次行业会议	2025/6/30	*********	*********	*********	11
		KR21	进行10次企业授课培训	2025/12/31	*********	*********	*********	10
		KR22	直播讲座10次	2025/12/31	*********	*********	*********	13
		KR23	输出12篇专业文章	2025/12/31	*********	*********	*********	3

6.3.3.2 曼陀罗九宫格

曼陀罗九宫格是一种结构化的思考方法。它以中间的格子为核心主题，向四周扩展8个格子为子主题。再分别以8个子主题为核心，向外继续扩展为64个格子。这种由一而八、由八而六十四的放射性扩展思考的方式，就是曼陀罗九宫格，具体如图6-12所示。

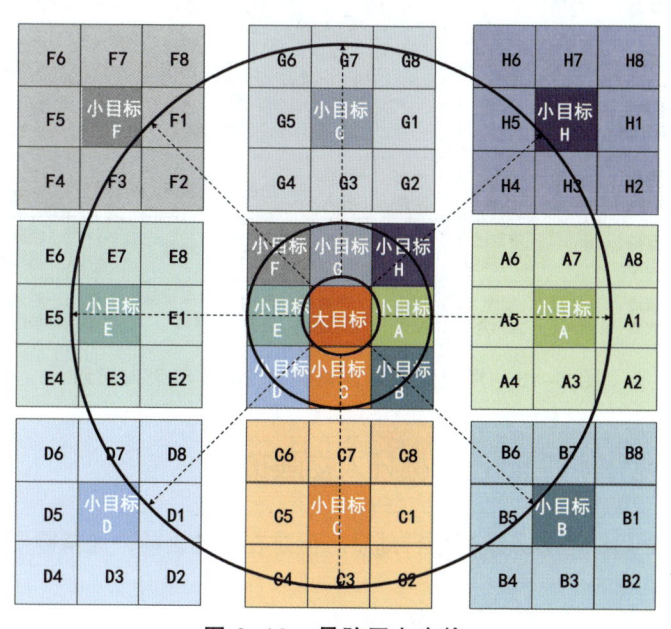

图 6-12 曼陀罗九宫格

曼陀罗九宫格其实已经成为训练大脑进行逻辑思考的图像化工具，在个人生活和职场工作中被广泛关注和使用。可以利用它制作备忘录，也可以利用它开展头脑风暴，激发创意，还可以利用它规划个人目标。

那么，具体如何使用曼陀罗九宫格？核心就是遵循"大目标-小目标-行动方案"的原则，具体流程如下。

（1）在正中间的格子里写下个人的大目标。

（2）在周围的八个格子里，将大目标拆解为八个小目标。

（3）针对八个小目标，再继续拓展，写下各自的八个行动方案。

以 Jack 制订 2025 年的个人规划为例，他的目标是 2025 年的自己比 2024 年更上一层楼。围绕着大目标，在 2025 年从工作、硬技能、软技能、健康、人脉、财富、时间管理、副业八个方向提升自己，每个方向又有八个行动方案。

最终 Jack 制作完成的 2025 年个人规划，如图 6-13 所示。

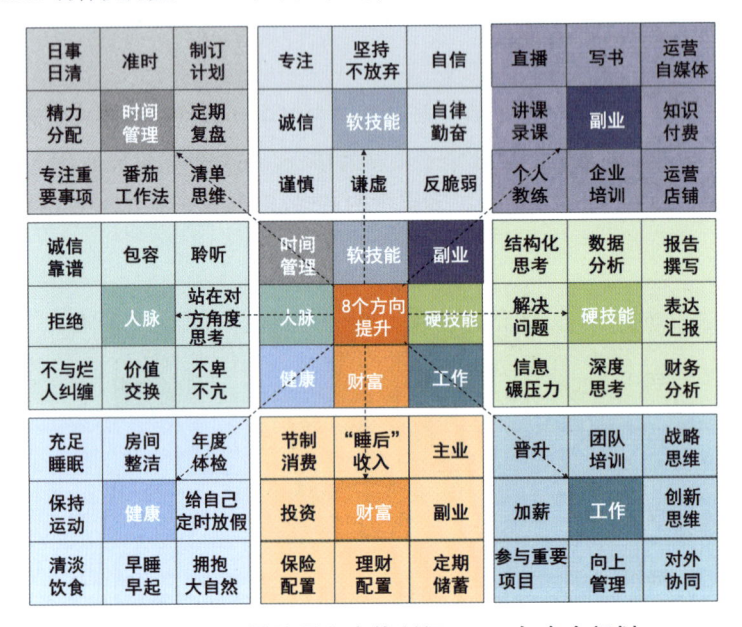

日事日清	准时	制订计划	专注	坚持不放弃	自信	直播	写书	运营自媒体
精力分配	时间管理	定期复盘	诚信	软技能	自律勤奋	讲课录课	副业	知识付费
专注重要事项	番茄工作法	清单思维	谨慎	谦虚	反脆弱	个人教练	企业培训	运营店铺
诚信靠谱	包容	聆听	时间管理	软技能	副业	结构化思考	数据分析	报告撰写
拒绝	人脉	站在对方角度思考	人脉	8个方向提升	硬技能	解决问题	硬技能	表达汇报
不与烂人纠缠	价值交换	不卑不亢	健康	财富	工作	信息碾压力	深度思考	财务分析
充足睡眠	房间整洁	年度体检	节制消费	"睡后"收入	主业	晋升	团队培训	战略思维
保持运动	健康	给自己定时放假	投资	财富	副业	加薪	工作	创新思维
清淡饮食	早睡早起	拥抱大自然	保险配置	理财配置	定期储蓄	参与重要项目	向上管理	对外协同

图 6-13　用曼陀罗九宫格制订 2025 年个人规划

6.3.4　设定榜样激励自己：标杆人物画布

有了目标之后，很多人就开始行动了。但是在行动之前，通常需要给自己设立一个榜样和标杆。

为什么？因为设立榜样和标杆能发挥两个作用。

- 首先，榜样和标杆作为一个参照物，能够帮助我们进一步强化对目标的认知，认清理想和实际的差距有多大。通过对榜样和标杆的观察和比较，能够更清晰地认识自己的不足和优势，看到自己与优秀者的差距，从而增强行动的紧迫感和动力，努力追赶和超越，激发自己的潜在能量，向优秀榜样看齐。这就像找个跑步健将当陪练，看着他跑，自己也能跑得更快。

- 其次，设立榜样和标杆的作用是模仿。很多伟大的企业，不管它现在有多辉煌，最早的起源就是模仿。其实，所谓的创新和突破，本质上就是先模仿别人，再不断精进，最后做得比别人更好，超越别人。

确立了学习的榜样和标杆，就相当于找到了做事的方法和路径，有了学习的模板。当不知道怎么做的时候，最好、最快的方法就是跟着标杆做。

那么，如何学习榜样和标杆？可以使用标杆人物画布，如图6-14所示。

标杆人物画布			
想要学习谁？			
标杆1	标杆2	标杆3	标杆4
为什么要学习他？			
他的背景是什么？			
要学习他的哪些方面？			

图 6-14 标杆人物画布

使用时，就像画画一样，在画布上依次填写以下四项内容就可以。

（1）想要学习谁？找到真正值得学习的人，这个人需要在你的领域里做得特别好，是你想要成为的那种人。

（2）为什么要学习他？这个标杆为什么能成为你的标杆？他有什么特质或者成就让你佩服？

（3）他的背景是什么？受过什么教育？有过什么经历？这些可能都对他的成功有影响。

（4）要学习他的哪些方面？是思考方式？工作习惯？专业能力？还是人际关系处理能力？

6.3.5 规划时间节点：事项进度表

确定了目标，设定了榜样和标杆之后，如果不对关键行动进行时间节点的规划，很容易遗忘目标、半途而废。因此还需要对每一个关键活动的流程和时间节点进行控制，明确在每个时间节点都应该交付什么结果。

这时，事项进度表，其实本质上也是一个甘特图，就是一个非常好用的工具。它可以用来规划工作和管理时间，明确各个事项的开始时间、结束时间、持续时间，以及各个事项之间的先后顺序。同时可以用来跟踪事项的进展，监控实际进度与计划进度之间的差异。

那么，如何使用事项进度表？在使用之前，首先列出所有的事项，估算每个事项花费的时间，然后安排各个事项的先后和并列顺序，最后绘制事项进度表。绘制时，先画出一条时间轴，在上面标出整体事项的开始和结束时间；然后按照先后顺序为每个事项都画一个条形图，代表事项的起始和结束时间。这样就可以让自己一目了然地看到所有事项的时间安排，并可以随时跟踪事项的落地执行情况。

举个例子，比如 Rose 打算开展副业，计划在 2025 年注册一家公司，年营业额达到 20 万元。要实现这个目标，就必须有明确的时间节点，明确什么时候注册公司，什么时候开发 A、B、C、D 产品。用事项进度表展现出来的效果见表 6-6。

表 6-6　事项进度表

2025 年事项进度表

关键事项		1月	2月	3月	4月	5月	6月	7月	8月	9月	10月	11月	12月
注册公司	准备注册资料	■											
	申请营业执照	■											
	办理税务报到、开设公户等事宜		■										
	正式开展业务		■										
	开票、记账、报税等			■	■	■	■	■	■	■	■	■	■
A课程开发售卖	用户调研	■											
	课程开发	■	■	■	■								
	课程上线					■							
	课程推广获客					■	■						
	课程优化升级							■					
	课程持续售卖								■	■	■	■	■
B课程开发售卖	用户调研					■							
	课程开发					■	■	■	■				
	课程上线									■			
	课程推广获客									■	■		
	课程优化升级											■	
	课程持续售卖											■	■

事项进度表可以在很大程度上确保自己不会半途而废,也不会忘了自己的目标。而且,当看到一个个目标和事项被完成时,那种成就感会激励自己继续前进,直到达到最终目标。

6.3.6 区分事情的轻重缓急:艾森豪威尔矩阵

在如今快节奏的社会环境里,每个人都在用有限的精力处理各种各样的事情。如果每件事情都亲力亲为、火急火燎地去做,很可能陷入身心俱疲也无法将事情做好的境地。除此之外,这也从侧面说明了一个人在判断能力上的缺失。

因此,当未来的行动和事项确定之后,还需要分析每个事项,区分轻重缓急。区分轻重缓急的目的是什么?主要有三个:①决定要不要做这件事;②自己亲自做还是让别人做;③现在马上做还是过一阵再做。

此时,艾森豪威尔矩阵是一个很好的规划轻重缓急的工具。它依据事情的重要度和紧急度,将行动和事项分为四类:重要紧急事项、重要不紧急事项、紧急不重要事项、不重要不紧急事项。

对于重要紧急事项,必须自己马上去做。对于重要不紧急事项,可以推迟一段时间再自己做;也可以自己盯着专业的公司或人员做。对于紧急不重要事项,可以放手给别人,让别人立马去做。对于不重要不紧急事项,可以放弃不做。

以 Rose 开展副业为例,她需要办理的事项包括:准备注册资料、申请营业执照、税务报到、开设对公账户、记账、报税、开发票、租借办公室、招募会计。

使用艾森豪威尔矩阵对这 9 个事项划分轻重缓急,结果如图 6-15 所示。

图 6-15 Rose 开展副业的 9 个事项的轻重缓急

1. 重要紧急事项：自己马上去做

准备注册资料，包括公司名字、章程、股东、主营业务类型等，是重要紧急的事情，Rose 必须亲自马上去做。因为没有这些资料，她就无法申请营业执照，而且这些资料都是关于公司设置和运营的相关信息，所以必须她本人办理。

2. 紧急不重要事项：安排别人马上做

Rose 准备好注册公司的资料之后，需要提交这些资料，走工商部门的各种审批流程，申请营业执照。这些事项以流程居多，紧急但并不重要。Rose 完全可以委派给其他人，找代理公司马上去做。这样，她就可以集中精力去设计产品了。

3. 重要不紧急事项：安排以后的时间做

税务报到、开设对公账户、记账、报税、开发票等事项关系到公司的正常经营和合规问题，因此属于重要事项，但是并不紧急，拿到营业执照之后再去办理就可以。这些事项由于专业度较高，Rose 不具备相关的财、税、法知识，因此，她需要委托专业的代记账公司去做，但是需要她亲自盯着这些事项，防止出现错误和纰漏。

招募合伙人，关系到公司的长远发展，需要慢慢寻找经营理念合拍的人，因此也属于重要不紧急事项。针对该事项，Rose 可以做好计划，安排后续时间去做，比如安排自己每月与两个潜在合伙人进行接触和沟通。

4. 不重要不紧急事项：放弃不做

注册公司后，需要由公司的会计定期记账报税、进行年检出年报。Rose 需要为此专门招募一名会计吗？当然不需要，因为聘请会计这件事既不重要也不紧急，完全可以交由专门的代记账公司去做，既节省人力成本又减少管理成本。因此，对于招募会计这件事，Rose 可以放弃不做。

租借办公场地，也属于不重要不紧急事项，因为 Rose 的公司刚刚成立，规模还比较小，完全可以在家办公。因此，租借办公场地这件事也可以放弃不做。

6.3.7 落实每日行动不拖延：1-3-5 每日待办清单

到这里，对于未来的规划，我们已经确立了目标和关键行动，设定了榜样和标杆，制订了详细的时间进度表，规划了事情的轻重缓急，但这些还不足以让我们立马行动起来。可以让我们立马行动的是每天的具体事项和安排，事项越具体、越详细，就越容易行动起来。因此，必须把目标落实到"日"的具体动作上，才能真正做起来。

这就需要制订每日计划，设定每日跟进和处理的事项。这时就可以使用 1-3-5 每日待办清单，见表 6-7。

表 6-7　1-3-5 每日待办清单

安排 1 件大事				
事项 1				
安排 3 件中等事				
事项 1		事项 2		事项 3
安排 5 件小琐事				
事项 1	事项 2	事项 3	事项 4	事项 5

这个清单的好处是它把任务按照重要度和紧急度排序，而且限制了事项的数量，这样个人就不会觉得压力太大。每天只要办完了这个清单上的事项，就能感觉到自己在朝着目标前进。

那么，如何使用 1-3-5 每日待办清单？简单来说，就是先列举自己每天的处理事项，给这些事项排序并设限。具体来说，需要安排好以下 3 类事项。

- 1 件大事：这件事项是最重要的，可能也是最困难的，通常需要花费 3 小时以上时间完成。
- 3 件中等事：这些事项相对重要，也不需要花那么多时间和精力，通常在 1 小时之内完成。
- 5 件小琐事：这些事项比较小，但也是每天工作的一部分，通常能在 15 分钟之内完成，处理完这些事项能给个人带来成就感。比如，阅读邮件、整理桌面、更新待办事项列表、阅读行业新闻等。

第 7 章
步骤七——闭：打造完美闭环

到此为止，我们已经介绍了结构化分析解决问题的前六步：结构化定义问题，结构化拆解问题，深度分析问题、挖掘原因，得出结论、提出解决方案，结构化汇报/沟通，结构化复盘改进。很多人在完成这六步后，可能就觉得大功告成，可以松一口气了。但其实，还有最后一个关键步骤没有完成，那就是闭环，它就像给整个解决问题的过程画上了一个圆满的句号。

在知乎上，有个有趣的话题叫"互联网黑话"，说的是在互联网行业，存在着一套独特的话语体系。随便打开一个黑话名单，就会发现"闭环"这个词赫然在列。不知从何时起，"闭环"成了人人嘴上都挂着的一个词语，人人都在说闭环。甚至在某些大公司，"闭环"都成为攻击别人的武器了，张口你这个"不闭环"，闭口你那个"闭不了环"。虽然"闭环"被很多人滥用和调侃，但是不得不承认，它是一种非常强大的思维模式，甚至是一种方法论。尤其是在解决问题的最后一步中，闭环思维显得特别重要。

闭环既代表了完美的结束，也代表了崭新的开始，如图 7-1 所示。

因此，闭环包含两个层级：基础闭环和高级闭环。

基础闭环代表了完美的结束，即解决本次问题时，结果达成了目标，顺利解决了该问题，而且解决得彻底，不会有后遗症。也就是问题的结果和问题的起点闭合，完成了本次问题的闭环，本次问题完美结束。

其实，基础闭环就是把事情从头到尾做得漂漂亮亮，让人感觉事情是圆满的，没有留下什么尾巴。就像做完了一道数学题，检查一遍，发现所有的步骤都对，答案也对，那种成就感就是基础闭环的感觉。

高级闭环代表了崭新的开始，即形成了闭环的循环。也就是把本次闭环当成下一次闭环的起点，从解决一个问题的闭环扩展到解决其他问题的闭环，实现螺旋式上升成长。或者从解决一次问题的闭环中沉淀出经验和方法论,并复用到解决下一个问题的闭环中;或者从解决一次问题的闭环中发现了新问题、设定了新目标、确定了新项目,从而开启新一轮的闭环去实现更高的目标。

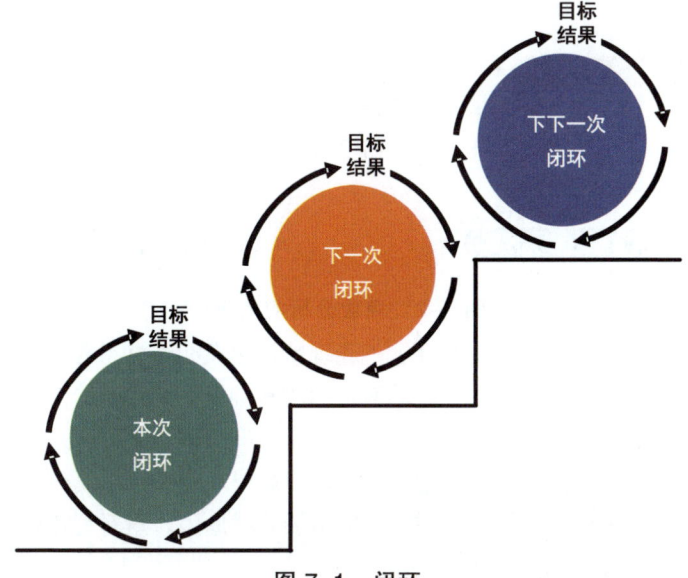

图 7-1 闭环

高级闭环,说白了,就像跑步,跑完了一圈回到起点。虽然这一圈跑完了,但仍可以立刻再出发,开始新的一圈。它给了我们一个重新开始的机会,每次都能在之前的基础上做得更好。就像接力棒,一棒接一棒,每次解决问题都有意义,每次结束都预示着新的开始。

7.1 不同场景的闭环

闭环几乎无处不在,在各种场合都能听到闭环,比如分析闭环、学习闭环、业务闭环、管理闭环等。在不同的场景中,闭环的意义既有相同点,也有不同点。

7.1.1 商业分析的闭环

商业分析,就是一个典型的闭环。它本质上是一个"明确业务目标-开展内部分析-开展外部分析-输出解决方案-推动落地执行-达成目标"的闭环,如图 7-2 所示。

圆环的起点是某个业务目标,为了实现这个业务目标,中间要开展内部数据分析、外部行业及竞争对手研究,结合内外部分析输出业务的解决方案,然后推动业务方案落地执行，方案执行后，评估执行结果。

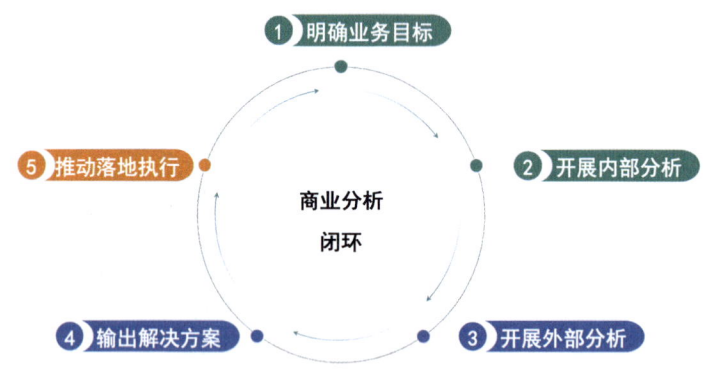

图 7-2　商业分析的闭环

- 如果结果达成了目标，在圆环上的表现就是起点和终点闭合，也就是完成了一轮商业分析的闭环。同时，在原有目标的基础上，制定新的目标，再开启新一轮的闭环。
- 如果结果没有达成目标，在圆环上的表现就是起点和终点没有闭合，也就是这一轮商业分析的闭环没有完成。此时就要寻找原因，重新制定解决方案，直到结果达成目标，完成闭环。

为什么很多分析师的结果不能让上级满意？主要原因就是无法实现闭环，只完成了圆环的一部分内容，无法让整个圆环闭合。要么只有分析，没有解决方案；要么解决方案无法落地；要么落地结果与业务目标南辕北辙，相差甚远。

7.1.2　学习的闭环

学习，也是一个闭环。它本质上是一个"明确学习目标-学习-总结方法论-输出检验-达成目标"的闭环，如图 7-3 所示。

圆环的起点是明确学习目标，按照计划开展学习行动，持续总结方法论，通过口头分享、写作、讲课、面试等把方法论输出到外界，验证自己的学习效果。

- 如果觉得整个输出过程特别流畅、没有卡顿的地方，那么代表学习的结果达成了目标，起点和终点闭合了，也就是完成了一轮学习的闭环。这时候要制定新的学习目标，开展新一轮的闭环。这样在一次次的闭环中不断检验和巩固学习成果，个人就能实现成长和飞跃。
- 如果在输出的过程中，发现自己存在卡顿的情况，说明学习仍然存在漏洞和盲区，结果没有达成目标，也就是没有完成闭环。这时候重新巩固优化，直到无卡顿地完成闭环。

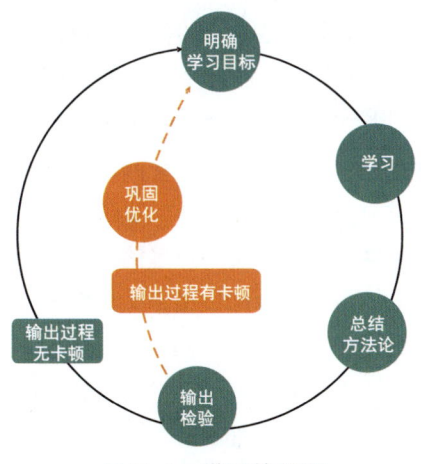

图 7-3 学习的闭环

为什么很多人看似努力学习却没有效果，也没有成长？主要原因就是无法实现学习的闭环，只完成了圆环的一部分内容。或者只知道埋头学习，不知道总结；或者只知道总结，却不知道输出检验学习效果；或者检验了学习结果，但没有达成预期目标就放弃了。

7.1.3 业务的闭环

出色的业务，也可以形成闭环。业务的闭环，指的是业务、产品和平台自我成长的循环，平台里的资源和服务能够无缝对接，形成一个高效、互动和持续优化的生态系统。它与商业分析、学习的闭环看似不同，在本质上却是相通的。

比如，亚马逊整个平台里的资源和服务，包括客户体验、流量增长、商家合作、销售规模、价格等，这几个部分高效协作、互相推动，形成了一个强大的、正向的生态循环系统，带来了亚马逊业务的持续增长和优化，如图 7-4 所示。

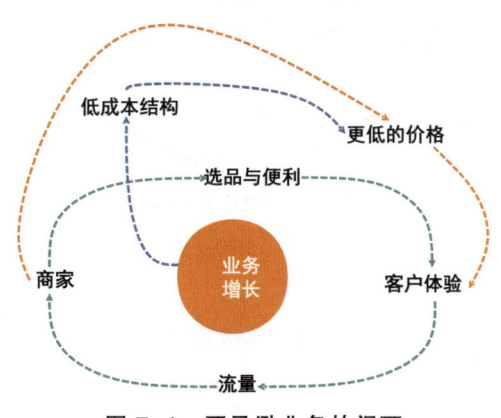

图 7-4 亚马逊业务的闭环

亚马逊特别重视客户体验，好的客户体验能带来更多的流量，流量的增加又会吸引更多的商家入驻平台，更多的商家入驻又会给用户带来更多的产品种类和选择便利，从而带动新一轮客户体验的提升，形成了一次业务的闭环。

这个闭环不断循环往复，会带来亚马逊业务的不断扩张和增长，业务的扩张和增长会让亚马逊的固定成本被分摊，亚马逊就会以更低的价格出售商品给客户，而低价格又一次提升了客户体验，客户体验又带动更多的流量增长，流量增长又吸引更多的商家入驻，更多的商家入驻又带来更低的价格，低价格又一次提升了客户体验，从而又形成了一次业务的闭环。

每一个环节都在推动下一个环节，形成了正向闭环，这样的闭环一旦转动起来，不断循环往复，就会形成强大的动力，推动整个系统和平台向前发展，带动亚马逊整个业务像飞轮一样快速旋转起来，实现业务的持续增长。

7.1.4 质量管理的闭环

质量管理，也是一个闭环。它本质上是一个"计划-执行-检查-处理"的闭环，也就是PDCA循环。其由美国质量管理专家戴明在PDS（Plan-Do-See）的基础上改进而来，所以又称为"戴明环"。PDCA循环将质量管理分为四个阶段，如图7-5所示。

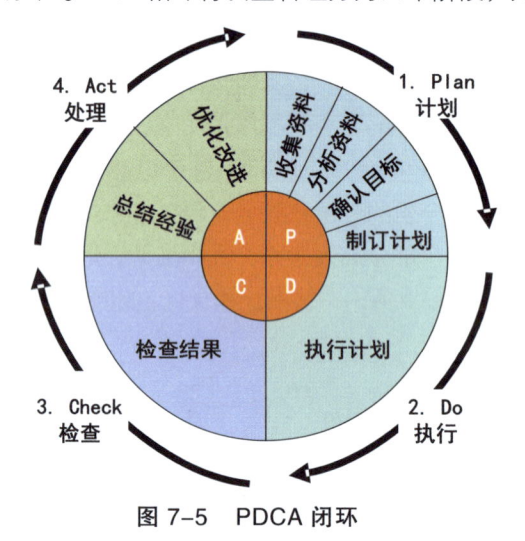

图7-5 PDCA闭环

- P即Plan，也就是计划，确定目标，制订计划。
- D即Do，也就是执行，按照计划实地执行，实现计划中的内容。
- C即Check，也就是检查，总结评估执行的结果，找出问题。

- A 即 Act，也就是行动，对总结评估的结果进行处理。对于结果达成目标、完成闭环的，将其成功经验加以肯定，并进行标准化和推广。对于结果未达成目标、未完成闭环的，总结原因和教训，重新制订计划，再纳入 PDCA 中，直到达成目标。

这四个环节不是完成一次闭环就结束了，而是周而复始地进行。一个循环结束，解决了一些问题，未解决的问题进入下一个循环，这样呈阶梯式上升。每次闭环，都不是在原地打转，而是像爬楼梯那样，每次都有新的、更高的目标和计划。这意味着质量管理经过一次闭环，就解决了一些问题，质量水平就有了新的提高。

为什么很多质量管理看不到效果？主要原因就是没有完成管理的闭环，只完成了圆环的一部分内容。要么没有明确的目标和计划；要么有计划，却没有执行；要么执行了，但结果不好，干脆就自暴自弃，没有任何改进措施。

7.1.5 闭环=闭合+循环

根据前面介绍的不同场景的闭环，可以给闭环下一个定义。所谓闭环，就是闭合+循环。

开始时，有起点、目标；中间有过程，每个过程都有结果、沟通、反馈；结束时，有终点、结果。终点与起点一致，结果达成目标，完成一次闭环，如图 7-6 所示。

图 7-6 闭环的定义

一次闭环完成后，还要让这个闭环循环起来。上一次闭环为下一次输出问题、经验和目标，开启下一次闭环。下一次闭环汲取上一次的经验，不断优化成长，实现更高的目标，再开启一次新的闭环，整个系统就形成了一个螺旋式上升的循环。

7.2 【案例】如何完成上级交付的工作

先来设想一个高频的工作场景。周一早上，上级给分析团队安排了一项工作：分析竞争对手的获客策略是如何做的，需要在两周内交付分析报告。

这里介绍两种典型的做法：闭环的做法和非闭环的做法，假设它们的代表人物分别为 Rose 和 Jack。

7.2.1 闭环做法

Rose 在明确了任务和目标之后，展开了如下工作，如图 7-7 所示。

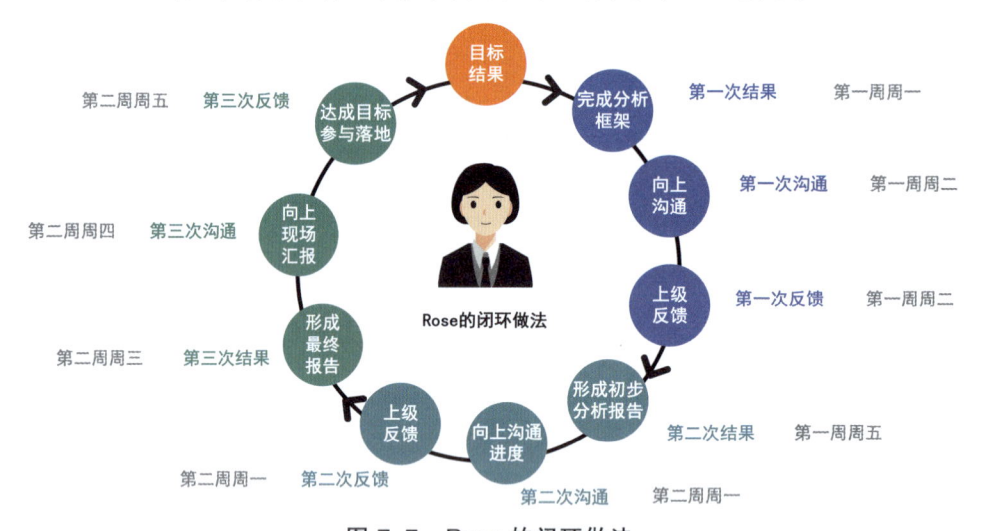

图 7-7 Rose 的闭环做法

- 第一周周一，她做了个小型的 Desk Research（桌面研究）。在此基础上，她明确了五大调研内容，并且梳理了一个研究框架。
- 第一周周二，她与上级沟通了框架内容，从上级那里得到了肯定的反馈，并根据上级的指导增加了一些内容。
- 第一周周三，她开始充实框架内容，撰写访谈大纲，邀约了两个专家开展访谈，到周五的时候，形成了初步分析报告。
- 第二周周一，她与上级沟通了目前的进度，上级给出了一些反馈，并帮她联系了市场部门负责相关业务的同事，方便她有不懂的问题及时沟通。
- 第二周周三，她与市场部同事沟通，详细请教了自己公司的获客策略，并将竞争对手与自己公司的策略做了对比，输出了最终报告。

- 第二周周四，她邀约了上级的会议时间，现场汇报分析结果。汇报之后，上级非常满意。
- 第二周周五，上级让她和市场团队配合负责该项目（公司级的重大项目），参与获客策略优化的落地工作。

Rose 在解决问题时，就秉持了闭环思维。她制订了研究计划、明确了研究过程，每个过程的结果都及时与上级沟通，并根据上级的反馈及时优化和调整下一个过程的工作，最终结果完成了上级设定的目标，这让上级对她的工作非常满意。Rose 成功解决了该问题，完成了该问题的闭环。

同时，在成功解决"研究竞争对手的获客策略"这个问题后，她又参与"获客策略优化的落地项目"，成功开启了下一个问题的闭环，让自己的工作形成了良性的、成长式的循环。

对于 Rose 的闭环行为，通常情况下，上级和她配合了几次之后，对她个人的信任度会大大提升，会给她打上"靠谱"的标签。以后有重要的工作，就会交给她去办，而且对她工作的过程不会干涉太多，会给予她充分的信任和权利。

7.2.2 非闭环做法

Jack 在明确了任务和目标之后，展开了如下工作，如图 7-8 所示。

图 7-8　Jack 的非闭环做法

- 第一周，他邀约了几个竞争对手的人了解了一些内容，没有和上级反馈和沟通。
- 第二周，他开始写报告。
- 第二周周五上午，他完成了分析报告。
- 第二周周五下班的时候，他通过邮件把报告发送给了上级，然后就下班回家，开启周末生活了。

Jack 在解决问题时，就没有秉持闭环思维。他交付的工作结果没有达成目标。他只是完成了分析报告，并没有与上级沟通分析报告的内容。上级对分析报告是否满意，分析报告是否解决了上级的问题，他也是不知道的。"交付分析报告"不是结果，"分析报告是否解决了上级的问题"才是结果。因此，他的结果没有达成目标，工作没有完成闭环。

没有完成闭环的原因，在于他没有制订研究计划，没有设置工作的过程和阶段，更没有与上级及时沟通阶段性的结果和进展，而是在交付日期前的最后一刻向上级提交了结果，而且很可能这个结果并不是"惊喜"而是"惊吓"。

对于 Jack 的非闭环行为，通常情况下，上级对他不太放心，会给他打上"不靠谱"的标签。交给他的工作，会时不时地询问进展，而且会对他的工作进行干涉，总是怕他最后交付不了结果。只要交给 Jack 任务，上级就总会忍不住担心，怀疑他会拖后腿，担心他会掉链子，害怕他粗心犯错误。

7.3 如何打造闭环

在分析解决问题时，保持闭环思维不仅能让结果不偏离目标，还能赢得周围人尤其是上级的信任和支持，而上级的支持是能否解决问题的关键所在。更重要的是，闭环能让我们在解决问题的过程中积累经验、复用经验、发现新问题，实现个人的持续成长。

那么，如何打造闭环？可以从 4 个方向着手。

7.3.1 有始有终，以终为始

解决问题时，要有目标有结果，有始有终，结果要达成目标，终点要和起点一致。就如同画一个圆，从起点开始，绕一圈，最后又回到起点，形成一个闭合的圆环，这个圆画完整了，问题也就解决了。

坚持"以终为始"的结果思维，在出发的时候就想清楚最终的目标，根据最终的目标，再制订接下来的策略和计划。让每一个策略和行动都紧紧围绕着目标，这样自己的每一分努力都不会白费。

7.3.2 重视过程，凡事分阶段，向阶段要结果

达成目标不是一蹴而就的，而是需要过程的。过程可控才能结果可控，确保每个过程的顺畅流转，按时交付阶段性的结果才能达成最终的目标。就像跑马拉松，不是冲刺一下就可以完成的，而是需要一步一个脚印地坚持跑下来。在这个过程中，确保

每一步都走得稳稳当当，每个阶段的任务都能按时完成，才能最终冲过终点线，达成目标。

因此，到达终点需要分阶段、分过程，善于规划和控制过程，向阶段要结果，这样才能保证在既定目标的轨道上实现结果，如图7-9所示。

图 7-9　向阶段要结果

举个例子，假设你制定了一个目标，要在三个月内学会编程，于是你制订了每天的学习计划。在之后的每一天，你需要确保每天都按学习计划执行，每天都要按时交付学习结果，这样三个月后才能学会编程。

7.3.3　主动沟通，反馈结果，凡事有交代，事事有回音

只有阶段还不够，还要确保各个阶段之间的顺畅流转，而这离不开及时有效的沟通与反馈机制。

每个阶段结束后的结果都必须迅速整合到下一个阶段，才能确保各个阶段的无缝衔接。这就需要每个阶段都要有及时的沟通和反馈，而不是等到最后时刻给上级带来一个惊喜或惊吓，如图7-10所示。

举个例子，在项目管理中，每个阶段结束时，团队成员都需要及时沟通进度和遇到的问题。这些反馈被用来调整后续的工作计划，确保项目能够按计划推进。如果反馈显示某个任务可能会延期，那么团队可以迅速采取措施，如重新分配资源或优化工作流程，这样就可以减少对项目整体进度的影响。

当然，沟通不是简单的发邮件，或者把文档和报告往群里一扔，一定要口头沟通或者会议沟通。

反馈也不是简单地回复"收到"和"1"，而是要反馈工作任务进行到哪里了、产出了什么结果、是否遇到了困难、是否需要帮助、是否能按预期完成工作。

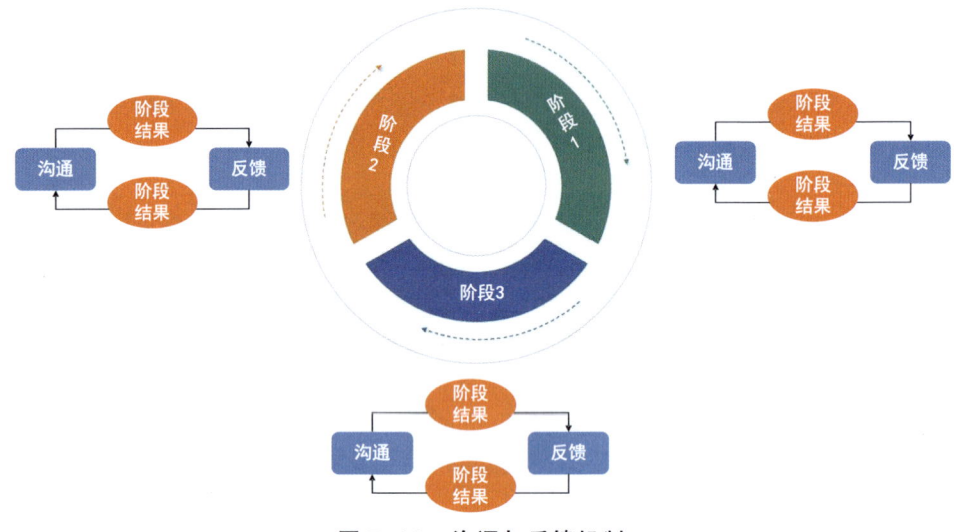

图 7-10　沟通与反馈机制

7.3.4　吸收别人的反馈，持续优化，实现循环式成长

个人持续成长的源泉是什么？有三个关键点：一是自身的学习和实践；二是反思和复盘；三是来自他人的反馈。因此，学会倾听和吸收他人的反馈是非常重要的。

闭环的厉害之处也就在这里，我们把结果反馈给上级或其他人，上级或其他人也能给予我们反馈。这种双向的反馈能够促使我们发现不足之处，改善工作方法，升级思考模式，优化工作流程。久而久之，就会形成良性的持续的信息反馈。

一旦这种良性的反馈机制建立起来，我们就能源源不断地从外界获取真实的建议和评价，提升自己；然后得到新的反馈，再继续提升自己，实现"反馈-提升-反馈-提升"的循环式成长。

第 8 章
结语——培养结构化能力，成为解决问题的高手

所谓结构化分析解决问题，就是找到合适的套路和章法去分析和解决问题。这些套路和章法可以是流程、框架、模型等，它们的主要作用就是帮助我们有条不紊、条理清晰地思考问题、分析问题和解决问题，不仅能够避免思维混乱、思路不清、逻辑矛盾，还能快速抓住问题的本质，比别人更快更准地解决问题。

在商业和职场中，谁能解决问题，谁就掌握了核心竞争力和主动权。结构化分析解决问题能力是商业分析的底层能力，对于个人发展和职业成功都至关重要。这种能力不是天生的，而是可以后天培养的，是几乎每位职场人都最值得刻意练习的能力。

我们分析解决问题的过程与计算机输出结果的过程非常相似，都是由"输入信息-计算思考-输出结果"3个阶段构成的，如图8-1所示。

图 8-1 输入信息+计算思考=输出结果

- 输入信息：是起点。信息就是通过感官接收的（如视觉、听觉、触觉等）、通过阅读和学习获得的知识。输入信息的质量直接影响了思考的深度和广度。正如肥沃的土壤才能孕育出茂盛的作物，丰富的知识输入才能为分析和思考提供必要的素材。
- 计算思考：是对输入信息的处理和分析。这是大脑内部对话的过程，主要通过逻辑思维、批判性思维、创造性思维等各种"思维"组织和解释信息。在这个阶段，为了保证思维有序不混乱，大脑会利用各种"模型框架"进行思考。

- 输出结果：是成果的展示。它是思考的外化，是内部思维转化成的可与外界互动的形式。它决定了能否解决问题、能否做出正确的决策。

输出结果是好是坏，能否解决问题，主要依赖于前两个环节：输入信息和计算思考。其中，输入信息的核心是"知识"，计算思考的核心是"模型框架"和"思维"。因此，解决问题=知识+模型框架+思维，如图 8-2 所示。

图 8-2　解决问题=知识+模型框架+思维

换句话说，我们能否解决问题，依赖于三个要素："知识""模型框架""思维"。

- 知识：是已有的信息和经验的集合，是解决问题时可以依赖的资源，为我们的思考提供基础。知识就像解决问题的"工具箱"，提供了必要的工具和材料。
- 模型框架：提供了一种结构，用于有序地、系统地、快速地思考问题，避免遗漏重要因素。模型框架就像解决问题的"地图"，指引我们有条不紊、井然有序地找到解决问题的方向，避免像无头苍蝇一样到处乱撞。
- 思维：是处理信息、使用框架、调用模型、做决策的方式。它决定了如何理解问题、分析数据和形成结论，帮助我们突破限制，找到创新的解决方案。思维就像解决问题的"引擎"，推动大脑去寻找答案。

> **提示**　比如，你要开一家咖啡店，思维、知识和模型框架是如何发挥作用的？
>
> 首先，开一家店就是一次经营决策，因此必须具备理性的逻辑思维和决策思维。开店之前要做好分析、调研和测算，而不是凭着满腔热情随便找一个地方就开店。除非你财大气粗，开这家店不计成本、不计收益。这就是思维在起作用。
>
> 其次，开一家店还必须学习和输入店面知识、经营知识、管理知识、咖啡知识、流量运营知识等。比如，店面知识包括店面选址、店面装修、店面布局等。经营知识包括收入管理、成本和费用控制、利润管理等。管理知识包括人员招聘、人员激励、人员管理等。咖啡知识包括咖啡产业链、咖啡种类、咖啡供应商的选择、咖啡制作等。流量运营知识包括店面引流、流量运营、客户会员体系搭建等。这就是知识在起作用。
>
> 最后，为了自始至终都保持清晰的思路，高效快速地开展分析，可以利用"商业模式画布"等框架规划咖啡店的商业模式，利用"财务模型"和"UE 模型"测算咖啡店的收益和成本等。这就是模型框架在起作用。

古希腊有一位超级聪明的科学家，叫阿基米德，他曾说过一句名言："给我一个支点，我能撬动地球。"他用杠杆原理告诉我们，拥有一个关键的优势点或工具，可以产生巨大的效果和影响力。

同样地,"知识""模型框架""思维"也可以用杠杆原理来解释。"知识"可以比作杠杆,杠杆长度就是我们掌握的"知识量";"模型框架"可以比作"力度";"思维"可以比作"支点",如图 8-3 所示。

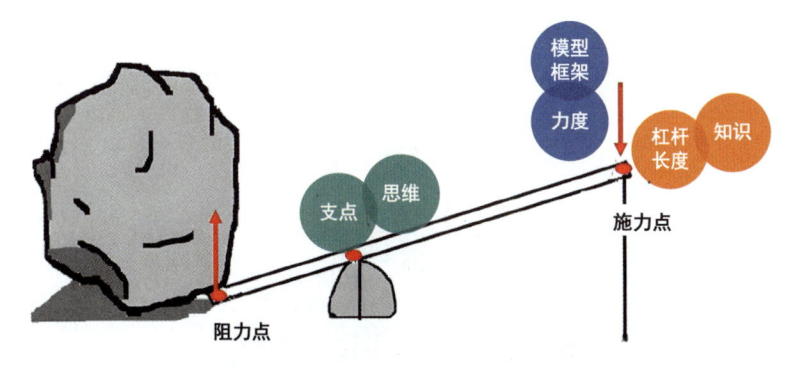

图 8-3 "知识-模型框架-思维"对比"杠杆长度-力度-支点"

支点就是杠杆绕着转动的那个固定点,是杠杆发挥作用的关键,决定了杠杆的平衡点和力的传递效率。思维也是如此,思维作为支点,决定了我们看待和思考问题的方式。就像一个精准放置的支点能够最大化杠杆效率一样,一个清晰的思维能够让知识发挥最大的效用,找到解决问题的最佳路径。如果思维混乱,则像支点位置不当,杠杆就无法有效工作。

力度就是施加在杠杆上的力量,力度越大,能撬动的东西就越多。模型框架也是如此,模型框架作为力度,决定了我们解决问题的效率和效果。一个好的模型框架就像恰当的力度,能够有效地利用知识和思维去解决问题。如果模型框架不适用,就像力度不够或者用力不当,问题同样无法得到解决。

杠杆长度就是从支点到力的作用点的距离,杠杆越长,用力的效果就越明显,放大的力就越大,就越可以轻松地撬动重物。知识也是如此,知识作为杠杆的长度,决定了我们处理问题的能力和范围。一个知识渊博的人,就像拥有一根长杠杆,能够处理更复杂、更艰巨的任务。如果知识储备不足,就像杠杆太短,很难撬动问题这个重物。

这三者相互依赖,相互影响,共同构成了解决问题的能力。要想在解决问题时发挥最大的效能,成为解决问题的高手,就需要学会构建知识体系,打造知识库;调用提炼模型框架,搭建模型库;培养思维体系,建立思维库。

8.1 构建知识体系,打造知识库

理想的知识体系应该是"广博"与"专精"的有机结合,既有宽广的知识面,又有深入的专业度。"广博"与"专精",是知识追求中的两个重要维度。"广博"代表"横向的拓展","专精"代表"纵向的深挖",一横一竖,相辅相成,共同构筑出个人全面而深刻的知识体系。

构建这样的知识体系,是一个系统化的知识管理工程,涉及从知识采集到知识记录,到知识结构化、知识体系化,再到知识商业化的六个方面,如图8-4所示。

金字塔图（自上而下）:
- 知识商业化:打造产品 寻找PMF,用知识创造价值
- 知识体系化:融会贯通 织成知识体系的大网
- 知识结构化:分门别类 架起解决问题的知识结构
- 知识记录:康奈尔笔记 及时总结和提炼知识
- 知识采集:四七原理 控制收集的信息量,适可而止
- 知识采集:二八原理 快速采集高价值信息

图8-4 构建知识体系的六个方面

知识少得可怜,没有一定的知识储备,就如同建房子没有原材料,是构建不出知识体系的。只有快速地采集到高价值的知识,才能比别人更快积累足够多的优质原材料,才能将知识体系的地基构建得又快又稳。因此,知识采集是构建知识体系的准备阶段。

如果漫无目的、无穷无尽地采集知识,很容易将自己淹没在知识的汪洋大海里。而只有控制收集的知识量,学会适可而止,才能让自己从准备阶段快速行动起来。

采集回来的知识再好,如果不进行记录和保存,很容易就会被丢弃和遗忘。通过笔记、电子文档等方法,及时将采集的知识保存好,才能记录下知识的关键点,后续回顾和使用时才能找到它们。因此,知识记录是能否构建知识体系的关键,它是构建知识体系的"粮草弹药"。

保存的知识如果不加以分类,就会杂乱无章,如同一盘散沙,没有战斗力,在需要的时候往往就容易掉链子。有句古语叫"书到用时方恨少",其实还有比这可怕的,就是"知识用时方恨乱"。只有按一定的规则对知识分门别类,才能将碎片化的知识条理化,将散乱的知识结构化。因此,知识结构化是构建知识体系的前提条件,它为知识体系的构建提供了清晰的框架。

单一模块的知识结构如果不与其他模块和领域的知识连接起来，很容易成为信息孤岛，难以解决复杂问题。因此，将不同模块的知识结构串联起来，融会贯通，把所有的知识结构织成一张大网，就构建出了真正的知识体系。

知识体系构建出来之后，如果束之高阁，不加以使用，就如同空中楼阁，没有实际用处，很容易就崩塌。而只有不断实践、广泛传播、商业变现，才能将知识体系形成业务洞察，用知识创造价值和财富。因此，知识应用和变现是构建知识体系的最终归宿。

8.1.1 知识采集：二八原理，快速采集高质量信息

构建知识体系的第一步是采集知识，知识是知识体系的"源头"，没有足够的知识就构建知识体系，就如同没有米就做饭。要想构建出更具竞争力的知识体系，必须从源头上做好工作。

一个有竞争力的知识体系具有两个特征：第一，能做到知识的快速迭代更新，与时俱进。第二，能保证知识的质量，储备高质量信息。与之相对应，在源头的知识采集环节，就要做到快速地采集高质量信息。

知识采集已经不是一件难事，但是快速地采集高价值信息却并不容易，由于是个人构建知识体系，这意味着要同时考虑时间、成本和质量三个要素。聪明人的做法是利用二八原理，知识采集的渠道虽然很多，但是高质量的渠道往往不多，大概只占20%；但是80%的高质量信息却隐藏在这20%的渠道里。因此，抓住这20%的高质量渠道，就能采集到80%的高质量信息，如图8-5所示。

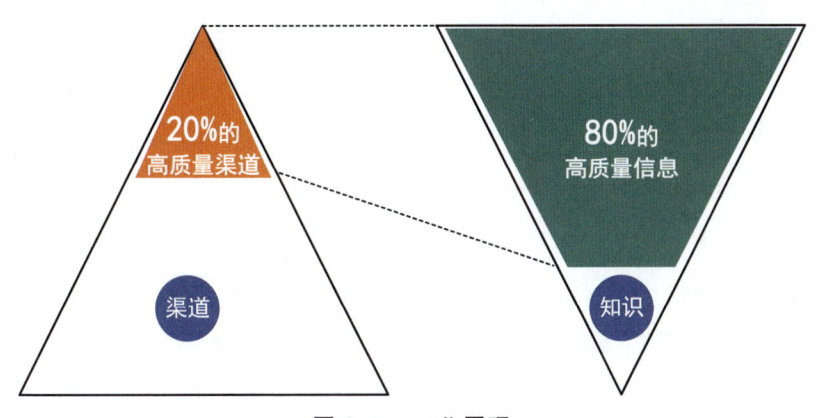

图8-5 二八原理

1. 高质量渠道有哪些

高质量渠道，就像信息的"精品店"，提供的内容更准确、更及时、更专业、更有

深度。那么高质量渠道有哪些？

在第 3 章介绍验证假设法时，我们介绍过获取信息的 5 条路径：①搜索引擎搜索；②专业垂直网站搜索；③读书；④实地调查体验；⑤正确问人。高质量渠道一定不是百度搜索，也不是 AI 搜索；图书因为实效性较低也不是首选的高质量渠道；实地调查、正确问人体验虽然获取的信息质量较高，但对个人来说，有成本和时间的制约。

所以，对于个人构建知识体系而言，高质量渠道就是那些专业垂直网站，包含三种类型：自媒体平台、源头平台和专业资源聚合平台。

（1）自媒体平台。

自媒体平台，可以说是鱼龙混杂，垃圾信息很多，但是宝藏信息也很多。尤其在微信公众号、微博、知乎、小红书这几个平台上，只要静下心来找，总能发现某一领域的创作达人，他们往往在某一领域工作多年，默默地产出和分享该领域的深度文章或视频，不论是专业水准还是实效性，都非常好。

（2）源头平台。

源头平台就是信息首先发布的平台，就像信息的"出生地"。所有的信息，都是从这里最先发布出去的。比如，GDP 等宏观经济数据的源头平台就是国家统计局。其他网站的数据，都是基于这个源头数据进行的二次传播或解读。

（3）专业资源聚合平台。

什么是专业资源聚合平台？我们前面介绍过，专业资源聚合平台是针对某一特定的专业细分领域，采集各路高质量信息，汇聚到自己的平台上。这种平台，就像专门为某个领域定制的"信息超市"。

这样的源头平台，可能是政府部门，也可能是某个领域的权威机构，或者是某个知名专家的个人自媒体账号。这些平台发布的信息，因为没有经过中间环节的加工或曲解，所以信息和知识都是原汁原味的，没有噪声影响，可信度更高，更值得信赖。

2. 案例：用高质量渠道下载财务报告

举个例子，要下载某上市公司的财务报告，高质量的下载渠道有哪些？

获取财务报告的方法有很多，通过搜索引擎搜索，在证券交易所平台、中国证券监督管理委员会（简称"证监会"）指定平台、上市公司官网的投资者关系板块、财经网站的股票板块、券商数据库等渠道，都可以查询和下载最新与历年发布的季度及年度财务报告。

在众多渠道中，搜索是效率最低的渠道，我们单击搜索出来的链接，要么无法下载报告，要么进入一些杂七杂八的网站，下载被各种限制。

在这个例子中,高质量渠道包括源头平台和专业资源聚合平台,具体见表8-1。

表8-1 财务报告查询和下载渠道

网站分类		财报查询网站
源头平台	证券交易所平台	上海证券交易所
		深圳证券交易所
		北京证券交易所
		香港证券交易所
	证监会指定平台	巨潮资讯
	上市公司官网	公司官网-投资者关系板块
专业资源聚合平台	财经网站	同花顺
		东方财富
	券商数据库	券商数据库(万德、慧博、Choice等)

(1)证券交易所平台、证监会指定平台、上市公司官网的投资者关系板块,都属于源头平台,这些平台往往最先发布数据,时效性最好,可信度更高。

> **提示** (1)证券交易所平台。
>
> 证监会有规定,上市公司必须在规定的时间内,把季度和年度的财务报告提交给证券交易所,然后公开出来。所以,证券交易所属于源头平台。
>
> A股市场有上海证券交易所(简称"上交所")、深圳证券交易所(简称"深交所")、北京证券交易所(简称"北交所"),H股是香港证券交易所(简称"港交所")。在这些交易所的官网上,可以分别查询和下载上交所、深交所、北交所、港交所上市公司的财务报告。
>
> (2)证监会指定平台。
> 巨潮资讯是证监会批准的上市公司披露信息的网站,因此,也属于源头平台。在它的官网上,可以查询和下载H股和A股上市公司的财报。
>
> (3)上市公司官网。
> 上市公司官网是上市公司展示自己正面和合规形象的官方网站。通常情况下,大部分上市公司都会在官网上的投资者关系板块发布季度和年度财务报告,所以,它也是源头平台。

(2)财经网站、券商数据库,都属于专业资源聚合平台,它们平台上的财务报告多是为了方便股民和投资者查询数据而设置的。相比源头平台,这些平台在数据可视化和查询效率上相对更好,还可以对不同公司历年财务数据进行对比。

> **提示** 大部分财经网站,为了方便大家购买股票、基金等,都提供上市公司的财务报告数据,这类网站包括同花顺、东方财富等。
>
> 券商数据库有些可能需要付费,国内的数据库主要有万德、慧博、Choice等,国外的主要有彭博、路透社等。

当其他人还在用杂乱的、错误的垃圾信息构建知识体系时，如果你能利用真实的、深度的、高质量的信息进行筑基，那么知识体系的地基将会构建得又快又稳。

3. 如何掌握高质量渠道

如何掌握并使用这些高质量渠道？

答案有两个：一个是学习，另一个就是积累。

平时在工作和学习中，遇到好的网站、平台、自媒体达人账号，一定要有意识地积累下来，不要当时用完就弃之如敝屣，要打上标签、分类、保存好。

不是把这些网站保存好，就可以获取知识了。保存之后，不要放在那里让它"吃土"，要有事没事地去浏览一下，挖掘一下宝藏。主要目的是看看里面都隐藏了哪些知识，这样在需要的时候，才能第一时间想到"这个网站里有这个知识的存在"。

如果只知道保存却不使用，就会导致自己不知道某些知识的存在。即使有些东西已经握在自己手里了，也不知道自己已经拥有了它，更别提快速找到它为自己所用了。

> **提示**　我们平常看到的那些采集知识特别快的人，都是在暗地里下苦功夫的。自己领域里有哪些资料库和知识库，都做了积累。而且这些网站覆盖了哪些资料，平常也都摸透了，到用的时候，就能快速、准确地找到它。所谓"台上一分钟，台下十年功"。

8.1.2　知识采集：四七原理，控制采集的信息量，适可而止

知识体系不是一朝一夕就拔地而起的，它是在解决问题的过程中一点一滴地累积起来的，是一个循序渐进、持续迭代更新的过程，永无止境。解决完一个问题，知识体系就迭代更新一次。

每一次解决问题时，都伴随着知识的采集。很多人往往把采集的网撒出去之后，却很难收回来。他们往往陷入知识的海洋里不能自拔，认为网撒得越多，知识采集得越多越好，需要采集到100%的知识才能更好地解决问题。实际上，这犯了一个致命的错误：认为只要获取100%的知识，问题的解决就会完美无瑕、万无一失。

100%的知识其实是不存在的。你认为100%的知识可能只是在你的认知范围内，而你掌握的知识到了另一个人那里，或许只有50%。而且大部分决策、问题的解决都是在信息不完整的情况下开展的，追求100%的知识只会导致迟迟不能开展下一步行动。

美国前国务卿科林·鲍威尔曾说过："每当面临艰难抉择，你在掌握不少于所需信息的40%也不多于所需信息的70%时，就应该做出决策。"

不知道你有没有注意到这种情况？很多人做事情，一开始总是雄心壮志，想着一

定要做得特别棒，要做到100分，惊艳众人，让人刮目相看。然后他们就不断地思考，不断地准备，但是无论怎么准备总觉得不够充足，考虑得不够周到，还有漏洞。因此，就陷入了一直在准备和思考却迟迟不肯行动的怪圈。

很多人在采集知识时，也面临同样的问题，总觉得不够，还要更多。所以，明智的做法是拿捏好采集的信息量。别太少，也别太多，大概 40%~70%就差不多了，这就是"四七原理"，如图 8-6 所示。

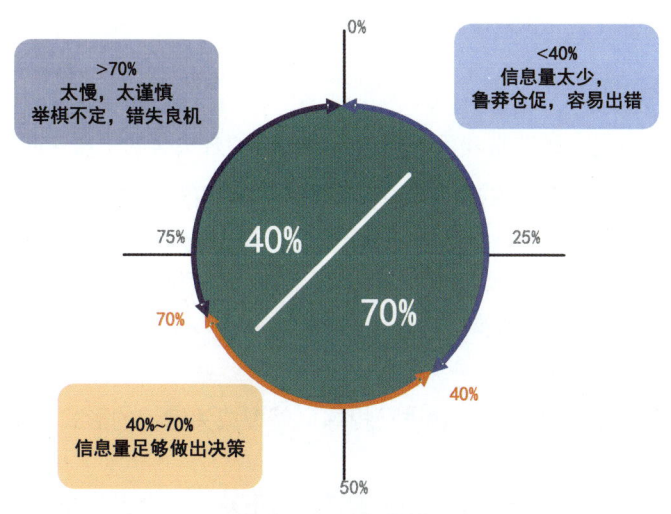

图 8-6 四七原理

- 在 40%~70%这个区间内，知识足够我们做出明智的选择和决策，但又不至于多到眼花缭乱，犹豫不决。我们比那些还在等更多知识的人能更快做决定，同时比那些急着下决定的人更明智、更聪明。
- 如果信息连 40%都不到，那就有些过于鲁莽着急了，这时手里的牌还太少，容易出错。这就像比赛还没开始，就急着冲出去，结果很可能会摔个大跟头。
- 如果非得等到手里有超过 70%的知识才行动，那就太慢了。机会不会等人，当你还在犹豫不决、举棋不定的时候，别人可能早就抢先一步了。太谨慎，反而会错过好时机。

所以，知识采集一定要把握好"力度"，既要有足够的知识，又不能过度采集、等太久。这样才能高效率、高质量地解决问题，完成知识体系的快速更新、迭代和升级。

8.1.3　知识记录：康奈尔笔记，及时总结和提炼知识

职场中，我们的大脑每天都要处理海量的知识。相信大部分人都遇到过这样的场景：听完一场精彩的讲座，或者开完一个重要的会议，回到家却发现自己什么也记不

住；学完了一节课，或者向别人请教了某个知识，如果不做记录，自己很快就会忘记。

这时候，做笔记就显得尤为重要了。通过笔记，不仅能够重新回顾学到的知识，还能将知识记录保存下来随时复习和调用。更为重要的是，能按照自己的理解对知识进行归纳和总结，优化、更新和升级自己的知识体系。

因此，形形色色的笔记方法被设计发明出来，包括麦肯锡笔记法、康奈尔笔记法、丰田 Excel 笔记法、丰田 A3 笔记法、关键词阅读法、三分法阅读书单等。这里重点介绍康奈尔笔记法。

1. 康奈尔笔记的结构

康奈尔笔记法是一种非常实用的笔记方法，这种方法有助于快速回顾和整理知识。

其将笔记分为三部分：右边的主栏，被称为"笔记区"；左边的副栏，被称为"关键词区"；底部的横栏，被称为"总结摘要区"。这三部分的比例大概是右大、左小、下长。主栏占大约70%的空间，副栏和总结区各占大约15%的空间，如图 8-7 所示。

- 笔记区：用于记录听课、听讲座、开会或阅读材料的主要信息，这里要注意保持简洁，避免长段落。
- 关键词区：将笔记区的内容进行提炼，整理成关键词的形式，用于快速回顾和测试。
- 总结摘要区：总结全页笔记的关键点，写下对笔记内容的概括和理解，强调最重要的概念和要点。

图 8-7　康奈尔笔记法

2. 康奈尔笔记的使用方法

那么，如何使用康奈尔笔记法？可以遵循以下 5 步。

（1）记录：在笔记区记录讲座或阅读材料的主要知识。

（2）提炼：在关键词区对笔记区的内容进行提炼，提炼出关键概念或问题。

（3）总结：在页面底部的总结摘要区写下对笔记的概括和理解。

（4）复习：用纸张遮住笔记区，只看关键词区和总结摘要区，尝试回忆和复述信息。

（5）测试：遮住所有内容，仅凭记忆复述主要知识和回答问题。

8.1.4 知识结构化：分门别类，架起解决问题的知识结构

采集和记录的知识，都是孤立、零散和碎片化的知识，它们如同一盘散沙，看似挺多，但等到要用的时候却抓不住重点。而知识分类，就像把这些沙子装进不同的瓶子里，每个瓶子都贴好标签，并放在柜子的不同空间里。这样在调用知识时，直接按照空间和标签去找对应的瓶子即可。

所以，分门别类可以把散乱的知识组织在一起，让知识变得立体化、层次化和结构化，如图 8-8 所示。这可以帮我们看清楚知识的结构，理顺知识之间的关系，让散乱的知识变得井井有条，不仅方便查阅，而且能更好地理解、保存和记忆知识。

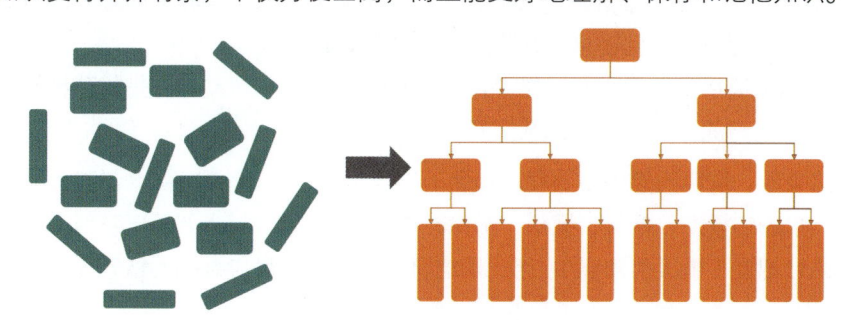

图 8-8　知识的分类和结构化

那如何对知识分门别类、如何将知识结构化？在学校的时候，按照数学、语文、物理等学科对知识进行分门别类，这样的分类有助于学生系统地掌握各个学科的基础理论。然而在职场和商业环境里，大部分场景是解决问题，而不是考试。因此，不能再按数学、语文、物理这样的分类去组织、存储和使用知识，而是要围绕着"解决问题"对知识分类，构建以"解决问题"为导向的知识结构。

要构建以"解决问题"为导向的知识结构，首先需要知道在解决问题的过程中，

大脑是如何调用知识的，都有哪些类型的知识参与其中，每类知识在解决问题时都发挥着什么样的作用。

举个例子，S 公司是一家 SaaS 公司，其销售部门的一名销售人员 Jack，要将公司的软件卖给客户，他是如何调用不同类型的知识去售卖软件、解决问题的？

- 首先，Jack 需要梳理出大致的成交流程，这包括获取客户线索和商机、接洽拜访客户、明确客户需求、提供报价和方案、谈判、签署合同等流程和步骤。这些流程和步骤就是"流程类知识"。
- 其次，知道了流程和步骤，就真的能把软件销售出去吗？答案是不一定。对于同样的流程，一个初出茅庐的新手和一个久经商场的老手，当然会发挥出完全不一样的功力。因为后者会对每个流程和步骤都有着更深的理解，他们知道每一步都该使用什么模型、框架、模板，怎么才能做得又快又好，这些就是"框架类知识"。

> **提示** 标准话术、指南、模板、宝典、样本等都是框架类知识。比如：
> - 在接洽拜访客户时，使用总结好的拜访话术。
> - 在明确客户需求时，使用客户需求识别指南。
> - 在提供报价和方案时，使用报价模板。
> - 在谈判时，使用谈判宝典。
> - 在签署合同时，使用合同样本等。

- 与此同时，Jack 要想拿下客户，还需要定时更新和维护客户的姓名、行业、规模、负责人等基础信息，这些就是"事实类知识"。
- 在以上运用各种知识的过程中，Jack 的所有思考和行动，都是靠某种知识在指挥和统一的，这就是"元认知知识"。

总结来看，解决问题需要流程与步骤（流程类知识）；而要把每个步骤都做好，还需要引入相应的模型、框架、模板、指南、样本等（框架类知识），以及对基础信息和事实的充分把握（事实类知识）；这一切的幕后推手，就是思维的元认知能力（元认知知识）。

也就是说，解决问题的过程是一个多维度、多层次的知识应用过程。流程类知识、框架类知识、事实类知识和元认知知识，这四类知识环环相扣、相互交织、相互辅助，共同构成了一个完整的问题解决框架。解决每一个复杂问题，都离不开这四类知识的参与和支撑，如图 8-9 所示。

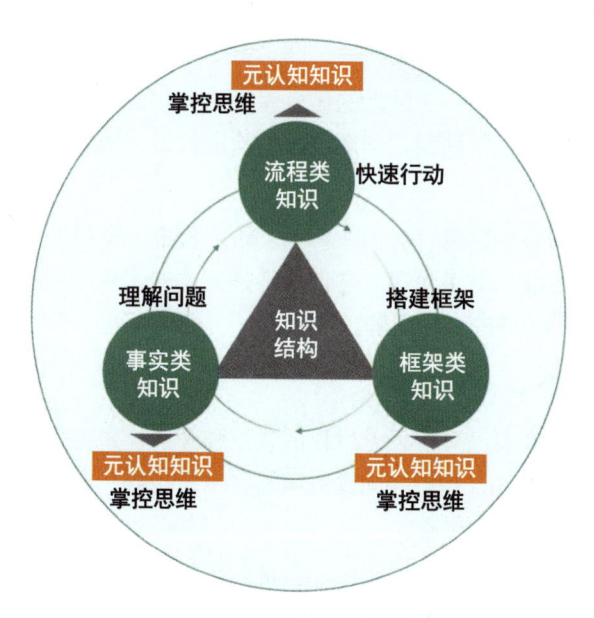

图 8-9 以解决问题为导向的知识结构

因此，在职场中，将采集和学习的知识按照流程类知识、框架类知识、事实类知识和元认知知识进行分类、组织和存储，才能构建出一个"以解决问题为导向"的知识结构。在解决问题面对挑战时，才能够迅速检索到并调用相应的知识，从而高效解决问题。

8.1.4.1 流程类知识：快速行动

流程类知识，是完成一件事情或工作的流程和步骤，可以理解为工作的行动指南，就像在大脑中储存的一系列动作和指令，主要告诉我们如何高效地完成某项工作或解决某个问题。

它的形式主要为步骤、流程、清单、操作手册、工作指南、脚本、模板等。作用就是快速形成解决某件事情的思路和流程，减少不必要的摸索和错误。

在应对紧急任务和处理紧急事项的情况时，流程类知识尤为重要，因为它能帮助我们按照既定流程行动，而不是在压力下从头开始思考。

8.1.4.2 框架类知识：搭建框架

框架类知识，是理解和处理问题的理论基础，能够快速识别问题的本质，调用相应的模型去应对。它们可以从宏观的角度快速理解问题，搭好解决问题的框架，快速找到问题的关键点。

它的形式主要为各种模型、框架、法则、原理等。比如 STP 模型、4P 营销理论、3C 战略三角模型、金字塔原理、MECE 原则等。

8.1.4.3 事实类知识：理解问题

事实类知识，是大脑中一个巨大的信息库，这类知识是工作和决策的基础。它们提供了丰富的信息资源，帮助我们理解问题、验证假设、构建论点，让分析更加有依据和说服力。

它的形式主要为各种信息、数据、事实、研究报告、资料等。比如，公司在职员工有多少人、公司的收入有多少等。它们通常是孤立的、片段式的知识，需要进行整合和分析，以形成对问题的全面理解。

8.1.4.4 元认知知识：掌控思维

元认知知识，是对自己分析思考过程的认识和理解，是关于认知的认知。这类知识更为高级，涉及思维方式和解决问题的策略，用于指导、监控和调节自己的思考过程，让思考更有逻辑、更加严谨。

它的形式主要为各种思维模式。比如，批判性思维、创造性思维、系统思维、逆向思维等。它们帮助我们从更高层次上审视自己的思考过程，确保思考方向是正确的。

比如，我的一项工作内容是负责构建数据指标体系，按照流程类知识、框架类知识、事实类知识和元认知知识四种类型构建该工作的知识结构，如图8-10所示。

图 8-10 构建数据指标体系知识归类

（1）构建数据指标体系的七个流程，归为"流程类知识"。只要把七个流程调用出来，就知道构建数据指标体系该如何行动了。

（2）构建数据指标体系的模型和方法，归为"框架类知识"。主要包含OSM模型、

UJM 模型等，在拆解北极星指标的环节，调用 OSM 模型；在梳理流程拆解过程指标的环节，调用 UJM 模型；这样就能快速构建一个框架来解决每个流程的问题。

（3）数据指标的含义、数据指标的分类、北极星指标等基础知识，归为"事实类知识"。这些知识是用来理解和认识数据指标的，没有这些基础知识的支撑，对数据指标体系的认知就会缺乏深度。

（4）量化思维、系统思维、批判思维、逆向思维、假设思维等，归为"元认知知识"。这些思维性质的知识，是凌驾于每一类工作之上的，具有普适性，能够跨越不同的工作领域和任务。也就是说，它不仅适用于构建数据指标体系的工作，也适用于其他类型的工作。

8.1.5 知识体系化：融会贯通，织成知识体系的大网

将单一模块的知识分门别类地构建成知识结构是一个很好的开始，但是独木难成林，单一的知识结构难以支撑起解决复杂问题的大梁。

因此，单一模块的知识结构还需要与其他模块、其他领域的知识结构建立联系，形成链接，融会贯通，把所有的知识结构织成一张大网，才能建立起真正属于自己的知识体系。

也就是说，知识体系的这张大网具有极强的链接性、拓展性、包容性和更新性。这首先意味着这张大网里的已有知识都已经打通脉络，可以通过某种关系链接到一起。其次意味着我们可以调动大网里的已有知识去理解新知识，因此外部的新知识很容易融合纳入这张大网里，与已有知识关联起来，融合为一体，产生更大的网络效应。

这张知识体系大网也在新知识的吸收和旧知识的更新中不断扩大，不断迭代，动态发展，与时俱进。

举个例子，我在前面构建了数据指标体系的知识结构，但是这个知识结构仅仅是我工作的一个模块。我的工作是商业分析，除构建数据指标体系外，还要承担监控类工作、制定预算和目标类工作、预测类工作、专题类工作、规划类工作、行业研究类工作、竞争对手分析类工作等其他模块的动作。我要把所有模块的知识结构串联在一起，打通关系，才能梳理清楚整个商业分析工作的脉络和体系，才能真正将商业分析知识体系化和网络化，构建出商业分析的知识体系，形成商业分析的知识网络，如图 8-11 所示。

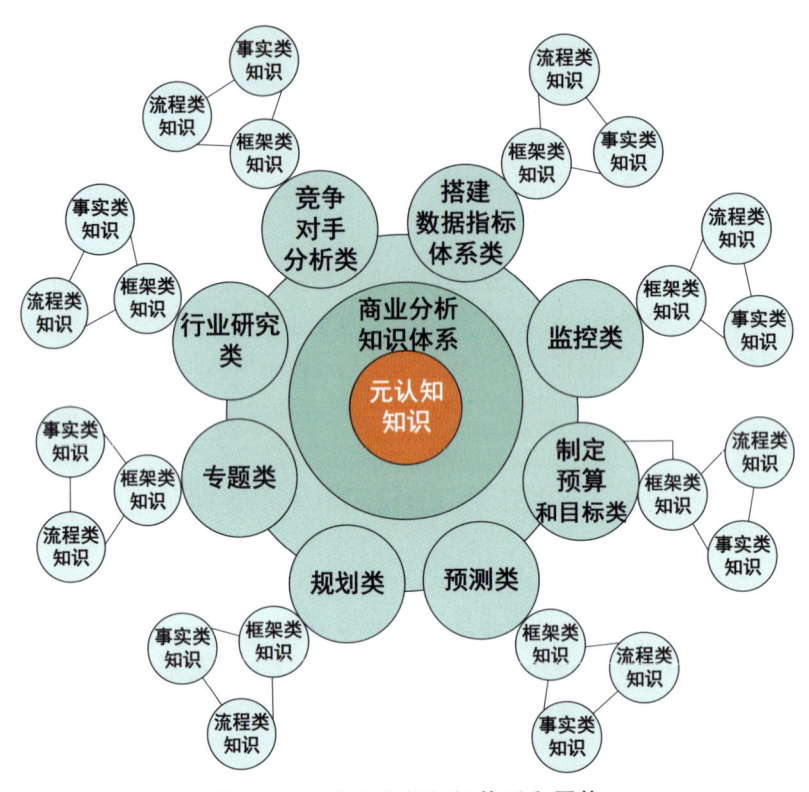

图 8-11　商业分析知识体系和网络

通过这个知识体系，我将商业分析所有的关键知识都归拢在这张大网内。这样我不仅对每个模块的工作都了如指掌，还将不同模块的工作融会贯通到了一起，实现在商业分析这个领域内的"专精"。

在实际工作中，当遇到相关问题时，我就能从商业分析这张"专精"的大网里迅速调出相关的知识解决问题；如果这张大网无法解决问题，我就继续汲取新知识，充实、更新和迭代这张大网。

当然，这张知识体系的大网也不能仅仅网住商业分析，当觉得自己在一个领域具备一定的"专精"度时，还可以进一步往外破圈，比如拓展到用户增长业务、用户运营业务、产品开发业务、产品运营业务、市场推广业务、销售业务等，在这个领域先进行纵向的深挖，提升"专精"度；再往外破圈，拓展到管理整个公司；还可以继续破圈，拓展到从 0 到 1 创办一家公司。这样通过层层破圈，就扩展了知识面，提升了"广博"度，如图 8-12 所示。

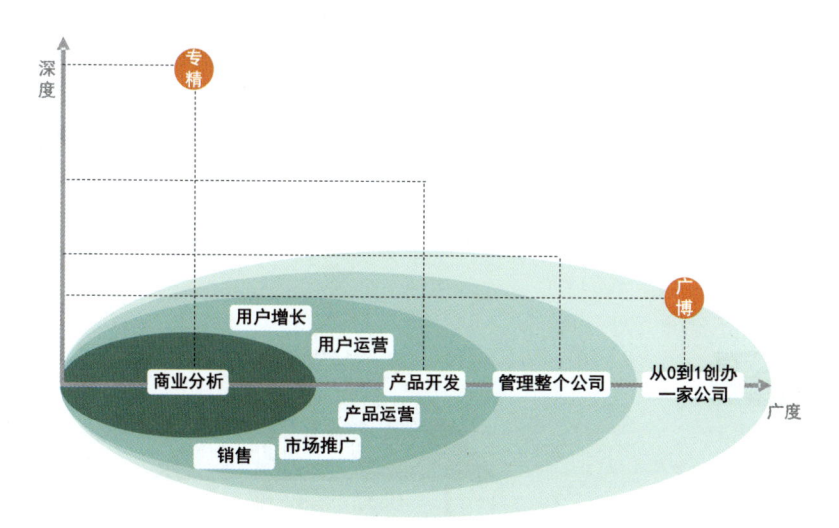

图 8-12 知识体系的专精和广博

8.1.6 知识商业化：打造产品，寻找 PMF，用知识创造价值

构建出知识体系并不是终点。知识体系的最终目的有两个。第一，对工作而言，将知识体系转化为解决问题的能力，形成业务洞察，为企业创造商业价值，为个人赚取收入。第二，对个人而言，将知识体系打造成产品，为他人解决问题创造价值，为个人创造财富。

一旦我们在某一领域构建了属于自己的知识体系，那么接下来就要用实践检验知识体系的实用性和价值性。如何检验？将知识体系商业化变现是检验知识体系最好的试金石。

所谓的知识体系商业化变现，就是将自己的知识体系与市场需求对接，打造出适合市场需求的产品，并将产品推向市场，满足市场需求，解决客户问题，最终为自己带来收入回报。用专业的语言来说，就是寻找知识产品和市场的 PMF，如图 8-13 所示。

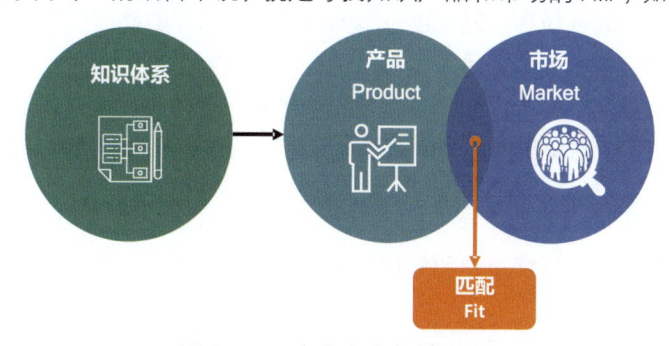

图 8-13 产品和市场的 PMF

PMF 是 Product-Market Fit 的缩写，指的是产品与市场的匹配。当然，产品在迭代，市场在不断变化，PMF 也可能是一种理想情况，两个动态变量无法实现完美匹配。因此，通常情况下，PMF 指的是在一个比较好的市场里，能够用一个比较好的产品去满足这个市场。

那么，如何寻找知识产品和市场的 PMF？可以遵循以下 5 步，如图 8-14 所示。

图 8-14　寻找知识产品和市场 PMF 的 5 个步骤

1. 确定目标用户群体

没有一个产品可以适合所有的用户。所以，在将知识体系打造成产品前，一定要深入了解用户，找到产品的目标用户群体。

首先把某一整体市场按照一定的规则（比如按照年龄、性别、城市、区域、兴趣爱好、职业等细分）划分为若干细分市场；接着对每个细分市场都进行研究分析，按照一定的判断标准从细分市场中筛选出有可能有潜力的细分市场；最后详细描述该细分市场的用户画像。

2. 发现用户未被满足的需求

明确目标用户的画像后，还要进一步弄清楚目标用户的痛点和需求。如果某个市场的用户需求已经被很好地满足了，再挤进去的价值就不大了。所以，最好的方式是找到用户还未被满足的需求。如何寻找用户的需求？可以通过用户调研和访谈、社交网络挖掘、用户搜索趋势研究、竞争对手电商平台的用户评价和留言等。

3. 定义产品的价值主张

通过上面两步，对目标用户和他们的需求就比较清楚了，接下来就是定义产品的价值主张。

产品的价值主张，就是计划设计什么样的产品，如何让产品满足用户的需求，如何比竞争对手更好地满足用户的需求，自己的产品有什么独到的功能或服务可以取悦用户。

知识体系可以打造成哪些产品？其实，知识体系可以打造成很多产品，比如课程、训练营、文章、咨询方案、咨询服务、社群服务、VIP 服务、图书、研究报告等。

4. 设计最小可行性产品

最小可行性产品（Minimum Viable Product，MVP）的核心理念是尽快地用最小的成本打造一个最基本的、可用的、能表达核心价值主张的产品和课程，然后推向市场，通过用户的反馈来迭代、改进、优化和升级产品。

> **提示** MVP 并不是一个不完整的或质量较低的产品，而是一个功能完整但是极简的产品，其目标是以最小的开发成本，快速验证一个产品是否符合市场需求。

5. 测试 MVP

将 MVP 快速推向市场，收集用户的反馈。根据用户的反馈，调整产品和课程内容，快速迭代、完善产品，持续循环这样的流程，直到可以设计出一个与市场相匹配的产品，达到 PMF 状态。

一旦达到 PMF 状态，意味着基于知识体系开发的产品可以很好地满足目标用户群体的需求，能为用户带来价值，也能为自己带来财富回报。这也意味着构建的知识体系通过了商业化实践的检验，实现了从知识采集到知识记录、知识结构化、知识体系化、知识商业化的闭环。

8.2 调用和提炼模型框架，构建模型框架库

不知大家有没有想过一个问题，为什么人类会站在食物链的顶端？因为当人类学会熟练直立行走以后，就可以把双手解放出来，通过双手使用工具。会使用大自然界中已经存在的工具，比如木头、石块等，让人类能够生存下来；而不断创造新的工具，比如兵器、电、计算机等，让人类从自然界中脱颖而出，从而站在食物链的顶端。

与之类似，人类思考的工具就是"模型框架"。那么人类是如何使用模型框架思考的？当遇到熟悉或与之前类似的问题时，直接调用已有的模型框架，快刀斩乱麻，解决问题。当遇到不熟悉或者全新的问题时，往往刚开始需要不断摸索和重复，多次尝试后就会总结出规律，将流程标准化，发明出新的模型框架，再解决问题。对于前者，我们称之为"调用已有的模型框架解决问题"；对于后者，我们称之为"提炼新的模型框架解决问题"。

> **提示** 调用和提炼模型框架与使用函数非常类似，分别对应使用函数的两种方式：直接使用已有函数和自定义函数。
> - 直接使用已有函数，优势在于已有函数是经过测试和优化的，可以直接套用。在编程时，无须编写额外的代码，而且它们通常是跨平台的，在不同的操作系统和环境中，其功能是一致的。
> - 自定义函数，优势在于其灵活性和可定制性。在编程时，可以根据特定的需求自行设计函数，使其能够灵活应对不同业务的需要。

8.2.1 调用已有的模型框架

查理·芒格说："每个人的一生中，大概只需要掌握100个重要的思维模型，便能提供一个背景或者框架，使他具有看清事物本质的非凡洞察力。"这句话充分说明了掌握模型框架的重要性。

高手与低手的最大差别，不在于高手有多聪明、有多好的记忆力、有多棒的天赋；而在于大脑中掌握和建立的模型框架，以及遇到问题时调用模型框架的速度。

我们想一下，上学时候，学渣与学霸的本质区别在哪里？是因为学霸更聪明吗？这只是其中一个因素。最关键的是，学霸脑子里已经形成了知识体系和模型框架库！遇到问题时，他能够马上按图索骥，沿着知识脉络，对应到相关知识点，调用模型框架去解决这个问题。所以学霸之所以为学霸的关键，是知识体系的建立、模型框架的提炼及调用。

进入社会和职场以后，每天由"解题"变为"解决问题"了。相比于解题，解决问题面临的环境更为复杂，影响的变量也更加多元化，决策也更加困难。但有人却能快速做出决策，有人却迟迟没有思路，为什么？大脑中储存的决策模型和框架在背后支撑了决策速度。

有时候我们感觉别人反应很快，认为别人好像在"拍脑袋"，那只是我们的感觉而已。真实情况是，别人掌握了大量模型框架，在处理相似问题时能快速将它们调用出来，为自己的决策服务。只是这些模型框架很隐蔽，都藏在别人的大脑里，已经成为潜移默化的一部分，我们很难发现，但却误认为别人在"拍脑袋"。

那么，如何调用模型框架？我们都学过函数，函数是如何运算的？就是输入一个自变量 x，经过 $f(x)$ 的计算，就能输出最后的结果 y。比如，函数 $y=2x+1$，输入自变量2，经过函数 $2\times2+1$ 的运算，就可以输出结果5。调用已有的模型框架与使用函数是同样的道理，类似于 $y=f(x)$。

- y 就是要解决的问题。

- x 代表各种自变量，也就是收集的各种资料、事实、信息和数据。
- $f(x)$ 就是模型框架，也就是调用哪个或哪些模型框架解决问题。

调用模型框架就是从我们掌握的已有模型框架里，找出能解决问题的若干模型框架，输入收集到的相关信息、资料和数据，经过模型框架的分析，就能得出相应的结论、解决对应的问题。

> **提示** 已有的模型框架，可以是前人留下的，也可以是自己经过实践验证过的有效模型框架，同样需要为它们建立一个专属的模型框架库。
>
> 这些模型框架如何获取？主要依赖于平常的学习和积累。在平常工作、与人交流、参加培训时，遇到相关的模型框架，就记录下来，放入自己的专属模型框架库中。这样在解决问题时，就能快速调取出模型框架，与问题联系起来，像变魔术一样，信手拈来。
>
> 比如，大岛祥誉以麦肯锡的工作经验为基础，撰写了《麦肯锡思考工具》一书。在这本书中，他将麦肯锡的思考工具和模型整理为46种，可以说形成了一个小型的模型框架库，如图8-15所示。每个人都可以此为例，构建属于自己的模型框架库。

	初级	中级	高级
提高 逻辑思考能力	● MECE原则 ● 六项思考帽 ● 认知重建	● 金字塔原理 ● PREP法 ● 归纳法与演绎法	
拓展 创意和想象力	● 书面头脑风暴法 ● KJ法 ● 曼陀罗九宫格	● SCAMPER法 ● 利弊均衡表 ● 支付矩阵 ● 决策矩阵	
发现 解决问题 的最短路径	● 逻辑树 ● 流程图 ● 差距分析 ● 空-雨-伞	● ABC理论 ● 重要/紧急矩阵	● 议题树 ● 假设思考
制定 市场营销战略	● 3C战略三角 ● STP模型 ● 用户画像分析 ● 消费者旅程	● 市场营销组合 ● 五力竞争模型 ● AIDMA模型 ● 产品生命周期	● PEST分析 ● 核心竞争力分析 ● 品牌资产
让组织与团队 的成果最大化	● 5W1H（6W2H） ● PDCA	● KPI树 ● 7S模型 ● 马斯洛需求理论	
制定 经营战略	● 安索夫矩阵 ● 波特的3个基本战略 ● 定位地图	● 帕累托法则 ● SWOT分析 ● 价值链分析	● 波士顿矩阵

图8-15 46种麦肯锡思考工具和模型

具体来说，调用已有的模型框架需要按照以下5步进行操作，如图8-16所示。

（1）从已有的模型框架库中，检索出能解决问题的、合适的模型框架。

（2）详细了解该模型框架的本质、意义、操作方法和局限性。

（3）输入 x，也就是收集模型框架需要的相关数据和信息。

（4）展开分析，将信息 x 输入模型框架中进行运算。

（5）输出结论 y。

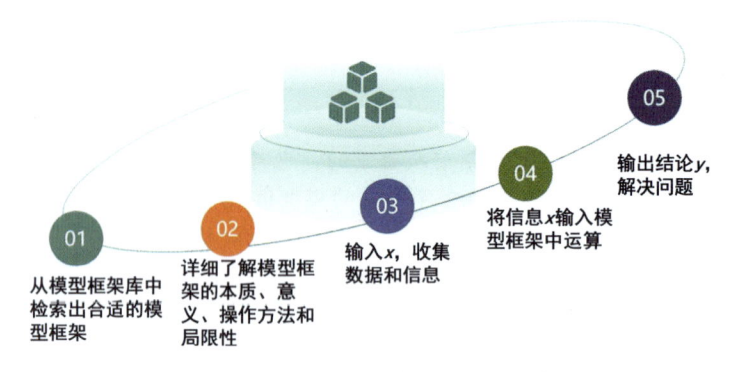

图 8-16　调用已有的模型框架的 5 步操作

8.2.2　【案例】分析师调用模型框架研究四家公司的竞争环境

举个例子，一名分析师要研究腾讯、瑞幸、茅台、字节跳动这四家公司所处的竞争环境。如何通过调用模型框架对它们开展研究？

1. 从模型框架库中检索出合适的模型框架

竞争环境是指企业在被竞争者、替代品、潜在进入者、供应商和购买者包围的环境里处于什么样的境地，面临的竞争压力如何，处于被动地位还是主动地位。

在已有的模型框架库中快速检索、匹配，找到分析竞争环境最常使用的模型框架就是"五力竞争模型"。

2. 详细了解模型框架

模型框架库中的已有模型框架很多，有些我们非常了解，有些可能只是"一知半解"，并不是非常熟悉。对于非常熟悉的模型框架，直接套用即可；对于"一知半解"的模型框架，还需要通过查找资料或者请教别人的方式将之了解透彻。

五力竞争模型是由迈克尔·波特提出来的，已经被验证是分析竞争环境非常有效的模型。该模型认为一家公司的竞争环境受五种力量影响，这五种力量分别是购买者的议价能力、供应商的议价能力、现有竞争者的竞争程度、替代品的威胁、潜在进入者的威胁，如图 8-17 所示。

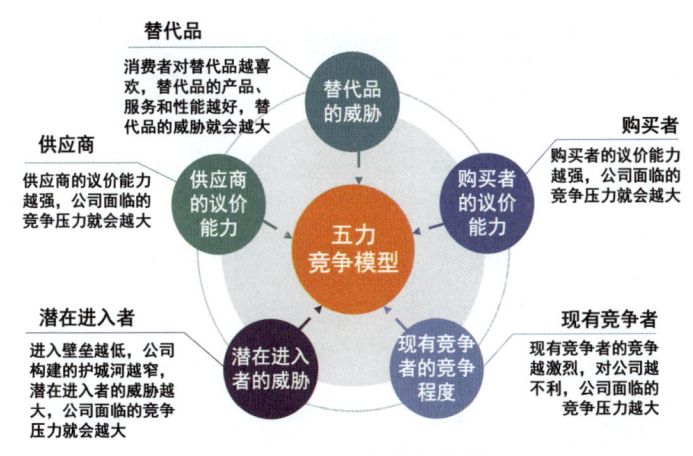

图 8-17 五力竞争模型

- 购买者的议价能力越强，公司面临的竞争压力就会越大；购买者的议价能力越弱，公司面临的竞争压力就会越小。
- 供应商的议价能力越强，公司面临的竞争压力就会越大；供应商的议价能力越弱，公司面临的竞争压力就会越小。
- 现有竞争者的竞争越激烈，对公司越不利，公司面临的竞争压力越大。一般情况下，公司所处的行业越分散、产品的标准化程度越高、行业发展越慢、进入壁垒越低、退出壁垒越高，现有竞争者的竞争就越激烈。
- 替代品的威胁：消费者对替代品越喜欢，替代品的产品、服务和性能越好，替代品的威胁就会越大，公司面临的竞争压力就会越大。
- 潜在进入者的威胁：进入壁垒越低，公司构建的护城河越窄，潜在进入者的威胁越大，公司面临的竞争压力就会越大。

也就是说，现有竞争者的竞争越激烈，潜在进入者和替代品的威胁越大，供应商和购买者的议价能力越强，代表一家公司面临的五种力量越强大，面临的竞争压力越大，在竞争中越处于被动地位。

3. 输入 x，收集数据和信息

输入的 x，就是分别收集四家公司的五类信息，这五类信息就是潜在进入者、替代品、供应商、购买者和现有竞争者的相关信息。

4. 将信息输入模型框架中

将收集好的信息输入五力竞争模型中，具体结果如图 8-18 所示。

	腾讯	瑞幸	茅台	字节跳动
现有竞争者的竞争程度	几乎没有竞争	竞争激烈	竞争平稳	竞争激烈
潜在进入者的威胁	威胁小（网络壁垒）	威胁大	威胁小（品牌壁垒）	威胁中等（技术壁垒）
替代品的威胁	威胁小	威胁大（茶/果汁/饮料）	威胁小	威胁中等（游戏/教育/音乐）
供应商的议价能力	议价能力弱	议价能力强	议价能力弱	议价能力中等
购买者的议价能力	议价能力弱（转换成本高）	议价能力强（转换成本低）	议价能力弱（品牌力强）	议价能力强（转换成本低）

图 8-18 将信息输入五力竞争模型

5. 输出结论 y

通过模型框架的分析，就可以判断出这四家公司的竞争环境，评估出它们面临的五种力量的强弱、竞争压力的大小，以及所处的竞争地位，如图 8-19 所示。

		腾讯	瑞幸	茅台	字节跳动
五力竞争模型 (x)	现有竞争者的竞争程度	几乎没有竞争	竞争激烈	竞争平稳	竞争激烈
	潜在进入者的威胁	威胁小（网络壁垒）	威胁大	威胁小（品牌壁垒）	威胁中等（技术壁垒）
	替代品的威胁	威胁小	威胁大（茶/果汁/饮料）	威胁小	威胁中等（游戏/教育/音乐）
	供应商的议价能力	议价能力弱	议价能力强	议价能力弱	议价能力中等
	购买者的议价能力	议价能力弱（转换成本高）	议价能力强（转换成本低）	议价能力弱（品牌力强）	议价能力强（转换成本低）
竞争环境 (y)	五种力量的强弱	五种力量弱小	五种力量强大	五种力量弱小	五种力量中等
	竞争压力的大小	竞争压力小	竞争压力大	竞争压力小	竞争压力中等
	所处的竞争地位	占据主动地位	处于被动地位	占据主动地位	处于相对主动地位

图 8-19 四家公司的竞争环境

- 腾讯和茅台面临的五种力量比较弱小，面临的竞争压力也不大，因此，在竞争环境中占据主动地位。

- 瑞幸面临的五种力量比较强大，面临的竞争压力也比较大，因此，在竞争环境中处于被动地位。
- 字节跳动面临的五种力量比较中等，面临的竞争压力也处于中等水平，因此，在竞争中处于相对主动地位。

8.2.3 提炼新的模型框架

解决问题时，当发现原有的那些老套路和老模型框架都解决不了手头的难题时，就需要思考新的招数，此时提炼新的模型框架就要提上日程。这就像做手工活，平时工具箱里的锤子、螺丝刀等突然间都不顶用了，就需要自己发明一个新工具来对付这个棘手的问题。

提炼新的模型框架是一项复杂而细致的工程，不仅要有深厚的知识储备，还要有严谨、理性和创新的思维。那么，如何提炼新的模型框架？具体分 6 步，如图 8-20 所示。

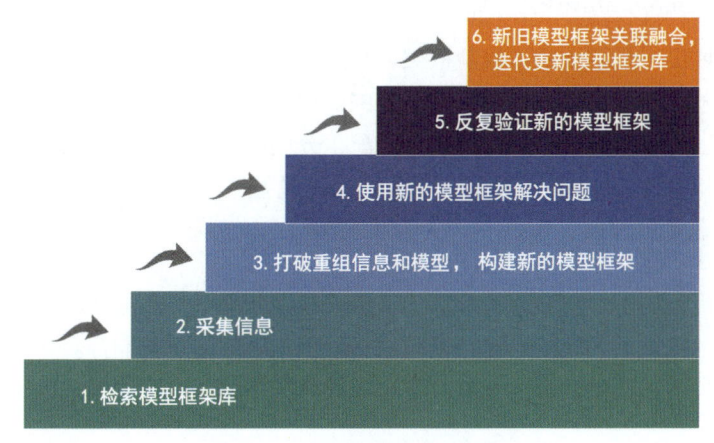

图 8-20　提炼新的模型框架

1. 检索模型框架库

在面对一个新问题时，首先应该做的是检索已有的模型框架库。这个模型框架库可能是多年积累下来的，包含了各种模型、理论、框架、计算公式和决策流程等。快速搜索这些资源，看看是否有现成的模型框架可以直接使用。如果发现没有合适的模型框架，不应该就此放弃，而是应该找到与问题关联度最高的那些模型框架。深入研究它们为什么不能解决当前的问题，它们的局限性和限制点在哪里。

> **提示**　查理·芒格说过："你只有知道一个知识在什么情况下失效，才配拥有这个知识。"

> 同样地，对于一个模型框架，只有知道它的局限性在哪里，为什么解决不了当前的问题，我们才算真正弄明白了它，也才有可能在它的基础上提炼开发新的模型框架。

2. 采集信息

在没有现成的模型框架可用的情况下，需要收集与问题相关的信息和知识点，这些信息和知识点可以帮助我们更深入地理解问题，发现问题的本质。

3. 打破重组信息和模型，提炼新的模型框架

有了足够的新信息和知识点后，尝试将原有的高关联度模型框架打破拆散，剖析它们的构成要素，思考哪些部分是可以改进的，哪些部分是可以与新信息和知识点结合的。这是一个创造性的过程，需要将原有模型框架的各个部分与新采集的信息进行关联、匹配、分类和组合，这样就可以重组提炼一个新的模型框架。这个过程可能需要多次反复尝试和调整，直到找到一个合理的模型框架，这就是初步的新模型框架。

4. 使用新的模型框架解决问题

一旦提炼出一个初步的新模型框架，马上尝试用它去解决问题。如果新的模型框架能够成功解决问题，那么证明它是有效的。如果新的模型框架仍然无法解决问题，则需要回到上一步，继续拆解、关联、匹配、分类和组合。这个过程可能会很漫长，需要有耐心和毅力。但每一次失败都有助于改进模型框架，向成功迈进一步。

5. 反复验证新的模型框架

如果使用新的模型框架成功解决了一个问题，还不够，还需要展开多维实践，用它去解决其他工作场景中的问题，以验证新的模型框架的可复制性。如果新的模型框架在多个场景下都适用，那么它就具备了标准化的条件，就可以形成固定的模型框架了。

6. 新旧模型框架关联融合，迭代更新模型框架库

最后，需要将新的模型框架与模型框架库中的其他模型框架进行关联，使其成为模型框架库的一部分。这样做的目的是保持知识的有序性和可检索性。新的模型框架如果不与其他模型框架关联起来，就会像孤立的知识点一样，难以管理和应用。

通过将新的模型框架与已有的模型框架关联，可以形成一个有序的知识体系，这不仅有助于记忆和调用模型框架，还可以在未来遇到类似问题时快速找到解决方案。在这个过程中，我们的模型框架库也可以得到更新、迭代和升级，始终保持鲜活力和时效性，随着时代的进步和环境的改变，与时俱进，不会被淘汰。

8.3 培养思维体系，建立思维库

培养思维体系，就像学武功。学武功需要先模仿大师的动作，一遍遍地练习，才能慢慢领会其中的精髓。同样地，太阳底下没有新鲜事，在解决问题的过程中，前人已经给我们留下了很多高明的思维模式，我们不需要重复造轮子，要做的就是花时间学习前人发现的但自己还没有掌握的思维模式。首先把常用的、高频的那些思维模式研究、学习、操作一遍，再经过实践磨练，自然而然就会水到渠成，练就强大的思维体系。

在商业分析和日常工作中，高频使用的思维模式包括表象与本质思维、演绎与归纳思维、发散和聚合思维、全局和局部思维、自上而下和自下而上思维、因果和相关思维、概率和预测思维、系统思维，具体见表 8-2。

表 8-2　不同类型的思维

类型	含义	介绍章节
表象与本质思维	不仅要看表面现象，更要通过表面深入挖掘问题的本质。比如，销售额下降的表象可能是流量减少，本质可能是竞争对手推出了新产品	3.1 节
演绎与归纳思维	演绎思维是从已知的规律和现象出发，推导出特定的结论；而归纳思维则是从一堆具体的现象和事实中总结出普遍的规律	4.4.1 节 4.4.3 节
发散和聚合思维	发散思维是让想法自由流动，寻找多种可能性；而聚合思维则是从这些想法中筛选出最佳方案。比如，策划一个营销活动，先通过发散思维想出各种创意，然后通过聚合思维选出最可行的那一个	4.5 节
全局和局部思维	以指挥一场战役为例，全局思维能够看到整个战场，从整体考虑问题；而局部思维则关注每一个关键的阵地，从关键细节考虑问题	8.1.1 节
自上而下和自下而上思维	自上而下思维是从宏观和大局出发，逐步细化到细节；而自下而上思维则是从细节和小处着手，逐步构建到整体	8.1.2 节
因果和相关思维	因果思维用来追踪原因和结果；而相关思维则用来识别那些不一定有因果关系但却有重要影响的因素	8.1.3 节
概率和预测思维	概率思维是评估事件发生的可能性；而预测思维则是基于这些概率来做未来的预测	8.1.4 节
系统思维	系统思维把事物看作一个整体，考虑各部分之间的相互影响和作用	8.1.5 节

其中前 3 种思维，我们已经在前面融入相关的主题进行了介绍，本章重点介绍剩下的 5 种思维模式。

> **提示**　以上只是常用的思维模式，实际工作中的思维模式远不止如此。因此，每个人都有必要建立属于自己的"思维库"，把平常遇到的、看到的、听到的思维模式都装进这个库中。在遇到问题时，就可以像查字典一样，从中快速查询到合适的模型，应用到问题的解决中。

8.3.1 全局和局部思维

诸葛亮在隆中与刘备首次见面，讨论天下大事与根本大计时，说过一句经典的话："不谋全局者，不足以谋一域。"这是对全局和局部思维非常好的解释。

全局思维如同战略，能让我们知道如何取舍，不在乎一城一池的得失，而取得全局和长远的胜利。局部思维如同战术，能让我们知道如何去做，将具体事务做得更务实、更落地和更优秀，从而实现全局的战略，造就全局的优秀。

8.3.1.1 什么是全局和局部思维

全局思维是一切从整体和全局出发，从全局的角度去看待问题和解决问题的。它是一种战略思维，具有三个重要特征：从大处看小处、用长远看未来、得失兼顾。

- 从大处看小处：就是放眼整体，总揽全局，站在全局的高度去处理全局与局部、局部与局部的关系。或许在局部视角下看似严重的问题，从全局视角看就无关紧要。可能在局部视角下看似微不足道的问题，从全局视角看就影响深远。
- 用长远看未来：就是面向未来看待现在的问题，用长远的、发展的观点来对待眼前和现实的问题，而不是急功近利、鼠目寸光。或许现在我们觉得异常棘手的问题，从长远来看根本就不值得一提。
- 得失兼顾：就是既要看到得到的东西，又要看到失去的东西。衡量得与失，不能只见其利不见其害，也不能只见其害不见其利。

局部思维是从个体和局部出发，从构成整体的组成部分去看待问题和解决问题的。它是一种战术思维，具备局部性、短期性和利益性。局部因素是单方面的，只是整体的一个构成部分，它们影响着全局却又不足以决定全局。

有的局部因素对全局没有决定性作用，有的有决定性作用。所以，在处理局部问题时，最重要的能力就是识别决定性局部因素和非决定性局部因素。

8.3.1.2 【案例1】做PPT的全局和局部思维

我们的生活和工作，无时无刻不在处理全局和局部的关系。很多事情没处理好，就是因为没有处理好全局和局部的关系。

举个例子，做 PPT 几乎是每个人的职场必备课，做得好与不好的关键就在于对全局和局部的把控。

一份完整的 PPT 由框架、内容、模板、排版、字体、颜色、图片、图表等构成，如图 8-21 所示。

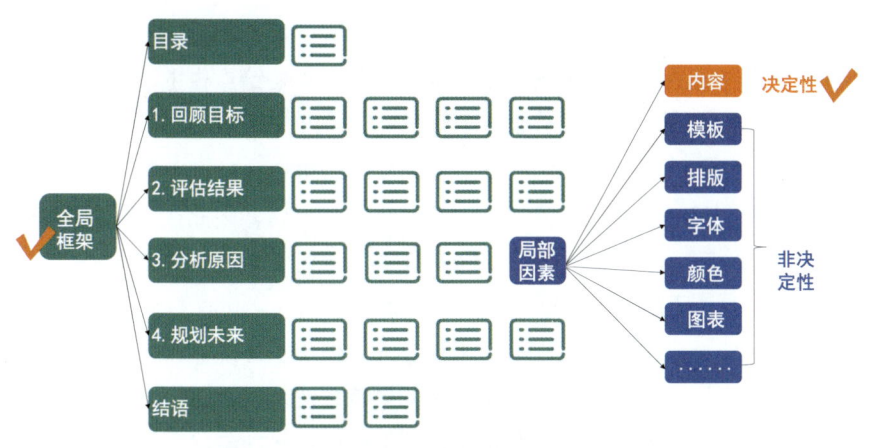

图 8-21　PPT 的全局框架和局部因素

　　如果你仔细观察周围人做 PPT 的风格，就会发现，不同的人有不同的关注点。有人关注框架，有人关注内容、模板、字体、颜色等。你会发现，做得好的 PPT 永远是那些框架清晰、内容充实的。哪怕模板再好看、图表再炫酷、颜色再漂亮，没有清晰的框架和充实的内容，PPT 也是失败的。

　　为什么？因为框架是全局的，内容是决定性局部因素，模板、排版、字体、颜色、图表等是非决定性局部因素。只有全局主线清晰、规划合理，局部才能彼此协调、相互印证、默契配合，发挥出最大的效应。

　　所以，在做 PPT 时，一定要从全局出发，先规划好 PPT 的框架和逻辑。再思考每页 PPT 要表达的内容、每页内容之间的关系。最后思考用什么样的模板、排版、字体、颜色、图表去表达这些内容。

　　正所谓：在"点"上努力十分，都不如在"面"上努力一分。

　　我在刚开始工作的时候，也会花很大精力在模板、排版、字体、颜色、图表等局部因素上。后来，工作的时间越长，我就越会把精力用在框架和内容上。除非在一些特别重要的场合，我会多花一点时间在图表上，在其他场合不会花太多精力去处理这些非决定性局部因素。甚至现在做 PPT，我都直接使用白板，颜色也是最朴素的，以黑、白、灰、蓝等色调为主。即使做得这样简单朴素，还经常有同事过来要模板。其实他们没有弄明白做 PPT 的 3 个关键所在。

- 清晰的全局规划：即框架要逻辑清晰、结构合理。
- 决定性局部因素：即内容要充实丰富、出彩亮眼。
- 其他非决定性局部因素：都是锦上添花，如果时间充足，可以仔细做一做。

8.3.1.3　【案例 2】做决策的全局和局部思维

　　我们知道，很多互联网公司，比如腾讯、百度、字节跳动等，都是依靠用户、流量和广告赚钱的。它们具体是如何操作的？一般来说，当这些公司的用户和流量积累到一定规模时，就会在一定的位置开设广告位，售卖广告给广告主，从而将普通流量转化为广告流量获取收入，这就是流量的商业化变现。

在互联网公司，通常设有专门的商业化团队来负责流量的变现工作，这是贡献收入的最重要部门。而"广告位"是变现的重要窗口和出口，因此在商业化变现即广告业务中，经常碰到的一个问题就是"是否要增加广告位"。这个问题很常见，但是也很棘手。为什么？其实本质也是全局和局部的问题。

从表面上看起来，增加广告位就能增加收入，但实际情况远非如此，它只是局部的收入增加。从全局来看，增加广告位带来的影响和波及的范围很广，很可能会导致其他局部因素的情况变差，不但没有带来预期的收益，反而给公司整体带来损失，导致全局收益下降。具体体现在以下三方面。

- 首先，公司的广告位不止一个，增加一个广告位可能对其他广告位的收入造成损害，导致其他广告位收入减少。
- 其次，增加广告位意味着对用户形成了打扰，很可能会降低用户的留存率，造成用户大量流失。
- 最后，增加广告位会增加公司的管理成本。

增加广告位的全局和局部影响，具体如图 8-22 所示。

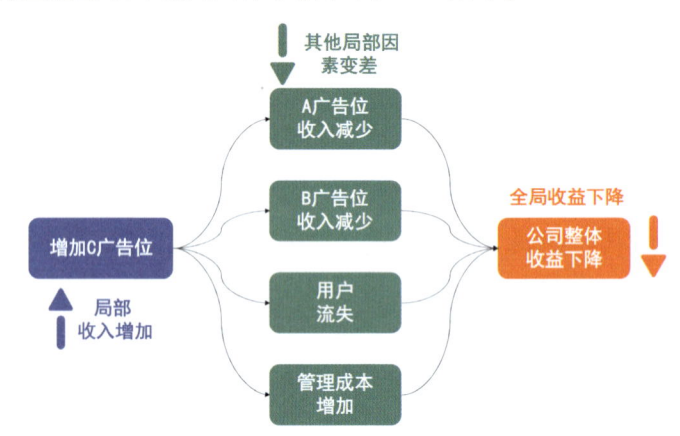

图 8-22 增加广告位的全局和局部影响

诸多因素加在一起，导致"增加一个广告位"的工作并不是一件容易的事情，而是一项评估全局和局部因素的工作。到底要不要增加，不仅要评估增加的广告位这个局部因素，还要评估其他广告位的局部因素，最终还要评估全局收益。

8.3.1.4 如何处理全局与局部的关系

那么如何处理全局与局部的关系？从全局开始，沿着"全局目标-局部因素-识别重要度-采取行动"的思路进行，如图 8-23 所示。

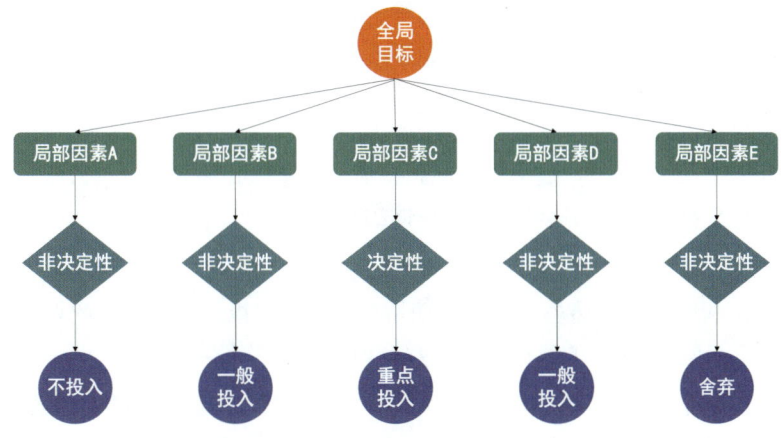

图 8-23　处理全局与局部的关系

- 首先，明确全局目标是什么。
- 其次，确定构成全局的局部因素有哪些。
- 接着，识别决定性局部因素和非决定性局部因素分别是什么。
- 最后，专注于决定性局部因素，给予重点投入，确保万无一失。非决定性局部因素在时间和资源充裕的情况下，可适当予以关注，给予一般投入。在时间和资源不允许的情况下，可以不投入或舍弃。

举个例子，某家公司销售部的销售总监，负责全国 20 个城市的销售工作，他如何处理全局与局部的关系？

- 首先，明确自己的全局目标，今年要完成 10 亿元的销售目标。
- 其次，确定局部因素，10 亿元的销售目标由全国 20 个城市完成，这 20 个城市是构成全局的局部因素。
- 接着，识别决定性局部因素，杭州、南京、苏州、上海、长沙这 5 个城市贡献了全局 60%的收入，那么这 5 个城市是决定能否完成全局目标的决定性局部因素。
- 最后，作为销售总监，在分配人力和资源、制定销售政策时，一定要优先考虑这 5 个城市，这 5 个城市的销售负责人也一定需要由最靠谱稳定的人担任，确保这 5 个城市万无一失。

8.3.2　自上而下和自下而上思维

在解决问题的时候，大部分人会遇到两种情况。一种是对要解决的问题非常熟悉，以前遇到过此类问题或者相似问题；另一种是对要解决的问题不熟悉，以前并没有处理过相似问题。

对于第一种情况，往往采用自上而下的思维，有利于快速反应、直接解决问题。对于第二种情况，往往采用自下而上的思维，先慢慢摸索，逐步构建解决问题的框架，再解决问题。

1. 自上而下思维

自上而下（Top Down），是指从宏观到微观、从整体到部分的分析方法。通常先有一个大的构想或框架，然后逐步细化到具体的元素。

比如，上级让你分析"如何看待电商行业的宏观大环境"这个问题。如果你对宏观分析的框架和结构非常熟悉，就可以使用自上而下思维进行分析。先调用分析宏观环境的 PESTEL 模型，再把收集的资料和数据填充到这个框架中。

因此，自上而下思维通常用于对解决的问题已经有了思路和架构的时候。使用时，可以按以下 4 步进行。

（1）思考是否有现成的框架可以解决这个问题。

（2）把这个框架调用出来，详细了解框架的使用方法、适用场景和限制因素。

（3）收集信息、数据和资料，填充到框架中。

（4）整合框架和填充的内容，得出分析结论。

2. 自下而上思维

自下而上（Bottom Up），是指从微观到宏观、从部分到整体的分析方法。它强调从基础的、最基本的细节出发，通过对细节的归类分组和归纳演绎，逐步构建和整合到更大的结构或系统中，最终形成一个全面的框架或解决方案。

这里仍举上面的例子，上级让你分析"如何看待电商行业的宏观大环境"这个问题。如果你对宏观分析的框架和结构不了解，就可以使用自下而上思维进行分析。先收集电商行业宏观环境的相关信息，然后对信息进行分组，观察分组的规律，根据规律构建出分析的框架。

因此，自下而上思维通常用于对解决问题还没有思路和框架的时候，通过手头已有的信息，归纳提炼出一个框架。使用时，可以按以下 3 步进行。

（1）收集基础信息，通过头脑风暴法把大脑中关于这个问题的所有碎片想法都列出来。

（2）将想法连线分组，把相同的想法归为一组。

（3）观察分组，分析是否存在某种规律，总结提炼出分析问题的框架和结构。

在商业分析中，自上而下和自上而下思维最常见的使用场景包括测算市场规模、制定预算和目标等。

3. 使用场景1：测算市场规模

在测算市场规模时，自上而下思维是从整个宏观层面的市场发展情况出发，向下逐级分解，估算出某一细分市场的规模。

以测算中国咖啡市场规模为例，自上而下思维就是从上层的整个中国人群出发，向下分解至城镇人群，再分解至咖啡人群，其测算公式为：中国咖啡市场规模=中国人口总数×城镇人口占比×咖啡渗透率×人均消费咖啡杯数×每杯咖啡售价，如图 8-24 所示。

图 8-24 利用自上而下思维测算市场规模

这种自上而下的测算方法相对简单、效率高，可以快速判断出整个市场的大致规模和量级，但精度相对较低。

自下而上思维则从各个细分市场入手，将不同细分市场规模加和，测算出更大市场的规模。

仍以测算中国咖啡市场规模为例，自下而上思维就是由细分市场出发的，先将 25 岁以下年轻人群的现磨咖啡市场、25~50 岁中青年人群的现磨咖啡市场、50 岁以上老年人群的现磨咖啡市场三个细分市场规模相加得到现磨咖啡市场规模。以此类推，测算出即饮咖啡市场规模和速溶咖啡市场规模。再将现磨咖啡、即饮咖啡和速溶咖啡三个细分市场规模加和，测算出中国咖啡市场规模，如图 8-25 所示。

这种自下而上的方法测算精度相对较高，但对模型搭建、数据获取能力的要求也较高，因此测算过程相对复杂，测算效率也相对较低。

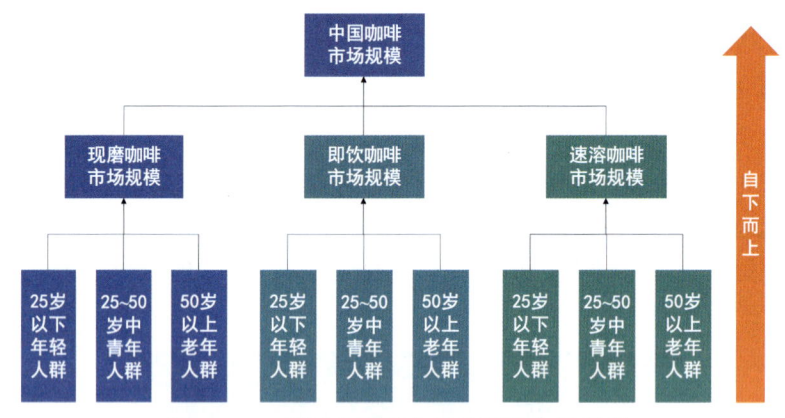

图 8-25　利用自下而上思维测算市场规模

4. 使用场景 2：制定预算和目标

在制定预算和目标时，自上而下思维就像从山顶往下看，往往根据公司的市场份额或增速制定一个大目标，然后将大目标层层拆解至基层。

这种方法的优点是速度快、效率高，能够迅速确定目标，动员整个组织的力量去执行任务。但缺点也很明显，这种方法容易忽视基层业务的实际情况，导致目标和实际业务之间可能存在差距。上层的目标看起来很美，但到了基层执行的时候，却发现条件不成熟、资源不足，或市场变化太快，目标难以达成。

自下而上思维更像从山谷往上爬，往往每个基层业务线都根据自己的实际情况，通过精细测算，先设定一个小目标，然后逐级上报，最终汇总成一个大目标。

这种方法的优点是目标更贴近实际，更有可能实现。因为每个小目标都是根据基层业务的实际情况设定的，所以整体目标的达成相对有保障。但这种方法的缺点是耗时耗力，需要更多的跨部门沟通和协调。

8.3.3　因果和相关思维

很多人在观察到两个事物之间存在某种关联时，就想当然地推断它们之间存在因果关系。这种倾向有时被称为"因果谬误"或"误将相关性视为因果性"。出现这种错误的主要原因是没有将因果思维和相关思维有效区分开来。

比如，曾经有研究数据表明，冰淇淋销量的增加与溺水事故的增多之间存在相关性。但这并不意味着吃冰淇淋就会导致溺水，而是因为两者都与天气炎热有关。即人们在炎热的天气里更可能购买冰淇淋，也更可能去游泳。它们之间的关系如图 8-26 所示。

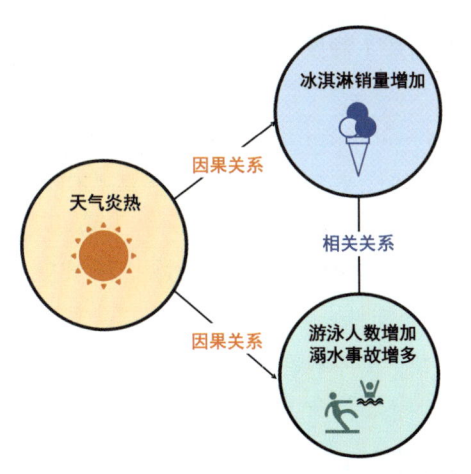

图 8-26 天气炎热、冰淇淋销量和溺水事故的关系

1. 什么是因果关系和相关关系

因果关系，是指 A 事件和 B 事件不仅存在关联，A 事件的存在还导致了 B 事件的发生。

相关关系，是指 A 事件和 B 事件存在关联。

相关关系并不意味着因果关系，但因果关系首先是相关关系。比如，自律和成功之间存在相关关系，但是自律一定能成功吗？我们无法得出这样的因果判断。要想证明这种因果关系，还需通过其他方式进行验证。

2. 如何区分因果关系和相关关系

在商业分析中，通常使用 Excel 或 SPSS 中的"相关性分析"功能，通过 R 值和 P 值就可以判断两个指标或事物是否存在相关关系。如果存在相关关系，还要通过 AB 实验等方式，再次验证它们是否存在因果关系。

在日常生活中，则可以采用"关联-干预-反事实"三段论来判断是否存在因果关系，如图 8-27 所示。

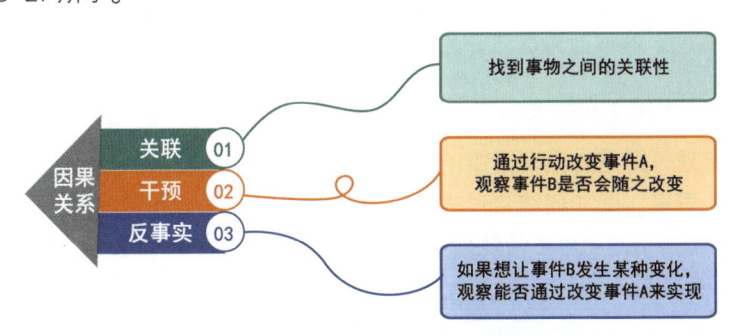

图 8-27 三段论判断因果关系

举个例子，如何判断自律（假设为事件 A）和成功（假设为事件 B）之间是否存在因果关系？

- 关联：自律和成功之间存在关联性，因为很多成功的人都很自律。
- 干预：当变得更自律时，是否能成功？答案是"不能"。当变得不自律时，是不是就不能成功？答案同样是"不能"。
- 反事实：当想变得更成功时，是不是通过更加自律就可以实现？答案也是"不能"。

因此，判断自律和成功之间不存在因果关系，只存在相关关系。

8.3.4 概率和预测思维

很多人觉得飞机出事的死亡率很高，就很绝对地认为乘坐飞机太不安全，就会做出决策"不乘坐飞机"。之所以会这样思考问题，是因为缺乏概率和预测思维。虽然飞机出事的死亡率很高，但是飞机发生事故的概率却是极低的。也就是说，这部分人只考虑了死亡率，却没有考虑发生事故的概率。

8.3.4.1 概率思维

生活中面临各种风险和不确定性，比如，遭抢劫、出事故、发生地震、爆发海啸等，但实际上我们面临的真实风险，并不仅仅取决于这些事情有多可怕，而是取决于两个因素：危险程度和发生的概率。即：

一件事的真实风险=危险程度×发生的概率。

- 如果一件事的危险程度很高，但是发生的概率很低，它的真实风险也是比较低的。比如，乘坐飞机，虽然出事之后的危险程度很高，但是发生的概率却是很低的，这导致乘坐飞机的真实风险是很低的。
- 如果一件事的危险程度很低，但是发生的概率很高，它的真实风险也是比较高的，比如，乘坐汽车，虽然出事之后的危险程度比较低，但是发生的概率却是比较高的，这导致乘坐汽车发生交通事故的真实风险是高于飞机的。

8.3.4.2 贝叶斯定理

贝叶斯定理，则是在概率思维的基础上，帮助我们从已有的经验和信息中预测未知事件发生的概率。即如何结合过去的经验（即先验概率）和新信息，通过动态调整的方法（调整因子），一步步预测出某个事件的发生概率（后验概率），从而做出正确的决策。

所以，贝叶斯定理是一种预测思维，其根本思想是：后验概率=先验概率×调整因子，如图 8-28 所示。其原理就是在先验概率的基础上，纳入新事件的信息和资讯来更新先验概率，这样更新后的概率便叫作后验概率。

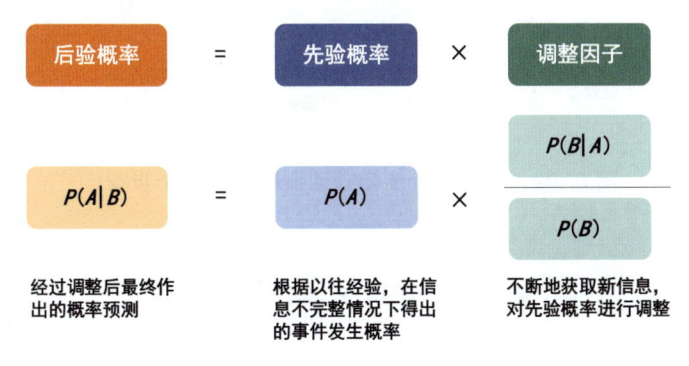

图 8-28 贝叶斯定理

通俗地解释一下，当我们对一个未知或者不确定的事情做决策时，我们内心都没有准确的答案。但我们每个人都会基于过去的经验对这个事情有一个基本的认知，给出一个初始的判断，这就是"先验概率"。之后，通过获取的新信息，去调整对初始判断的认知，被称为"调整因子"。最后，通过调整因子对先验概率的调整就会预测出最终的概率，被称为"后验概率"，并据此做出最终的决策。

贝叶斯定理被广泛应用于心理、医学和商业等领域中，用来进行医学诊断、机器学习、风险评估和商业决策。

8.3.4.3 【案例】利用贝叶斯定理预测购买概率，调整商品价格

举个例子，某电商平台在售卖一款机械鼠标产品，平台打算针对不同用户设置不同的价格。某天，平台新来了一名女性用户浏览了该鼠标，针对这名女性用户，平台应该调低价格还是调高价格？

这其实就是一个通过贝叶斯定理预测用户购买概率的问题。如果预测出该用户购买的概率较高，代表该用户购买意愿强烈，可以适当调高价格；如果预测出该用户购买的概率较低，代表该用户购买意愿不强烈，可以适当调低价格，用低价刺激其产生购买行为。

那么，如何使用贝叶斯定理做出购买概率的预测？首先设置事件，通过历史数据可以计算出先验概率，然后基于获取的用户信息（即女性用户）计算调整因子，最后根据调整因子修正对先验概率的判断，计算出后验概率，也就预测出了该名女性用户的购买概率，其过程如图 8-29 所示。

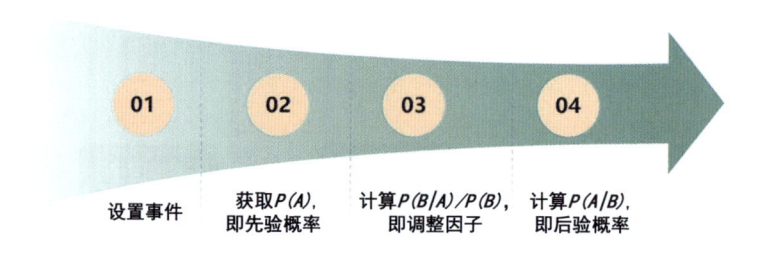

```
         01          02           03            04

      设置事件    获取P(A),   计算P(B|A)/P(B),  计算P(A|B),
                 即先验概率     即调整因子       即后验概率
```

图 8-29　使用贝叶斯定理预测概率的 4 个步骤

1. 设置事件

为了便于理解，把事件整理成表格的形式，具体见表 8-3。

表 8-3　设置事件

事件	事件解释	备注
$P(A)$	用户浏览机械鼠标后购买的概率	先验概率
$P(B)$	女性用户浏览机械鼠标的概率	全概率 $P(B)=P(B|A)\times P(A)+P(B|C)\times P(C)$
$P(C)$	用户浏览机械鼠标后没有购买的概率	$P(C)=1-P(A)$
$P(B|A)$	购买机械鼠标的用户，女性用户浏览的概率	条件概率
$P(B|C)$	没有购买机械鼠标的用户，女性用户浏览的概率	条件概率
$P(A|B)$	新来了一名女性用户浏览了机械鼠标后购买的概率	后验概率 $P(A|B)=P(A)\times P(B|A)/P(B)$

> **提示**　通过表 8-3 的事件设置，很快就能发现一个规律。其实，贝叶斯定理就是一个将"在给定 A 事件发生的前提下，B 事件发生的条件概率 $P(B|A)$"转变成"在给定 B 事件发生的前提下，A 事件发生的条件概率 $P(A|B)$"的过程而已。
> 　　换句话说，贝叶斯定理就是在求逆概率。

2. 获取先验概率 $P(A)$

根据平台的历史数据得知，用户浏览机械鼠标后购买的概率为 5%，即 $P(A)$=5%。同时可以计算出 $P(C)$=1-5%=95%。

3. 计算调整因子 $P(B|A)/P(B)$

调整因子=$P(B|A)/P(B)$，是基于新信息（即新来了一名女性用户浏览了机械鼠标）对先验概率的调整系数。如何计算？

- $P(B|A)$ 是条件概率，根据平台的历史数据得知，购买机械鼠标的用户中女性用户浏览的概率为 20%，即 $P(B|A)$=20%。同样地，根据历史数据得知，没有购买机械

鼠标的用户中女性用户浏览的概率为 62.1%，即 $P(B|C)$=62.1%。
- $P(B)$ 是全概率，即女性用户浏览机械鼠标的概率。可以通过公式 $P(B)=P(B|A) \times P(A)+P(B|C) \times P(C)$ 计算获得，即 $P(B)$=20%×5%+62.1%×95%=60%。
- 调整因子=$P(B|A)/P(B)$=20%/60%=0.33。

4. 计算后验概率 $P(A|B)$

$P(A|B)=P(A) \times P(B|A)/P(B)$=5%×0.33=1.67%。也就是基于新信息（即新来了一名女性用户浏览了机械鼠标），将 5% 的先验概率调低了，调低的系数就是 0.33，因此预测的后验概率为 1.67%。

具体的预测过程如图 8-30 所示。

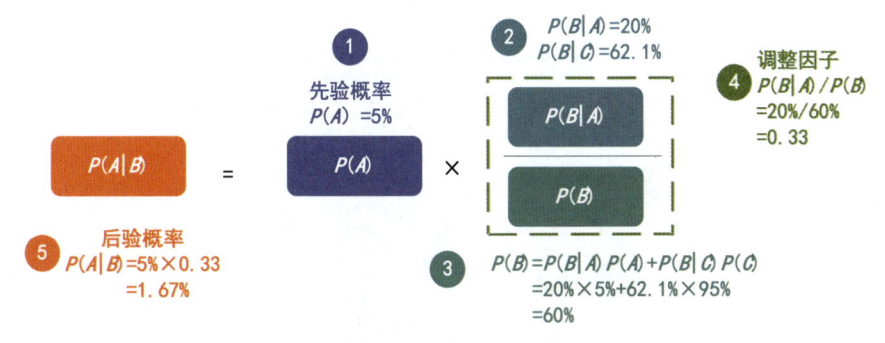

图 8-30　后验概率的预测过程

最终，我们预测出这名女性用户在浏览了机械鼠标后购买的概率只有 1.67%，购买概率较低，因此平台可以针对该名女性用户调低价格。

8.3.5　系统思维

很多人看问题过于表面化和短视，要么完全不考虑结果，要么只考虑短期和眼前的结果，不考虑长远和整个系统的影响，这是缺乏系统思维的典型表现。

比如，在刷短视频时，只考虑短期的快感，而不考虑长期的颓废和空虚。草原上的狼太多了，想到的方法就是猎杀狼群，而不考虑猎杀狼群之后的结果。

巴菲特用过一个比喻，非常贴切地形容了系统思维："当一些人在游行时，其中一部分人决定踮起脚尖，所有人都必须踮起脚尖。然后所有人都踮起脚尖后，没人能看得更清楚，他们自身的处境都变得更糟了。"

8.3.5.1　什么是系统思维

系统思维是做更长远、更整体、更系统性的思考，不仅考虑最直接的结果，还要考虑更深层次的结果，考虑结果带来的结果，以提前规避和解决问题，预测挑战。

比如，下象棋时，下每一粒棋子前都要考虑清楚后续的结果及对策，走一步看三步，这就是典型的系统思维。

8.3.5.2 【案例】使用系统思维分析结果的结果

如何使用系统思维？方法与前面介绍的 5Why 分析法非常像。5Why 分析法是连续询问多个"为什么"，而系统思维则是连续询问多个 So What（所以呢）。

具体来说，需要首先明确问题；之后提出问题的一个解决方案；接着连续询问 So What。这样就能够发现解决方案带来的结果及结果的结果。

举个经典的例子，M 市眼镜蛇泛滥。如何使用系统思维开展分析？如图 8-31 所示。

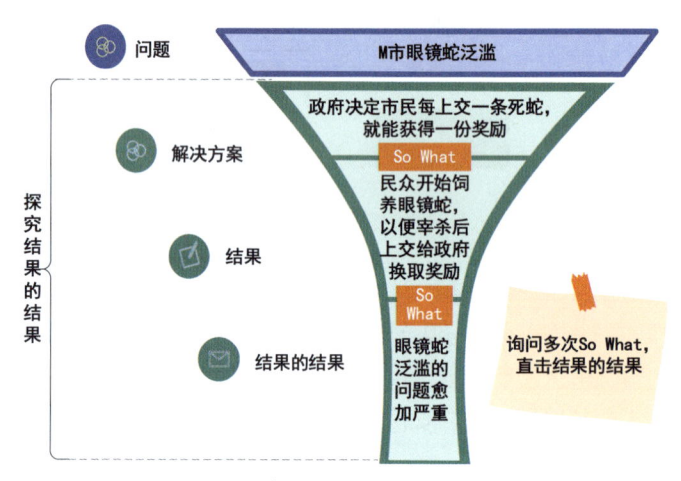

图 8-31 用系统思维解决眼镜蛇泛滥的问题

（1）明确问题。

问题：M 市眼镜蛇泛滥。

（2）提出问题的解决方案。

解决方案：政府决定推出一项政策，市民每上交一条死蛇，就能获得一份奖励。

（3）开展第 1 问：So What。

答案：民众纷纷开始饲养眼镜蛇，为的是宰杀后上交给政府换取奖励。

（4）开展第 2 问：So What。

答案：眼镜蛇泛滥的问题愈加严重。

最后，发现"上交死蛇领取奖励"这个解决方案只能解决眼前问题，长远来看不但不可行，还会导致问题加剧，因此需要另想其他方案。

后记

不知不觉，本书已到了结尾阶段，结构化分析解决问题的介绍也接近了尾声。

到此为止，有人会说："我喜欢结构化，它让我做事遵循一定的秩序、章法和套路，让我的思维不再天马行空，随心所欲，混乱不堪。"也有人会说："我讨厌结构化，做事哪里需要那么多套路，随心所欲就好，结构化阻碍了创意和创新，让人墨守成规，千篇一律。"

对于结构化，有人爱，有人恨，褒贬不一，它们到底好不好，有什么用？我想用庖丁解牛的故事来解释。

大家都听说过庖丁解牛的故事。当庖丁作为一个新手解剖牛时，他看到的是一整头牛，看不到牛的结构和细节。因此，他在解剖时毫无章法、埋头蛮干、直接砍牛。此时，庖丁不知道何谓结构化。

随着解剖牛的数量越来越多，几年后，他对牛的身体结构越来越了解，对牛的身体有了结构化和框架化的认识，开始按照牛的身体结构和纹理进行解剖，懂得了解剖技巧，效率极大提升，成了解剖牛的技术专家。此时，庖丁已具备结构化分析解决问题的能力。

成为专家之后，庖丁又经过了千万次反复实践，技艺又大大提升了。这时候，牛的身体结构在他眼里已经不存在了，他也不生搬硬套牛的框架了。而是依据每头牛的胖瘦、大小等特性灵活变化，用眼睛看，用心体会。每头牛在他心里都有不同的结构，都是不一样的存在。因此，在解剖时，他已经摆脱了结构化框架的束缚，取得了实质性的突破。他凭自己的感觉在每一头牛之间自由切换，游刃有余，终成大师。此时，庖丁已经突破结构化！

庖丁解牛的故事告诉我们，要想不拘一格、随心所欲、轻松自如地解决问题，并非不可能。但是中间需要经历结构化的磨练，将结构化分析解决问题的能力运用到极致，方可突破框架的限制，达到随心所欲、出神入化的境地。就像庖丁一样，只有对牛的结构做到"了如指掌"的地步，方能达到"心中无结构"的境界。没有经历结构化的洗礼，所谓的不拘一格、随心所欲、创意创新都是空中楼阁。

这与我们经常听到的"大道至简"是一个道理。很多人没有理解事物的复杂性，就动不动以"大道至简"为借口，说复杂的东西、大道理都是简单的，不需要考虑那么复杂。但实际上，没有经过复杂的思考和实践过程，是得不到简单道理的。只有深入理解了复杂性，才能提炼出简单而深刻的真理。一个人只有经历了复杂，才能真正理解简单的含义。这种简单不是无知的简单，而是经过深思熟虑后的简洁和精简。大道至简的过程一定是先复杂后简单。

正如至简的大道需要艰苦的思索和研究，随心所欲地解决问题同样需要大量结构化的实践和磨练。所以，解决问题，不要一上来就追求所谓的随心所欲，而是要先修炼好基本功，把结构化分析解决问题的能力重复练、练扎实，假以时日，你就可以成为分析解决问题的真正高手。

没有细水长流，哪来江河汇聚！未有渐修之功，岂得顿悟之光！